美利堅帝國的陰謀

Economic Hit Men, Jackals, and the Truth about Global Corruption

John Perkins
約翰·柏金斯 著
黃中憲 譯

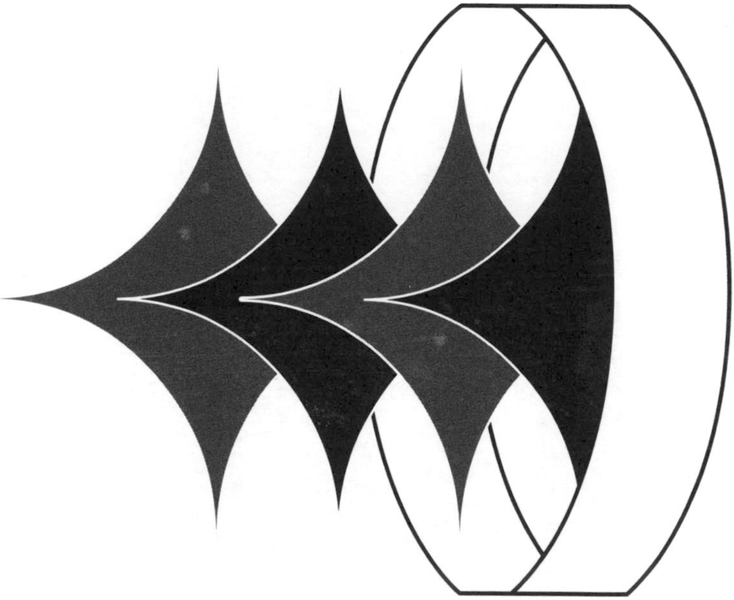

經濟殺手的告白 2

The Secret History of the American Empire

作者說明

書中提到的人和事都是真有其人其事。我根據個人紀錄、筆記、信件、電子郵件、回憶錄、已公開文件，竭盡所能忠實呈現這些人和事。在某些情況下，為了不讓受訪者曝光（有許多人在不曝光的情況下才同意受訪），我變更了人名和事情的細節；為了維持敘述的流暢，我也把不同的談話內容混合為一，但都以不破壞全書的完整為前提。探討歷史事件時，我總是告誡自己務必盡可能合於史實，不時以原始資料補強某人的說法，並於書末註明資料出處。但這不包括改變或核實個人事蹟背後的細節；書中人物在描寫他們劫持客機、入侵他國暗殺總統、賄賂國家元首、發天災災難財、引誘敲詐民選公職人員、從事其他見不得人的事所扮演的角色時，我覺得自己不該去解讀他們的說法。在此，我要強調，我參與過的每件大事，都已見諸於其他作者、史學家、記者筆下或世界銀行之類組織的檔案；整本書或許出自我一人之筆，但書中情節皆信而有徵。

前言

這本書接續《經濟殺手的告白》一書未及揭露的內幕。二〇〇四年寫成那本書時，我不知道讀者有沒有興趣了解我的經濟殺手生涯。那時，我選擇交待我必須坦白的事。後來，我遊歷美國各地，走訪其他國家，演講，回答提問，與關心未來的人士交談。我了解到，各地都有人想掌握今日世界的真實情況，我們美國人都想聽出新聞報導的弦外之音，都想知道，掌控美國商業、政府、媒體的人（整體來說就是金權統治集團）為追求自身利益而發出的聲明，掩飾了哪些真相。

誠如我在《經濟殺手的告白》一書所說的，在真正成書前，我已幾度提筆。我曾找上其他經濟殺手和豺狼（美國中情局豢養的傭兵，專門介入他國，從事一些威脅利誘乃至暗殺之事），請他們描述他們幹過的勾當。但消息很快傳開，有人賄賂我，或揚言對我不利，我因此停筆。「九一一」事件後，我再度提筆，決定暗中進行，直到書出版。

屆時，書就會成為我的護身符；那些豺狼心裡清楚得很：要是我有什麼不測，書反而會大賣。不靠有類似經驗的人幫忙，寫《經濟殺手的告白》一書或許困難重重，卻最為安全。書出版後，一些怕曝光的人紛紛現身，主動找我告白，其中包括經濟殺手、豺狼、記者、和平團義工、企業高階主管，以及世界銀行、國際貨幣基金、美國政府官員。他們向我訴說之事就收錄在本書中，揭露了塑造這世界的事件背後的真相。他們的告白使我更加相信，為了人類的後代，我們必須行動，必須改變。

我要特別指出，讀了本書不會讓你覺得未來黯淡，了無希望。我很樂觀，因為我知道，問題雖然嚴重，卻都是人製造出來的。沒有巨大的隕石即將撞上地球，太陽的火焰也還沒熄滅。既然問題出在我們身上，我們就有能力解決。探索歷史幽暗隱祕之處，可發掘出檢視未來的光亮，繼而改變未來。

我相信，讀完《經濟殺手的告白2：美利堅帝國陰謀》，你也會有十足的自信，相信我們終會走上正道，做對的事，找到一套行動方案。團結一心，運用上天賜予的資源，我們一定可以建立理想的人類社會。

在為《經濟殺手的告白》一書巡迴簽名、演講數個月後，有天晚上，我來到華盛頓特區某家書店演講。為我開場的女士先前提到，會有一名世界銀行的職員參加。

世界銀行於一九四四年在我家鄉新罕布夏州的布雷頓森林（Bretton Woods）創立，旨在重建遭戰火摧殘而殘破不堪的國家。不久，該組織的宗旨確立：證明資本主義制度優於蘇聯的共產主義制度。為此，該組織的員工與資本主義的主要提倡者－跨國企業，結為親密戰友，我和其他經濟殺手也得以動手騙取數兆美元。美國從世界銀行和其他類似組織提撥資金，投入看似欲造福窮人、實則圖利部分有錢人的計畫。通常美國會找出一個擁有美國企業所覬覦資源（例如石油）的開發中國家，提供該國鉅額貸款，然後將大部分金額轉入自己的工程、營造公司，以及該國與美國合作圖利的公司。基礎設施工程如電廠、機場、工業園區，突然間一個個動工；但這些工程鮮少有益於窮人，電力網接不到他們家，他們從不用機場，且欠缺在工業區就業的技能。之後，便由我們這些經濟殺手回到這債台高築的國家予取予求：廉價石油、在聯合國重大議題上按美國的意思投票，或者出兵支援美軍在伊拉克等地的行動。

演講時，我發覺常得提醒聽眾一件事，這事雖然我再清楚不過，許多人卻不甚清楚：那就是世界銀行根本不是什麼世界性的銀行，而是美國銀行。性質最近似的機構，國際貨幣基金，也是。這兩個機構各有二十四名董事，其中八名董事固定由美、日、德、法、英、沙烏地、中、俄八國派代表出任，剩下十六名董事則由其餘一百八十四個會員國透過選舉出任。美國在國際貨幣基金和世界銀行分別掌控了近百分之十七和約百分之十六的投票權；日本居次，分別掌控約百分之六和百分之八，其後依序是德、英、法，各掌控約百分之五。美國握有對重大決定的否決權，美國總統則握有世界銀行總裁的任命權。

正式演講結束後，我在工作人員陪同下來到書桌前替書迷簽書。排隊的人龍蜿蜒穿過數排書櫃，我心想這又是個漫長的晚上。出乎預料，有不少一身上班服的男女遞了名片給我，顯示他們在駐外使館和世界銀行身居高位。此外還有幾位外國大使，其中兩人除了請我替他們簽書，還請我替他們的總統簽書。

人龍最後是四名男子。兩人穿西裝打領帶，兩人穿牛仔褲和polo衫，也年輕得多。年紀較大的兩人遞上名片，原來都在世銀任職。年紀較輕的其中一人開口說道：「我們父親同意讓我們跟你說，每天早上，我們看著他們出門到世界銀行上班，一身這樣的打扮……。」他指著另外兩名男子。「但是當抗議民眾在華盛頓向世銀示威時，他們換上舊衣服，戴上棒球帽、墨鏡，低調加入他們的行列，以行動支持，因為他們認為示威民眾和你都沒錯。」

年紀較長的兩名男子使勁跟我握手。「我們需要更多像你這樣揭發內幕的人。」其中一人說。

「再寫本書。」另一位補充：「把你今晚所說的詳細情形，包括你過去工作的那些國家發生了什麼事，還有我們這些以促進發展之名、行強取豪奪之實的人，全寫進去。揭露這個帝國的真面目。像印尼那樣的地方，從統計數據看情勢大好，其實是一團糟。把這些幕後真相照實寫出，給我們希望，給子孫另一個選擇，也替他們指點迷津，精益求精。」

我答應他我會寫一本書，一吐為快。

在進入本書正題前，我想檢討一下他用的一個字眼：帝國。最近幾年，不論是報業、課堂上、酒吧裡，大家動不動就拿這字眼出來議論一番。但何謂帝國？有著堂皇憲法、「權利法案」並提倡民主的美國，真該被貼上這個標籤？讓人想起殘暴、自私的漫長統治？

帝國：支配其他民族國家並展露至少一種以下特性的民族國家：一、剝削它所支配地區的資源；二、消耗大量資源，且消耗量超過該國人口在全球人口中所占比例；三、維持龐大軍隊，靠精細的手段也無法執行其政策時，可動用軍隊；四、將其語言、文學、藝術、文化各層面散播到勢力範圍內；五、不只向本國人民徵稅，也向他國人民徵稅；六、使其貨幣通行於掌控的地區。

這個「帝國」定義，是我在二〇〇五、〇六年巡迴演講簽書期間，在多所大學與學生會晤時集思廣益擬出的。幾乎毫無例外，學生得出以下結論：美國展露了全球性帝國的一應特性。拿上述特性逐一對應美國的實際作為：

特性一和二：美國人口占全球人口不到百分之五，卻消耗掉百分之二十五以上的全球資源，靠的是剝削其他國家，特別是開發中國家。

特性三：美國擁有全球最龐大、最先進的軍力。這個帝國的建立，主要倚賴經濟，也就是經濟殺手的活動，但全球各地領導人都知道，一旦其他手段無法遂其所願，美國就會動用軍力，一如入侵伊拉克。

特性四：英語和美國文化主宰全球。

特性五和六：美國未直接向他國徵稅，在各國本地市場，美元也未取代當地貨幣，但金權統治集團確實向全球徵收一項難以察覺的稅，而且美元是全球貿易的通用貨幣。這一過程始於二次世界大戰結束，金本位制遭修改，個人無法再兌換美元，只能由政府兌換。一九五〇、六〇年代，美國向國外取得信用貸款，以支應境內日益高漲的消費、韓戰和越戰的開銷，以及詹森總統推行的「大社會計畫」（Great Society）。外國商人想從美國買回商品和服務時，卻發現通貨膨脹已使他們手中美元貶值，形同被課了一筆間接稅。這些國家的政府要求美國以黃金清償債務，然而一九七一年八月十五日，尼克森政府拒絕這項要求，並徹底廢除金本位制。

華盛頓當局急忙設法，說服世界各國繼續接受美元為標準貨幣。在一九七〇年代初我協助執行的「沙烏地阿拉伯洗錢案」（Saudi Arabian Money-laundering Affair）之下，沙國王室承諾銷售石油時只收取美元。沙烏地王室掌控石油市場，石油輸出國家組織的其他成員國只得跟進。只要石油繼續穩居重要資源的寶座，美元作為全球標準貨幣的支配地位就能高枕無憂，間接稅也跟著源源不斷。

後來，我和學生討論，得出第七個特性：帝國乃是由皇帝或國王統治的國家，統治者掌控政府和媒體，不由人民選出，不受民意左右，任期也不受法律限制。

乍看之下，美國似乎不同於其他帝國，但那只是假象。美利堅帝國由一群人統治，而那群人的集體作為和國王差不了多少。他們掌理美國最大的企業，並透過那些企業掌理美國政府，經過「旋轉門」來回優游於政界、商界。他們資助競選活動和媒體，進而控制民選官員及人民接受的訊息。不管掌控白宮或國會的是共和黨或民主黨，真正當家者都是這些人（金權統治集團）。不受民意擺布，任期不受法律限制。

此一現代帝國是偷偷摸摸建立的。美國人民大都渾然不知自己國家竟是帝國；但受這帝國剝削的人清楚得很，其中許多人是赤貧之身。每天平均有兩萬四千人死於飢餓以及與飢餓有關的疾病。地球上超過一半的人靠一天不到兩美元的收入過活（這樣的收入往往不足以供應基本的生活設施），實質收入和三十年前幾乎一樣。為了讓美國人過上舒適的生活，數百萬人付出高昂代價。美國人已了解自己的消費習性帶給環境何等傷害，但對於帶給人類的痛苦，大多數人若非渾然不察就是否認有此事。但今日我們造成的失衡，責任必然要由我們的子孫來擔。

在建立這帝國的過程中，我們美國人揚棄了最基本的信念，過去標榜立國精神的信念。「獨立宣言」義正詞嚴宣說的那些權利，我們已拋到九霄雲外，也不讓被殖民者享有那些權利。我們已經背棄了普世平等、普世正義、普世共榮的原則。

歷史告訴我們，凡是帝國都不長久，不是自行瓦解就是被推翻。戰爭接踵而至，另一個帝國趁勢崛起。歷史教訓昭然在目，我們美國人必須改弦更張，我們禁不起歷史重演。

金權統治集團的權力基礎是企業，界定了我們所處的世界。看著地球儀，我們看到近兩百個國家的輪廓，其中許多國家的國界是由殖民強權劃定的，而那些國家對鄰國的影響大都微乎其微。從地緣政治的觀點來看，這是老式的世界觀；現代世界的真實面貌要更切實地呈現，或許是幾大片雲所籠罩的地球，每一片雲象徵一家跨國企業。這些足以呼風喚雨的實體，影響著每個國家，觸角伸入最深幽的雨林、最偏遠的沙漠。

金權統治集團擺出一副在世界各國推動民主、透明政治的堂皇形象，但其企業卻是帝國主義式的獨裁機構，決策由企業裡少數人壟斷，大部分利潤由他們收割。在美國選舉過程（美國民主的核心）中，大部分美國人投票的對象都是競選經費募得飽飽的候選人，沒有一個不是倚賴企業及企業主。這個帝國建立在貪婪、偷偷摸摸、過度追求物質欲望的基礎上，與我們美國人的理念背道而馳。

從正面來看，企業在統籌管理資源、激發集體創意、將通訊及物流網傳布到地球最偏遠角落上頭，的確很有一套。透過企業，美國人絕對有條件避免每天有兩萬四千人餓死，也擁有打造穩定、永續、和平世界所需的知識、技術、方法。

這個國家的建國先賢體認到，革命不該走向混亂局面。他們雖然推翻英國的專制統治，但也明智地沿用了許多商業、司法體制，因為這些體制證明對英國人很管用。當今的美國人必須完成類似大業。我們必須接納這帝國已創造的優勢，利用這些優勢去統合富人和窮人，彌合富人與窮人間的嫌隙和鴻溝。我們必須鼓起勇氣，為所當為，一如這國家的建國先賢。我們必須打破界定人類互動與苦難的傳統思維，必須把這帝國改造成在上位者賢明、在下位者良善的典範。

要實現這目標，打造出令子孫樂意承繼的世界，關鍵就在改造作為金權統治集團權力基礎的企業，包括這些企業界定自己、設定目標、擬定管理方針、訂定最高階主管遴選標準的方式。企業的存續全靠我們。我們提供腦力和勞力，我們是它們產品的市場，我們買它們的產品，讓它們有資金發展壯大。誠如本書將會闡明的，歷來改變企業的行動無不圓滿成功，例如清理受污染的河川、遏止臭氧層繼續受破壞、推翻歧視。如今，我們必須吸取成功經驗，更上層樓。

欲採取必要的行動（本書提出的行動），就得完成一七七〇年代開始卻一直未完成的任務。建造這國家的先賢及其後繼者，戮力反對奴隸制，從大蕭條再站起來，對抗希特勒，為了逃避壓迫或是嚮往我們最神聖的文獻中揭示的美好生活，而來到這個國家；我們得從那些人手裡接下棒子。鼓起勇氣、繼續他們展開的志業的時機已經到來。我們不該讓這帝國崩潰，被另一個帝國取代；反而要改造它。

那天晚上華盛頓書店的簽書會結束後，我不時想起那兩位世銀高階主管的要求。我答應他們會再寫一本書，揭露我這種人造成的傷害，重燃追求更美好世界的希望。我應該為所當為。有些人講的話可能觸怒廣告主、遭主流媒體忽視，他們的故事我必須公諸大眾；擔心飯碗、退休金、性命不保而不得不匿名的人士，我必須為他們發聲。在遭淨化的報導和誤導的統計數據之外，我必須提供其他選擇，因為一般報導與數據充斥研究人員編集的大量資訊，披上「客觀」或「科學」的外衣，而研究人員往往拿了金權統治集團的錢。我知道，很快就會有人批評我在書中引用匿名者的說法，認為這些人在新聞事件中扮演重要的角色，卻從未上電視露過臉；但我必須尊重他們，以及他們的經歷。為了《經濟殺手的告白》一書的讀者，為了那兩位世銀高階主管的兒子，為了我二十三歲的女兒，也為了他們共同代表的年輕一代，我義無反顧。為了他們，為了自己，我必須走出這一步。

目次

第三部……中東

第四部……非洲

第五部——改變世界

第一部
亞洲

第一章　雅加達神祕女子

一九七一年前往亞洲時，我抱著準備姦淫擄掠的心理。二十六歲的我，覺得人生事事不如意，一心想報復。

事後回想，我很確定，那股憤懣之情幫我贏得了工作。國家安全局數小時的心理測驗，確認我是值得栽培的經濟殺手。這個美國最神祕的情報機構斷定，我的激憤之情若善加引導，有助於執行該機構擴張帝國的使命。柴思提緬恩公司（Chas. T. Main）雇用了我，認定我是劫掠第三世界的理想人選。緬恩是家國際顧問公司，幹的卻是金權統治集團的齷齪勾當。

《經濟殺手的告白》一書，已詳述我當時憤懣的緣由，但在此我還是大略交待一下。我爸爸在預科中學教書，家境貧窮。成長過程中，我身邊淨是有錢人家的小孩。我被女人嚇過，又對女人癡迷，因而，女人對我避之唯恐不及。我上了一所我討厭的大學，因為那是我爸媽的選擇。我第一個叛逆行徑，就是休學，到城裡一家大報社當勤務工，負責跑腿遞送稿件；這工作是我的選擇。後來為了逃避兵役，我又夾著尾巴回去念大學，搞得灰頭土臉。我也很早婚，只因為終於有個女孩接受我，而結婚是她的選擇。我以和平團義工的身分，在亞馬遜河流域和安地斯山區過了三年窮困不堪的生活—也是為了逃避兵役才出此下策。

我自認是個道地忠誠的美國人，而這也是我憤懣的原因。我的祖先打過獨立戰爭，參加美國歷史上大多數戰爭，在戰場上出生入死。我家是保守的共和黨家庭。我的文學啟蒙是潘恩（Thomas Paine）、傑佛遜的作品，我以為保守派就是相信建國理想、人生而平等、法律之前人人平等。後來在越南戰場上，這些理想遭到背叛；在亞馬遜流域，看到石油公司與華盛頓當局狼狽為奸，破壞該地區，奴役該地區的人民，在在使我大為憤慨。

我為何決定成為經濟殺手，放棄自己的理想？事後來看，我覺得是那份工作保證讓我的許多憧憬實現；它給了我錢、權、美女，還有搭頭等艙遊歷異國的機會。當然，公司向我保證絕不會要求我從事任何非法勾當；工作表現出色，還會受到讚揚，受邀到長春藤名校演講，接受皇族以美酒佳餚款待。然而內心深處，我知道這條路危險四伏，等於拿自己的靈魂當賭注。我認為我會出淤泥而不染。前往亞洲時，我心想撈它個幾年好處，就揭開內幕，一躍成為揭弊英雄。

我必須坦承，我很小的時候就迷上海盜和冒險，但成為經濟殺手前，我一直過著既不像海盜也談不上冒險的生活，一切循規蹈矩。除了休學的那個學期，我是標準的乖兒子。這下，該是我出去姦淫擄掠的時候了。

印尼將是我的第一個目標……。

印尼是地球上最大的群島，由一萬七千多個島嶼組成，綿亙在東南亞到澳洲的海面上，境內有三百個民族，語言超過兩百五十種，穆斯林人口比任何國家都多。一九六〇年代尾聲，探勘出豐富的石油蘊藏量。

甘迺迪總統當初支持一九六三年推翻南越總統吳廷琰的政變時，便已確立亞洲是反共帝國建造者的堡壘。吳廷琰後來遭暗殺身亡，許多人認為是美國中情局下的令；畢竟，中情局在那之前已主導過政變，推翻不少政權，包括伊朗的莫沙德（Mossadegh）、伊拉克的蓋西姆（Qasim）、委內瑞拉的阿本斯（Arbenz）、剛果的盧蒙巴（Lumumba）。吳廷琰下台，直接促成美國增兵東南亞，最終投入越戰。

世局發展未照著甘迺迪的計畫走。甘迺迪自己遇刺身亡許久以後，美軍深陷越戰泥淖，情勢大壞。一九六九年，尼克森總統連連撤兵，決定暗中採取一個策略，防止骨牌效應發生，一個國家接著一個國家赤化。而印尼成為其中關鍵。

印尼總統蘇哈托則是影響這策略成敗的關鍵人物之一。在這之前，他以堅定反共人士的形象博得盛名，為執行政策，不惜訴諸極端殘暴的手段。一九六五年，時任陸軍將領的蘇哈托瓦解了一場共黨煽動的政變；接下來的血腥整肅，奪走三十萬至五十萬條人命。這是二十世紀由政府發動最慘絕人寰的大屠殺之一，令人想起希特勒、史達林、毛澤東的屠戮。據估計，另有一百萬人入獄或進集中營。然後，屠殺、逮捕的氣氛未散，蘇哈托於一九六八年當上總統。

一九七一年我抵達印尼時，美國外交政策的目標很明確，就是遏制共黨勢力，支持蘇哈托總統。我們希望蘇哈托像伊朗國王一樣為美國政府效力。這兩人性格類似，貪婪、虛榮、無情。除了覬覦印尼的石油，我們還希望把印尼打造成模範，供亞洲其他地方和整個伊斯蘭世界效法。

我任職的公司緬恩受命建置完整的電力系統，使蘇哈托及其親信推動印尼的工業化，使印尼更富裕，也藉此確保美國的支配地位長期不墜。我的職責是研究當地經濟，以便向世界銀行、亞洲開發銀行、美國國際開發總署取得金援。

抵達雅加達後不久，緬恩工作小組在印尼洲際飯店頂樓的豪華餐廳開會。專案經理查理・依林沃斯（Charlie Illinworth）簡述我們的任務：「我們這趟來的目的，沒別的，就是使這國家免於淪入共黨手裡。」然後又說：「大家都知道我們國家非常倚賴石油，在這方面，印尼會是我們有力的盟友。因此，你們研擬整體計畫時務必竭盡所能，讓石油工業和所有相關設施如港口、油管、營造公司的電力需求，在二十五年計畫期間不虞匱乏。」

當時，雅加達大部分的公家機關早上七點左右就開始辦公，約下午兩點下班。公務員上班時偷閒喝咖啡、喝茶、吃點心，但午餐拖到下班後才吃。下班後，我習慣趕回飯店、換上泳衣，衝向泳池，點份鮪魚三明治和當地冰涼的星光啤酒（Bintang Baru）。我隨身帶著公事包，裡面塞滿開會時收集的官方文件，但公事包只是障眼法；我到那裡是為了做日光浴，偷看那些穿比基尼的年輕美女。那些女人大多是美籍，已婚，老公若非是週末仍待在偏遠地區的石油工人，就是在雅加達上班的公司高階主管。

不久我就迷上一個女人，她年紀看來與我相仿，是亞、美混血。除了玲瓏有致的身材，她似乎特別友善。有時候，甚至站立、舉手投足、用英語點餐時向我微笑及躍入水池的方式，都讓我覺得媚勁十足，不由得快快轉過臉，心知自己一定滿臉通紅，不禁暗暗咒罵起清教徒作風的父母。

每天下午四點左右，大約我抵達一個半小時後，就有一個男人來找她。我很肯定那是個日本人。他一身筆挺的西裝顯得突兀，因為在這裡，正式服裝通常是寬鬆長褲和熨得平整的襯衫，且往往是當地的蠟染印花布料。兩人聊了一陣子，然後一起離開。我在飯店酒吧和餐廳找過他們，除了泳池邊，從未在其他地方看過他們，不管是兩人一塊或單獨一人。

有天下午我搭電梯到一樓，暗自打定主意，下回看到她時要上前搭訕。我盤算自己沒什麼好損失的，我知道她老公是那日本人，我只想找個能說英語的人聊天。她怎會拒絕？打定主意後，我滿心雀躍。

我踱著輕鬆的步伐，哼著常哼的歌曲，滿心期待地走向泳池。一抵達泳池，我猛然定住，錯愕又困惑。她不在她平常出現的地方。我四處拚命找，都沒有她的蹤影。我把公事包丟在躺椅旁，衝進附近花園。在這之前，我從沒逛過那些花園。我發現那些花園很大，長滿各色蘭花和多不勝數的天堂鳥，鳳梨科植物比我在亞馬遜看到的都大得多；但我心裡想的，全是錯失與她一同欣賞這些花朵的機會。棕櫚樹和奇特的灌木構成一個個僻靜的小角落。我發現園籬另一頭的草坪上，有個女人躺在大毛巾上。我心想就是她了，趕忙繞過圍籬，把她叫醒。那女人抓住鬆脫的比基尼圍緊胸部，坐起身，惡狠狠瞪著我，不僅眼神指控我是偷窺狂，並以我不懂的言語大叫。我連連道歉，回到我丟下公事包的地方。

侍者上前來問我要點什麼，我指著她平常坐的那張空蕩蕩的椅子。他鞠躬，微笑，拿起我的公事包，替我擺到那裡。

「Tidak，不是，不是。」我說，仍指著那張椅子。「那個女人，她在哪裡？」我認為了解常客習性乃是泳池侍應生的職責之一，而那日本高階主管給起小費一定很大方。

「不是，不是。」他跟著說：「Tidak。」

「你知道她去哪裡了嗎？」我兩手一攤，聳聳肩，擺出我以為全球共通的姿勢。

他照著我的動作做了一遍，傻笑，學我說：「她去哪裡了。」

「沒錯，去哪？」

「沒錯，」他重複道：「去哪？」再度聳肩，咧著嘴傻笑，然後兩指啪地彈了一下，笑著說：「對了。」

我摒住氣息，心想我對泳池侍應生的看法總算沒錯。

「鮪魚三明治和星光啤酒。」他說。

真是服了，我勉力點頭。他快步走開。

下午四點到了，又過了，仍不見她和那男人的蹤影。我沉重地走回房間，淋浴，穿衣，出門。我得離開這飯店，我要把自己沉浸在當地的生活中。

第二章——打劫痲瘋病人

那是個典型的雅加達傍晚，炎熱、黏膩。陰沉的雲籠罩城市上空，隨時就要下雨。之前，我每次離開這飯店，都是搭私家司機駕駛的吉普車。我一從飯店弧形車道的人行道走下來，差點就給一輛三輪黃包車撞上。當地人叫黃包車為「貝卡克」（becak）。過去我搭私家車出去開會，曾和數百輛貝卡克擦身而過，那些時候，我總覺得高高的箱形座位兩側畫的虹彩壁畫，賞心悅目又奇特古趣，提醒世人印尼是個充滿藝術氣息的國度。現在，我卻看到另一面；眼前這些黃包車車伕都是窮漢子，一身破爛，拚命在搶客人。他們猛按鈴、大叫衝向我，吸引我的注意。為了閃避，我差點一腳踩進路邊的排水溝。那溝水黑得可怕，漂著大量垃圾，還散發尿騷味。

那條排水溝坡度很大，注入殖民時期荷蘭人開鑿的許多運河之一。運河這時已成死水，河面布滿看來已腐爛的綠色浮藻；河中發出的氣味幾乎臭不可聞。富巧思的荷蘭人，在將大海化為農田後，竟試圖在這熱帶之地再造一個阿姆斯特丹，十足荒謬。這條運河，就和注入它的那條臭水溝一樣，漂滿垃圾。甚至從臭味就能分辨兩者的差異。那條水溝氣味較嗆鼻，有腐爛水果和尿；運河的臭味較悶，要久一點才會聞到，混合人類排洩物和腐爛物。

我繼續往前走，避開緊貼路旁的黃包車。再遠一點，通衢大道上，汽車和摩托車爭先恐後，交通混亂；喇叭聲、引擎回火聲、拿掉消音器的汽車發出的噪音，還有熱燙水泥路面上石油的刺鼻味和潮濕空氣中汽機車排放的廢氣，從四面八方襲來，我開始覺得渾身不舒服。

我停下片刻，覺得不堪其擾，心情大壞，很想回寧靜的飯店休息。但我又想起，亞馬遜叢林那樣的環境我都熬過了，還曾跟安地斯山的農民住在簡陋的泥屋裡。那些人每天只靠配給的一顆馬鈴薯和一把豆子過活，問他們小孩叫什麼名字，他們會把存活和夭折的都說出來，而夭折的往往比活下來的多。我想起我工作小組的其他成員，想起那些四處遊歷的美國人。他們看待走訪的國家，總是刻意回避當地大部分民眾的角度。我突然想起擔任和平團義工那段經歷是多麼令我感觸良深。想到我和一些當地人建立的情誼，想到他們毫無戒心地接納我、毫不吝嗇分微薄的存糧給我，歡迎我，溫暖我，餵養我，甚至愛我。一個人站在夜色漸濃的雅加達街頭，我不禁在想我是否真有當海盜的天份。我怎能「姦淫擄掠」那些貝卡克車伕、在飯店和我常去的機構服務我的那些年輕男女、在稻田辛苦幹活的農民、漁民、女裁縫、店家老闆、木工？當個俠盜劫富濟貧，或當個海盜攻擊滿載國王黃金的西班牙大帆船是一回事，劫掠窮人則是另一回事。但那正是這份工作的內容：劫貧濟富，從中抽取佣金。這種事我怎麼做得下去？依林沃斯和其他從事相關工作的人，怎麼活得心安？

那一刻，我不得不坦承自己良心不安，不得不承認在厄瓜多待的那幾年，可能形塑了我某種想法，與從事類似工作的其他人或納稅人的想法大相逕庭。我何其有幸，或者何其不幸，具備少數美國人才有的洞見。每個人都找到方法合理化自己的所作所為。依林沃斯說他是來對抗共產黨，其他人則說自己純粹是來投機倒把，牟取暴利。「這是個狗咬狗的世界。」他們說：「還是我家人最重要。」有些人認為其他種族或階級天生劣等或懶惰，生活悲慘是理所當然。我猜有些人甚至相信，投資興建電力網將解決世界上的問題。但我呢？我拿什麼來自圓其說？我年紀輕輕，突然間卻覺得自己很老。

我怔怔盯著下面那條運河，真希望手裡有本潘恩的《常識》（*Common Senses*），可擲向惡臭的運河水。

有個先前沒注意到的東西，讓我眼睛一亮。那是個破爛不堪的大紙箱，像只癟掉的乞丐帽子，陷在死水邊緣。就在我盯著看時，它突然晃動一下，讓我想起受致命傷的動物。我認定那是幻覺所致，天熱、廢氣、噪音讓我昏了頭，我決定上路。但還未轉身，我就瞥見箱子另一側伸出一隻胳臂，或者更貼切地說，一個原來應是胳臂、現在是一根血淋淋殘肢的東西。

箱子晃動得更厲害。那根血淋淋的殘肢沿著箱子邊緣移到箱頂一角，直挺挺往上伸，跟著冒出一叢黑髮，活像希臘神話中的蛇髮女妖，糾結成團，沾滿污泥。那顆頭抖了抖，原本藏在箱子裡的驅體開始現身。看到那驅體，我陣陣反胃。我看到了一個女人驅體，佝僂、瘦弱，沿著運河河岸緩緩爬行。我驚覺得自己目睹了此生一直聽聞、但從未真正碰上的東西。這個女人，如果真是個女人，是個麻瘋病患，一個活生生在我眼前腐爛的人。

那驅體在運河河岸坐下，更精確地說，癱成了一堆破布。我沒看到的那隻手臂往外伸，把一塊破布浸入惡臭的運河水，慢慢抖動幾下，接著用濕破布包住那血淋淋的殘肢，殘肢有數個敞露的傷口，原來應該長有手指。

我聽到一聲呻吟，猛然察覺那是我自己發出的聲音。我雙腿發軟，很想奔回飯店，但強忍著待在原處。我得親眼見證這個人的苦楚。我心知肚明，其他作為都無濟於事。這女人為了生存，大概每天都這樣獨自一人苦苦掙扎數回。不知道在雅加達，在全印尼，在印度和非洲，還有多少遭遺棄的人如此苟延殘喘，日復一日，終歸徒勞。

紙箱壁又抽動了一下，教我定睛細看。那個痲瘋病人慢慢轉身，盯著那箱子。她臉上長了一個個紅色膿包、模糊不清，但清楚可見沒有雙唇。我跟著她凹陷的雙眼視線看去。

一顆嬰兒的頭出現在箱子旁。我不想看但又忍不住想一探究竟，就像親眼看著自己無力阻止的凶殺案發生。嬰兒爬向那痲瘋女人，在她身旁坐下開始哭。我聽不到哭聲，因為太微弱，不然就是車水馬龍太嘈雜，但我看得到張開的嘴，那小小軀體在抽動。

痲瘋病人突然抬頭，看到我盯著她。我們四眼相對。她往地上啐了一口唾沫，迅速起身，對我揮了揮她血淋淋的殘肢，把嬰兒揣在懷裡，以超乎我想像的快步，躲回箱子裡。

就在我定睛瞧著那女人消失的處所時，有東西往我背後一撞。我本能地轉身，伸手摸臀部口袋裡的皮夾。慶幸皮夾還在，也慶幸有別的東西轉移我的注意力。兩名迷人的年輕女子漫步走過，咯咯笑，並對我微笑。一人穿緊身牛仔褲，另一人穿超短迷你裙，腳蹬著細高跟鞋，身穿無肩帶露背裝。她們停下來。「不是扒手。」穿迷你裙那女子說：「我們愛愛。」她手指勾向我「來，愛愛我們。」

我搖搖頭。

「噢，他喜歡男的。」她說。兩人轉身走開。

她們前方，有道陸橋跨過紛亂的車流。兩人走向陸橋，像兩隻潛行尋找獵物的母老虎，扭腰擺臀，賣弄風騷。穿迷你裙的女子轉身咧嘴而笑，朝我揮手。然後兩人上了陸橋。

我瞧向那只紙箱。箱子沒有動靜。微風徐徐吹來，運河水面盪出漣漪。我幾乎忍不住想爬下去，把錢包裡的錢全塞給她，但我注意到地面上那塊她倉促逃離時來不及拿走的破布。我想既然她不想受人打擾，最好尊重她，於是快步走向陸橋。我完全不知道陸橋通往哪裡。

赤道地區，夕陽落得快且燦爛。但這一天，厚厚的雲製造出錯覺，陽光逗留良久。我走到陸橋時，突然間幾乎全暗了下來。陸橋另一頭，有塊霓虹招牌閃著英文「RESTAURANT」（餐廳）。我爬上階梯。

一名高大女子倚著欄杆。暮色愈來愈濃，我看不清她的長相，但看來頗有姿色。我走到她身旁，她開口說話，聲音卻粗啞得嚇人。「我你爽一下。我們幹幹。」她指著上下滾動的喉結，然後指著自己的屁股對我笑一笑。這下子我看到她化的濃妝，趕忙往前走。

陸橋沿線的街燈，突然間一個接一個亮起。街頭不時啪嗒作響，投射詭異的黃光，整個地方朦朧得近乎沼澤。我在其中一根燈柱旁停下，想著我預測電力需求的工作，必得研究這些現象。水泥燈柱龜裂、剝落，還有點點霉斑。我只看不碰。

我繼續走，盯著腳和坑坑巴巴的橋面。一小段一小段生銹的鋼筋從混凝土路面突出來，像沼澤似的黃光底下一隻隻憤怒的蛆。我竭力去想陸橋建於何時、何人所建，但還是心神煩亂。飯店泳池畔美麗女子的倩影悄悄浮現腦海。從某方面來看，這讓我抽離周遭的現實，我欣慰地鬆了口氣；但那倩影縈繞，揮之不去。我心裡一驚，我是不是愛上了人，又被甩了？我告訴自己，這想法實在愚不可及。

我抬頭看，及時發覺自己快走到陸橋另一頭的階梯，「RESTAURANT」招牌就在眼前，掛在從大馬路轉進去的街邊一群低矮房舍的屋頂上。「RESTAURANT」下方，更小的字體寫著：「FINE CHINESE MEALS」（精緻中餐）。一部類似美國大使館使用的黑色轎車，緩緩駛近餐廳。在這喧囂的街頭，這輛轎車顯得特別突兀。

第三章 藝妓

我走下階梯。那輛車停在餐廳門口，停住片刻沒熄火又慢慢前移。車上乘客似乎不喜歡眼前所見或未發現要找的人。我想看清楚車內的人，卻只見餐廳霓虹招牌的倒影。突然間，駕駛猛踩油門，快速駛離。

我抵達餐廳時，薄簾遮住，看不清楚室內。我把臉貼上玻璃。裡面很暗，只有閃爍的球狀小發光物，我誤以為是蠟燭火光。我走向餐廳門。

裡面是個幽暗的房間，約十二張桌子，每張擺了一只燈籠。我迅速瞄了一下已有人坐的餐桌，發現亞洲人、歐洲人或美國人都有。

一名華裔女士向我鞠躬。「歡迎光臨，」她說：「晚安，一個人用餐？」口音表明她的英語是跟英國人學的。她帶我進去。

眼前的景象讓我呆住了。

那泳池邊的女人，我心儀的女子，我拚命尋找的人，正和另一名亞裔女子坐在桌邊。她回頭看著我，微笑點頭打招呼。女老闆注意到她，引我到她桌邊。「朋友？」

「對。」那個泳池畔的女人回答得很乾脆。「要不要一起坐？」

女老闆幫我拉出空椅，鞠了躬才走開。

我一頭霧水。「妳丈夫呢？」我問。

兩名女子互瞄了幾眼，突然大笑。「我未婚。」她終於說。

「那泳池邊的男人是誰？」

「生意伙伴。」她忍住笑意，指著椅子。「請坐。我們剛點，夠我們三人吃了。先吃我們點的菜吧。還是你要自己吃？」她的英語幾近完美，只是帶點口音。

我坐下，心想自己怎會這麼走運，但又感到憂慮，彷彿自己捲進什麼不法勾當。侍者過來在我面前放了一只小杯。

游泳池畔的女子指著小瓷壺。「喝清酒嗎？我們已喝了一些。我們今晚要好好放鬆一下。這可是上好的清酒。」她注滿我的杯子。「乾。」三人舉杯相碰。「噢耶！」她說，用白亞麻餐巾擦了擦嘴唇。「真是失禮。我叫南西，這位是瑪麗。」

「約翰。」我和她們握手。

「我在泳池邊就注意到你了，約翰。我在等你過來打招呼呢。你看起來很孤單、人也很好，但是很害羞。還是……」她靠向我，近到我能聞到她嘴裡的酒味。「你跟你老婆非常恩愛。」

這下換我大笑。「離婚了。」

「真巧，」瑪麗說：「我們來敬天下破碎的婚姻。」她舉杯。她說話的口音跟南西類似，但稍重了點。

侍者端來幾盤菜，盛得滿滿的。我們邊用餐，邊聊彼此的出身背景。南西和瑪麗自稱是藝妓，讓我大吃一驚。我坦承我以為藝妓早已不存在；她們篤定地告訴我，那並非事實。瑪麗說：「石油讓這古老行業復活。沒錯，這行和過去不一樣，但如今欣欣向榮。」

她們的母親都是台灣人，父親也都是二次世界大戰後派駐台灣的美軍軍官。美軍弄大她們母親肚子後就一走了之。出生不久，她們被轉送給一名日本商人。他為她們安排寄養家庭，供她們念書上學，上大量的英語和美國歷史、文化課程。長大後，她們便替他工作。

「你大概也看到那大街上的女人。」南西隔著窗簾指著窗外的陸橋。「我們原來可能會跟她們一樣。我們很幸運。」她接著說那日本商人給她們優渥的薪水，很少管她們該如何表現或者該怎麼做。「他只要結果。就這樣。至於怎麼達成，他不管。」她又給我們倒了清酒。

「什麼樣的結果？」

「真是個楞小子。」瑪麗說：「肯定是剛來的。」

我承認我是第一次來這裡，第一次出任務，還說我想多學學。

「我們很樂於教你。」南西說：「在我們的世界，你這樣的人很少見。不過我們會要求回報。不是今晚，是以後。」

「悉聽尊便。」我努力表現得若無其事。

她們說，有權力的男人，為了積聚資源和權力，向來不惜花錢，不惜犧牲別人性命。口吻像是大學教授而非藝妓。我對她們的坦白很驚訝，認為那是幾杯黃湯下肚的結果，至少是部分原因，但她們的話句句有理，談到歐洲大探險時代香料貿易的重要性，談到數百年來黃金扮演的重要角色。

「如今則是石油，」南西繼續說：「有史以來最珍貴的資源。如今樣樣東西都靠它。香料、黃金這些奢侈品的實際價值不高，調味、當防腐劑，用在首飾和手工藝品上。但石油……，過日子離不開石油。現代世界沒有它，什麼都要停擺。這是史上最大的資源爭奪戰。輸了下場會很慘。為了掌控石油，男人不惜冒任何風險。這值得大驚小怪嗎？為了石油，他們會騙、會偷，還造船、造飛彈，讓數千數十萬年輕士兵去送死。」

「這是妳在歷史書上學到的？」

她對我得意一笑。「當然不是。那是從挫折與不幸的經驗學來的。」

「挫折與不幸的經驗！」瑪麗笑得東倒西歪。「說得好，南西。棒透了。我得把它記下來。挫折與不幸的經驗。」她搖搖頭。

但我在想依林沃斯，想第一個晚上他在洲際飯店頂樓餐廳講的那番話，說我們來印尼是為了不讓這個國家落入共黨之手，並確保美國油源。然後思緒又轉到克勞汀・馬丁（Claudine Martin）——在波士頓訓練我成為經濟殺手的女人。我想起她和眼前兩位亞、美混血女人都屬於同一個傳統。我不禁想知道她是否自認是藝妓。我的視線從大笑的瑪麗移到南西身上。那一刻，我看到克勞汀，領悟到自己竟是那麼想念她。我在想，自己會著迷於桌對面、泳池畔的女人，是否是因為寂寞，甚至因為潛意識裡我把她和克勞汀連在一塊。

我強迫自己回到現實。瑪麗正用餐巾擦笑出的淚水。我對南西說：「妳呢，妳扮什麼角色？」

「我們就像那些士兵，可以犧牲但不可或缺。我們替皇帝服務。」

「誰是皇帝？」

南西瞥了瑪麗一眼。「我們從不知道。付最高報酬給我們老闆的人，就是皇帝。」

「泳池邊的那個男人？」

「他是我在這裡的聯絡人。他帶我去找客戶。」

「在洲際飯店裡？」

「蜜月套房。」她咯咯笑，然後突然停住。「對不起。瑪麗和我總是說，哪天要在那套房真正度個蜜月。」她轉頭瞥向窗簾拉下的窗戶。

我想起那部緩緩駛過的黑頭車，心想車裡的人是否就在找她們其中一個。「妳們的工作地點只在那裡，那家印尼飯店？」

「當然不是。鄉村俱樂部、遊輪、香港、好萊塢、拉斯維加斯……，你想得到的任何地方。石油商、政治人物喜歡哪，我們就在哪。」

我瞄了她們兩人。她們似乎太年輕，太世故。我二十六歲；從她們的事蹟，我斷定她們約比我小五歲。「妳們的客戶是誰？」

南西舉起一根指頭貼著嘴唇。她看了看四周，神情就像我在新罕布夏州原野看到、被遠處狂吠的狗嚇到的雌鹿。「絕不要，」她口氣嚴肅地說：「問那個問題。」

第四章 布基人

接下來幾年，我常回印尼。世界銀行、世銀附屬機構、蘇哈托政府，對於緬恩公司提供取得鉅額貸款所需的報告大表歡迎。美國企業和印尼統治者將從這些貸款獲益，卻不在乎這些貸款會讓印尼重債纏身。對那些銀行而言，重債纏身正是計畫的一部分。至於蘇哈托，他把個人暴增的財富投資於海外，以免在印尼國庫破產時跟著陪葬。

那些年裡，我因為工作走訪了恬靜優美的爪哇山區村落、罕有人至的海灘、充滿異國風情的島嶼。印尼語是二次世界大戰後為促成各島團結，由語言學家所創立；結構簡單，很快我就學會基本語彙。我喜歡探訪少有外人進入的地區，跟當地人交談，了解他們的文化。和平團的歷練告訴我，不要走商人、外交官、觀光客所走的路，反而該和農民、漁民、學生、店老闆、街頭頑童為伍。但那也使我不斷感到愧疚：一想到我這樣的人給大部分印尼人民帶來嚴重的傷害，就深感不安。

在雅加達時，若非必要，我都盡可能待在印尼洲際飯店的泳池旁。未能再見到南西或瑪麗頗讓我失望，但我常觀察她們那一類女子在泳池畔工作的情況。後來我和一個年輕的泰籍女子混得很熟，赫然發現運用藝妓並不只限於日本。我們美國人也有類似的角色，歐洲人和其他亞洲人也不例外；但這些女人似乎一致認為日本人是最佳雇主：日本雇主把這行精進到一個完美的境界，其他文化都無法企及（以他們悠久的歷史，我想這是順理成章之事）。

那個泰國女子親近我，不是為了從我身上得到什麼，也不是因為有人雇她來搞臭我（畢竟我已經被收買去幹那些見不得人的事）。她親近我可能是真心真意，因為她生命中需要像我這樣的人，不然就是彼此投緣。我從未摸清她的動機，只知道她是個伙伴，是個讓我性致盎然又可以聊心事的女人。她還讓我了解高層人士在國際上做生意、做外交的方式。「想勾引你的女人，房裡一定有隱藏式攝影機和錄音機。」她說，隨即補上一個微笑：「不是因為你不帥，而是因為事情並非如表面上看到的。」她告訴我，世上最重要的交易，像她那樣的女人都發揮了關鍵影響。

第一次出任務約兩年後，我奉派到蘇拉威西（Sulawesi）三個月。那是婆羅洲東方的偏遠島嶼，因在地圖上呈現的形狀，被暱稱為「奔跑中的酒醉長頸鹿」。這個島雀屏中選，扮演鄉村發展的典範。它曾是東印度香料貿易重要的一環，二十世紀卻成為偏遠落後的地區。如今印尼政府決定把它打造成進步的象徵。在我們美國人眼中，它的礦業、林業、農業都可能帶來滾滾財源。幾家大企業覬覦島上的金、銅礦藏和各種奇樹；德州一家大牧場已買下數千英畝林地，將森林砍掉，賣掉木材，闢成牧場，打算用足球場那般大的平底船，將牛肉運到有利可圖的新加坡、香港市場。印尼政府還把蘇拉威西當作移民計畫的支柱。這計畫類似我在和平團服務那幾年參與的亞馬遜殖民計畫；我服務的那些人都大受影響。印尼政府打算透過這計畫，將爪哇島（全球人口最密集的地區）的城市窮人遷到人口稀少地區。就跟拉丁美洲的類似計畫一樣，這項計畫得到國際開發機構的支持；這些機構認為這辦法可以將貧民區居民分散到無人墾居的鄉村，進而減少反政府叛亂。專家很快就發現，這類計畫在拉美、亞洲兩個大陸上往往以一敗塗地收場，但當政者並未改弦更張。地方原住民被遷至他處，土地、文化遭到破壞，而被迫遷居到鄉下的城市人努力在脆弱的土地上耕種，結果徒勞無功。

抵達蘇拉威西時，有關單位配給我一棟公家房舍，位在葡萄牙古城望加錫（Makasar）城外，女僕、園丁、廚師、吉普車、司機一應俱全。後來出於民族主義，經蘇哈托指使，望加錫改名「烏戎潘當」（Ujung Pandang）。我的工作一如往常，就是走訪資源可供跨國企業剝削的地方，會見地方領袖，盡量收集資料，寫出一份生動的報告，證明撥發鉅額貸款開發電力和其他基礎設施，將使該地原始的經濟現代化。

有個名叫「蝙蝠城」（Batsville）的地方，在一座新興德州式牧牛場附近，已被選為電廠預定地。有天大清早，司機載我們出烏戎潘當，沿著壯麗的海岸北上，抵達港市巴里巴里（Parepare），然後循蜿蜒的山路小心翼翼進入偏遠深山。穿過叢林的山路是條泥土小路，我覺得彷彿回到了亞馬遜。

吉普車駛入平朗（Pinrang）鎮時，司機大聲說：「到了，蝙蝠城。」我四處瞧；這鎮的名字教我好奇。我四處找蝙蝠，但沒發現什麼特別的東西。司機慢速開過一座廣場，印尼各地鄉鎮的廣場相仿，有兩、三張椅子和幾棵樹，樹的枝幹上垂著大串暗沉沉的果實，像超大椰子。有串果實突然間敞開，我一顆心差點從喉嚨迸出來。原來是隻大蝙蝠正在舒展翅膀。

司機停車，引我到一隻蝙蝠下面。教人吃驚的蝙蝠就在我們頭頂上活動，懶洋洋地張開雙翼，身體像猴子般大，雙眼睜開，轉頭盯著我們。來此之前，我已聽說這些蝙蝠曾讓電線短路，雙翼張開可超過一・八公尺寬，但我怎麼也想不到會有眼前這麼大的蝙蝠。

後來，我與平朗鎮長見面，詢問他當地有何資源，對於在他轄地內建造屬於外國人的電廠、企業有何看法，但心裡仍想著那些蝙蝠。我想知道牠們是否會為鎮民帶來困擾。他答：「不會的。牠們每晚飛走，到離鎮很遠的地方覓食果實，早上才回來。從不碰我們的水果。」他舉起茶杯。「和你們的企業差不多。」他說，帶著詭祕的笑。「他們飛到遠處，食用遠處的資源，在美國人從不會去的地方排泄，再飛回去。」

這論點我常聽到。我已漸漸了解，大部分美國人不知道自己的生活方式建立在剝削之上，其他國家成千上億的人民卻相當清楚。即使是一九七〇年代，美軍也不被視為民主捍衛者，而是剝削性企業的武裝守衛，讓各國既怕且怒。

蘇拉威西也是惡名昭彰的布基（Bugi）族的家鄉。數百年前，歐洲香料商人視他們為世上最凶狠、最殘酷的海盜，聞之色變。歐洲人回鄉後，碰上孩子不聽話，就警告他們再不聽話，「會被布基人抓走。」直到一九七〇年代，布基人數百年的生活方式來幾乎沒什麼改變，以一種叫「普拉胡」（prahu）的大型帆船作為島際貿易的骨幹。這些黑帆大帆船上的水手，穿長長的沙龍，包鮮艷的頭巾，戴亮晶晶的金質耳環，腰帶插著可怕的大砍刀，似乎仍很珍惜他們自古以來的聲名。

我和一名叫布里（Buli）的老人結為好友。他是個造船匠，仍沿用古法造船。有天我和他共進午餐，他說他的族人從不自認是海盜，只想捍衛家園，阻止外人入侵。他遞給我一片多汁的水果，說：「如今我們無所適從。一小群人搭著木造帆船，如何抵抗美國的潛艇、飛機、炸彈、飛彈？」

每次聽到這類問題，我心都為之一沉。最後，這些問題說服了我，讓我改變作風。

第五章——貪污殘暴的國家

與那位布基造船匠聊過的數年後，我金盆洗手，不再當經濟殺手。誠如《經濟殺手的告白》一書所述，我是在加勒比海渡假，乘船遊歷各島時下了這個決定。西班牙殖民時代，洗劫西班牙「黃金艦隊」的海盜就是以加勒比海島嶼為據點。有天接近傍晚時刻，我坐在古老甘蔗園頹圮的牆上，遙想建造那些建築的非洲奴隸的駭人遭遇，了解到我自己也是個奴隸主。經過幾年的內心掙扎，我決定收手，飛回波士頓辭職。但我未將這新帝國幕後的駭人行徑立即公諸於世，我屈服於威脅利誘，拖著不做。接下來幾年，往事在腦海裡揮之不去，我得忍受自己所作所為和所知內幕帶來的良心不安。九一一事件後不久，我站在還在悶燒的世貿中心廢墟邊緣，眼前的怵目驚心讓我了悟該是站出來告白的時候了。

二〇〇四年《經濟殺手的告白》出版後，我開始接受電台訪問，才領悟到身為經濟殺手的我，所作所為是如何影響我工作過的國家，但我對那些國家知之甚少。美國已擊敗蘇聯，躋身史上第一個真正的全球性帝國，沒有哪個超級強權能動搖我們的地位。我們吹噓「進步」和「工業化」。我們在第三世界創造出一個有權有勢的新階級、金權統治集團的走狗。但在我們征服的那些地方，大多數人民境遇如何？我決定要有一番新的認識，以我首次出任務的國家為起點。

之前，我一直透過主流媒體掌握印尼的整體動態；現在我往更深層探索，研究各機構的資料。那些機構除了我效力過的聯合國、世界銀行和其他組織，還有非政府組織和學術機構。愈是了解一九九七年亞洲金融風暴的相關情況，我愈覺得事有蹊蹺。那場經濟災難始於亞洲，又名「國際貨幣基金危機」，影響了亞洲數億人民，造成成千上萬、甚至無數人病死、餓死、自殺，接著全世界經濟都受到波及。金融風暴讓那些願意接受國際貨幣基金和世界銀行指導的國家，清楚看出這兩個機構的真正意圖，也讓人體認到管理經濟的目的，只是讓金權統治集團富上加富，即使犧牲大多數人的利益也在所不惜。

乍看之下，官方統計數據顯示，至少在一九九七年之前，一九七〇年代我們在印尼的努力創造出斐然的經濟成果。那些數據誇耀低通膨、超過兩百億美元的外匯存底、超過九億美元的貿易順差、健全的銀行體系。印尼的經濟成長率（用國內生產毛額來計算），從一九九〇到一九九六年每年將近百分之九，雖不如我拿人薪水、奉命提出的二位數成長率預測那般亮麗，但也非常可觀。世銀、國際貨幣基金、顧問公司、學術機構的經濟學家，以這類統計數據為依據，說明我們經濟殺手推行的開發政策的確成功。

但我很快就查明，那些數據並未觸及，印尼人民因為經濟學家口中的「經濟奇蹟」付出何等高昂的代價。受惠者侷限於最高所得階層。國家整體收入快速成長，靠的是剝削充沛的廉價勞力，靠的是工時超長、工作環境危及生命安全的血汗工廠，靠的是印尼政府給予外國企業特許權的優惠政策，讓他們堂而皇之破壞環境，從事在北美和其他「第一世界」國家不准從事的活動。明訂的最低工資提升到一天約三美元，但往往形同具文。二〇〇二年，估計有五成二的印尼人民每日靠不到兩美元的收入過活，這樣的生活從各個角度來看，幾乎無異於現代奴隸。對許多工人和其家庭而言，即使是一天三美元的收入，也不足以確保基本民生所需。

印尼同意施行如此戕害人民的政策，絕非出於偶然。印尼上層人士為積聚財富，招來鉅額外債，印尼別無選擇。根據世銀和國際貨幣基金的國際金融統計資料庫（International Financial Statistics, IFS）共同提出的全球開發金融報告，印尼外債占國內生產毛額的比例，一直高居亞洲之冠。在一九九〇至九六年間，也就是為九七年亞洲金融風暴埋下禍因的關鍵期，這個比例一直在六成上下盤旋（相較於泰國約三成五，中國、香港一成五，新加坡、台灣一成）。一九九〇至九六年間，印尼還本付息的金額加上短期債務，占外匯存底的比例將近百分之三百（相較於泰國約百分之一百二十，中國六成，香港和台灣二成五，新加坡這方面的數據不詳），相當驚人。顯然，我們已讓印尼背上根本無力償還的鉅額外債；印尼人不得不任美國的企業予取予求，以免名聲掃地。我們經濟殺手任務達成。

事實再度證明，全國經濟指標非常不可信。在印尼這類國家，亮麗的外匯、貿易順差、低通膨、國內生產毛額高成長，受惠的是總人口中少數的富人。其他人都無法受惠於這主流經濟（可測量的經濟），反而背負沉重的負擔。

最能彰顯貧窮、企業剝削、美國消費者三者關係的地方，或許就在印尼的血汗工廠（這種工廠在其他許多國家也很常見）。世銀和國際貨幣基金鼓勵私有化，鼓勵減免外資公司稅賦。受這政策支持的大型跨國企業，若非親自經營工資過低的工廠，就是將業務外包給這類工廠。工廠工人如果抗議，多半遭毆打或殺害。因為有承受如此不堪待遇的工人：「第一世界」人民才能買到如此便宜的商品。

我巡迴美國各地辦《經濟殺手的告白》一書的簽名會時，有人走過來告訴我，耐吉、愛迪達、Ralph Lauren、沃爾瑪、Gap這些公司，都靠奴隸勞工獲利。有對大無畏的夫婦向我訴說他們在印尼的駭人經歷，聽來教人坐立不安。

第六章　血汗工廠

二〇〇五年，兩位電影製片吉姆‧吉第（Jim Keady）和萊絲莉‧克瑞楚（Leslie Kretzu）找上我，希望與我視訊訪談。透過電話、電子郵件溝通後，我斷定他們與經濟殺手站在對立面，代表新一波的人權人士。

「除了訪問你，我們還想讓你了解印尼的血汗工廠。」終於與他們碰頭時，萊絲莉這麼告訴我。她簡短說明了他們二〇〇〇年時曾和印尼耐吉工廠工人同住，「在同樣惡劣的環境下，靠同樣的工資過活，至少試著過跟他們一樣的生活。」

我問他們為何想到要這麼做。

「那似乎是很久以前的事。」萊絲莉說：「我加入了耶穌會義工團（Jesuit Volunteer Corps）。他們提醒我，參加以後，我會變一個人。他們的座右銘乃是『JVC: Ruined for life.』（耶穌會義工團：這輩子完了。）我的所見所聞令我不敢置信：貧窮和苦難。我想我這輩子完了。我到印度參與泰瑞莎修女的濟貧計畫，幫助她口中『最窮的窮人』。和那樣的人一起生活過，整個人就變了樣，永遠不會回到原來的生活方式，永遠不會忘記。就是覺得該做點事。」

我看著吉姆。

「我是被上帝綁架了。」他笑著說：「聽來好笑，但我是說正經的。念高中時，我自認以後會到華爾街上班，賺個數百萬，三十五歲就退休。結果一九九三年我二十一歲時環球旅行一趟，首度走訪幾個開發中國家，包括寮國、越南、緬甸、尼泊爾，還有其他許多國家，我看到什麼是真正的貧窮。在天主教學校所受的十六年教育，包括在聖約瑟夫大學拿到理學士學位，這時和現實有了連結。這下我才知道耶穌是在為誰奮鬥。我決心為同樣的理想奮鬥。當然不只是耶穌，還有伊斯蘭先知穆罕默德、猶太教諸位先知、佛陀、每個受敬重的宗教人物。事實上，世上各大宗教都把社會正義視為核心理念。」

我請他們寫下他們故事的梗概。

我們是在一九九八年時開始注意耐吉的勞工待遇，那時吉姆在紐約市聖約翰大學當足球隊助理教練。他一邊當助理教練，一邊攻讀神學碩士學位，決定寫篇論文，從天主教社會教義探討耐吉公司的勞工待遇。就在他開始研究時，聖約翰大學的體育系開始和耐吉洽談三百五十萬美元的廣告交易，如果談成，所有教練和運動員都得穿戴耐吉產品，替該公司產品宣傳。他最初私底下說，然後公開說，基於良心，他不想替一家涉嫌經營血汗工廠的公司當活廣告。這所大學是全美最大的天主教大學之一，結果校方下了最後通牒，要他穿上耐吉產品，不要再質問這項交易，不然就辭職。一九九八年六月，他被迫辭職。

吉姆想徹底弄清楚他的懷疑，於是詢問耐吉可否讓他在他們的工廠工作一個月，以了解其勞動環境。耐吉說一個月太短，說他不會講任何東南亞語言，說為了安插他，一個工人必須失業。吉姆回信道，如果一個月太短，他願意待上六個月或一年，只要能了解勞動環境，查明到底是不是血汗工廠，待多久都可以。他指出他會講西班牙語，耐吉可派他到中美洲的工廠。至於會因他而丟工作的工人，吉姆找到奧勒岡州一家非營利機構（耐吉總公司就設在奧勒岡），同意出機票讓那名工人來美國，供他（她）食宿和生活津貼，基本上讓他（她）在工作遭吉姆取代期間渡個長假。耐吉回信表示，對他這樣的安排不感興趣。

吉姆無法如願到耐吉工廠工作，我們決定唯一的替代辦法就是和那些工人住在同一個村落，而且每天的花費比照他們的工資。因此，二〇〇〇年，我們前往印尼雅加達的郊區唐格朗（Tangerang），以耐吉工人每天的基本工資一・二五美元，和他們一起生活。

一個月下來，萊絲莉瘦了十五磅，吉姆瘦了二十五磅。我們和耐吉工人一樣，住在那悶熱潮濕的城市。九呎見方的小水泥房間裡，沒有家具，沒有冷氣；凹凸不平的水泥地板貼有餐具櫃用的貼紙，我們鋪上薄墊，席地而睡，地板上總有一層灰和沙子，來自焚燒垃圾、工廠污染、汽車排放的廢氣。馬桶排泄物排放到每條街道兩旁的排水溝。因為這些排水溝未加蓋，村子裡蟑螂、老鼠猖獗，蟑螂大如人的拳頭，老鼠則是前所未見地大。

有人跟我們說：「在印尼這樣的地方，一天一・二五美元，就可以過得像帝王般。」這根本是無血無淚的無稽之談。說這種話的人，大都從未去過印尼。一・二五美元，我們能吃到兩頓有米、有蔬菜但談不上豐盛的飯，加兩根香蕉。如果要肥皂或牙膏，就得少吃東西。有一天，吉姆打掃時打翻可攜式小爐子用的煤油，我們不得不用洗衣肥皂清洗油污。那真是場災難，讓我們荷包大失血，心情大壞。

試試這樣的生活。你是個二十幾歲的成年人，週一到週六每天從早上八點工作到晚上，有時連週日也上班。那還不包括通勤時間、準備上班的時間。你沒有錢慶祝朋友生日，買不起收音機，電視更是想都別想。你已兩年多沒替自己添購新衣物、新鞋子。下班回到家，你還得花三十至四十五分鐘手洗衣物。你的衣服不多，不管穿什麼，一天工作結束後，都髒得不得了。如果妳是女性，生理期仍和其他工人一樣，一天只能上兩次洗手間，因此得在腰際綁條圍巾或穿上長襯衫，遮住長褲上的血污。

你累壞了，連骨頭都覺得累。你擔心說出來，會丟工作。雇用你的跨國公司卻告訴全世界，他們已大幅改善工作環境，消費者不必擔心。你對你過的生活百分之百滿意。

遺憾的是，不只是耐吉工人生活這麼悲慘、工資這麼微薄。我們問過愛迪達、銳步（Reebok）、Gap、Old Navy、Tommy Hilfiger、Polo/Ralph Lauren、Lotto、Fila、Levi的員工，薪水同樣少得可憐，同樣住貧民區，對大老闆的要求也都一樣：調高工資、自由組織獨立工會。

耐吉工人過著低劣、不衛生的生活，大多數美國人難以想像，但有錢的印尼人和外國人生活卻很優渥。我當經濟殺手時，雅加達只有一間飯店是給我們這種人住的，也就是印尼洲際飯店。如今，這樣的飯店變多了，包括四季、萬豪、君悅、希爾頓、皇冠、喜萊登、文華、美麗殿、千禧、麗池卡登，還有其他好幾家。對美國企業高階主管而言，這些飯店就是他們另一個家，在此以美酒佳餚招待印尼籍下屬和客戶。他們的房間位於大樓高層，俯瞰雅加達市區，還能遠眺唐格朗和工人群聚的其他「郊區」。他們或許會指出那些工廠不歸他們企業所有，藉此推卸責任，但捫心自問，他們知道責任在己，必然逃不過深深的內疚。

「耐吉也無情地壓榨工廠老闆。」吉姆說：「耐吉的人知道生產每條鞋帶、每個鞋底的成本，算得可精。他們一再催逼工廠老廠，將成本壓到最低。最後工廠老闆，往往是華人，不得不接受非常微薄的利潤。」

「工廠老闆比工人有錢多了，」萊絲莉嘆口氣說：「但他們也是受剝削者。耐吉操縱一切，把利潤放進口袋。」

「我們把矛頭對準耐吉，」吉姆解釋道：「因為它是這個產業的龍頭，市占率比所有競爭對手高得多。它能起帶頭作用。如果能迫使耐吉改善，業界其他公司就會跟進。」

如今，企業高階主管每次走出下榻的豪華飯店，就感受到印尼「進步」的另一面。貝卡克黃包車不見了。那些飾有稀奇古怪圖案的人力計程車，一九九四年開始禁止在雅加達的主要街道上行駛。蘇哈托總統宣稱那是落後國家的象徵。教人遺憾的是，他這項決定讓數萬名黃包車車伕淪為失業一族。自此，街頭上向外地人攬客的，換成了「巴賈」（Bajaj），也就是小型速克達型三輪「計程車」，渾身包覆橘色金屬殼。巴賈最初是偉士牌（Vespa）為印度研發的車輛，在蘇哈托眼中，代表現代化。但這種車其實很吵，製造污染、熱氣，又危險。與貝卡克不同，巴賈全部一模一樣，虹彩色的鮮艷裝飾畫換成清一色的橘。據估計，如今有兩萬輛巴賈充斥雅加達街頭。大部分貝卡克車伕從未受過駕駛巴賈的訓練；其中許多人也淪為血汗工廠的工人。

歷任美國政府支持蘇哈托的專制政權，但雅加達政府受到非政府組織的嚴厲抨擊。數個監察組織譴責雅加達政府，嚴重違反國際法和地方法，危害人權，為了迎合跨國企業和總統心腹，不惜犧牲民主原則。《紐約時報》報導：「幾項國際調查裡，印尼固定被列為全球最貪腐國家之一。」

「情況之糟，教人無法相信。」前美國中情局幹員尼爾告訴我。他來參加我的簽書會，簽完名未離去，提議請我喝杯啤酒。我們談了幾小時，直到深夜。幾個月後，我去舊金山附近探望岳父母時，再度和他碰面。他的華裔父母從小灌輸他仇視毛澤東的觀念，他長大後因而加入中情局：「派駐雅加達時，我滿腔理想。那時是一九八一年。我認為絕不能讓印尼落入共黨之手。」一九八九年美軍入侵巴拿馬，他猛然醒悟，此舉將使美國與全世界為敵。不久他就離開公職，投身「民間業務」。最後，二〇〇五年時，他回到印尼，率領保安隊保護海嘯後的重建工作，避免遭到亞齊省自由戰士的襲擾：「天啊，最後一次去，讓我大開眼界！雅加達像個現代化大都市，有亮麗耀眼的摩天大樓，有豪華飯店，但在表象之下……，情況比以往更糟。貪腐橫行，而我們就在刺激貪腐。」

我問他離開中情局後為什麼繼續從事類似職業。他答：「為了謀生，我只會那一行。」然後他說了第二個理由，和第一個理由一樣，我常從豺狼口中聽到：「此外，那種刺激快感，無可取代。特技跳傘和飆摩托車是為了快感，但絕對比不上正面迎擊想殺你的人的那種快感。」

聽到這類言詞，一股寒意直透我背脊。我想著我父親和其他二次大戰英雄。他們如果知道我們的企業和政府鼓勵人迷上殺人的快感，會作何感想？撰寫《經濟殺手的告白》時，我的所作所為激起我深深的罪惡感，在腦海裡揮之不去。如今我赫然發現，金權統治集團害人不淺，竟超乎我想像。

第七章　美國支持下的屠殺

印尼一些破壞人權與環境最嚴重的惡行始於東帝汶，大概就在我住烏戎潘當那個時候。和蘇拉威西一樣，東帝汶據認是個金、錳、石油、天然氣蘊藏量豐富的偏遠島嶼。但與蘇拉威西不同，東帝汶被併入印尼前，已被葡萄牙人統治了四百年。印尼人有九成是穆斯林，而東帝汶人大都信仰羅馬天主教。

一九七五年十一月二十八日，東帝汶宣布脫離葡萄牙獨立。九天後，印尼入侵。殘暴的占領部隊估計屠殺了二十萬人，等於東帝汶人口的三分之一。

國家安全檔案館（National Security Archive）公布的文件顯示，美國政府不只提供這場屠殺所用的武器，還明確贊成這項入侵行動。根據這些資料，美國總統福特和國務卿季辛吉於一九七五年十二月六日和蘇哈托會晤，同意他的攻擊計畫，隔天蘇哈托即發動攻擊。這些文件還揭露，卡特政府曾於一九七七年阻止這些資料解密。

印尼入侵東帝汶三十年後，前東帝汶省長的兄弟、現為流亡政治領袖的若昂・卡拉斯卡勞（Joao Carrascalao），接受美國新聞節目「現在就民主！」（Democracy Now!）主持人艾米・古德曼（Amy Goodman）訪問。他說：「我抵達雅加達一小時後，福特總統和季辛吉的座機便降落雅加達。當晚，雅加達政府的高官蘇揚托上校（Colonel Suyanto）通知我，美國已同意印尼入侵東帝汶。」

布雷德・辛普森（Brad Simpson），馬里蘭大學歷史系助理教授暨國家安全檔案館研究助理，他告訴艾米：「這些文件揭露了美國二十五年來歷任政府一貫的欺騙模式。對美國大眾和國際社會封鎖印尼入侵東帝汶的行動細節，有計畫地封鎖或懷疑一九八〇年代中東帝汶屠殺事件的可信報導，並規避國會對軍方的禁制規定，使武器源源不絕流出。」

入侵行動二十年後，兩名最敢直言批評印尼的人士受到了國際肯定。東帝汶人權鬥士卡洛斯・貝洛（Carlos Filipe Ximenes Belo）主教和荷塞・拉摩斯霍塔（Jos Ramos-Horta），於一九九六年獲頒諾貝爾和平獎。獲獎消息震驚了雅加達、華盛頓，並衝擊華爾街股市。

東帝汶屠殺只是蘇哈托治下執行的諸多警察國家政策之一。一九七〇年代，派兵到這些有獨立傾向的地區，被合理化為遏制共產勢力的必要措施。美國主流媒體多半忽視：大部分叛亂活動都是源於人民急切想擺脫蘇哈托的高壓統治，叛亂者別無辦法，只好向中國這類國家求助，以取得軍事、醫療援助。支持蘇哈托有利於金權統治集團這項事實，主流媒體也視而不見。蘇哈托決心控制整個印尼島群，就連沒有珍貴資源的地區也不放過，而華盛頓當局和華爾街金融鉅子都很看重蘇哈托這項決心。金權統治集團認知到，如果想隨心所欲掌控資源豐富的地區，就必須支持這位獨裁者一統印尼的勃勃雄心。

自我僑居印尼以來，在蘇門答臘最北端、富含石油、天然氣的亞齊省，已有一萬多人遭軍方殺害，還有數千人死於摩鹿加群島、西加里曼丹（位於婆羅洲）、伊利安查亞（位於新幾內亞）的衝突中。一樁又一樁的案例說明，武裝部隊的真正目的乃是取得跨國企業（蘇哈托政權的大金主）覬覦的資源。石油公司和開採其他礦物的公司帶頭進入印尼，接著還有多種企業跟進，從印尼的廉價勞力、天然資源及開發計畫與消費品的市場得利。以國際銀行、國際商業圈的投資為核心來打造經濟，印尼是絕佳範例。這個經濟體承諾以天然資源償還貸款，並以此為後盾，大量舉債資助基礎建設，基礎建設反過來又催生飯店、餐廳、量販店的需求，以及營造業、服務業、銀行業、運輸業方面隨之而來的需求。有錢的印尼人和外國人從中獲利，大部分印尼人遭殃。不滿的印尼人起而反抗，卻遭軍方鎮壓。

在這過程中，嚴重受害的不只是人，還有環境。印尼雨林面積居世界前幾大，但礦物、紙漿、製紙工廠和其他開採資源的產業，使大片印尼雨林童山濯濯，河川滿布有毒廢棄物，工業區和城市空氣污染嚴重。一九九七年，東南亞籠罩在毒霾中，舉世矚目。毒霾肇因於印尼境內失控的森林火災，而追本溯源，森林火災又肇因於經濟殺手一手主導的貪污活動。

這「經濟奇蹟」的受害者，還有布基人、達雅人（Dyak）、美拉尼西亞人和其他原住民族群；他們的土地遭掠奪，生命、傳統被摧毀。這發生在現代的種族滅絕事件，不能光從人所受的苦難來衡量；那形同對人類靈魂的攻擊，讓人想起美國人對印第安人犯下的種族滅絕惡行，令人洩氣。那些惡行如今遭到譴責，卻又一再重演，而且是在美國政府與美國企業的資助下重演。

眼見經濟危機日益惡化，開始嚴重衝擊印尼，蘇哈托接受了國際貨幣基金的結構性調整方案（Structural Adjustment Package）。該機構建議蘇哈托廢除燃料、糧食補助和其他社會福利事業，以降低開支。這些政策大剌剌偏袒富人，造成更多人餓死、病死、敵視政府。

最後許多印尼人走上街頭。就連富人都擔心社會日益動盪，要求改弦更張。一九九八年五月蘇哈托被迫下台，結束長達三十二年的獨裁統治。一九九九年九月，美國柯林頓政府斷絕與印尼軍方所有的軍事關係。

但這些發展絕不代表金權統治集團從此步下舞台，相反地，還更為壯大。印尼新當權者因驅逐獨裁者而受到讚揚，自稱是人民之友。美國政府和跨國公司為蘇哈托的下台而歡呼，支持新政權。然後，二〇〇四年十二月二十六日，耶誕節隔天，海嘯來襲，一樁慘劇為金權統治集團的屹立不搖提供了新契機。

海嘯奪走了約二十五萬條人命，但與重建工程有關的企業（其中許多是美國企業）把這當作是大發災難財的機會。地震、颶風、海嘯奪走數十萬人命，毀掉財產，但提升了印尼國內生產毛額。人員死亡與財物損失未被列入經濟統計，但花在重建上的數十億美元卻列了進去，從而創造出提升經濟的假象。

大部分美國人都不知道，戰爭等災難為大企業提供了發大財的機會。災後重建資金，有許多指定撥給美國的工程公司和擁有飯店、餐廳、連鎖零售店、通訊與交通網絡、銀行、保險公司等產業的跨國企業，而這些企業都隸屬於金權統治集團：「救災」

計畫不只未協助收成僅供自家食用的貧農、漁民、夫妻經營的小吃店、民宿業者、地方企業，反倒提供帝國建造者另一條吸金管道。

第八章——大發海嘯災難財

二〇〇四年十二月二十六日，一個至為不幸的日子，不幸的不只是這場恐怖海嘯的直接受害者，還有深信人世間存有同情、博愛、助人情操的所有人。無恥剝削背後的悲慘故事，在這場天災降臨前幾個月就已上演。

二〇〇四年九月，印尼再度選出軍人當總統。根據《紐約時報》報導，尤都約諾（Susilo Bambang Yudhoyono）將軍「於蘇哈托將軍獨裁統治期間，在軍隊裡晉升快速……。」

他在一九七六年獲選派赴美國喬治亞州班寧堡（Fort Benning）受軍事訓練，後來又參加美國的國際軍事教育與訓練計畫（International Military Education and Training Program），赴美完成兩期受訓課程。南亞大海嘯後，他成為打擊亞齊省獨立運動的絕佳領導人。

和印尼各地獨立運動一樣，主張獨立的亞齊人自認受到中央政府的經濟剝削和殘暴高壓統治，想脫離印尼獨立。外國企業的到來，破壞了亞齊人的環境和文化，卻未帶來多少好處。亞齊有座液化天然氣廠是印尼最大的資源開發案之一，但該廠獲利只有極少一部分撥給當地學校、醫院和其他投資，協助因開發案而受害的人。

「資源豐富的亞齊，渴求脫離印尼獨立已有五十年。」記者梅莉莎・羅西（Melissa Rossi）說。她曾獲新聞報導獎，發表的文章散見《新聞周刊》、紐約《新聞日報》（*Newsday*）、《君子》（*Esquire*）雜誌、《喬治》（*George*）雜誌、MSNBC線上新聞媒體、《紐約觀察家報》（*The New York Observer*）等媒體。她偶爾會從全球各個可能發生戰事或動亂的地方寄電子郵件給我，例如「沿海地區油井林立，說明了印尼政府為何要死抓著亞齊不放」。在南亞大海嘯從海上撲來、席捲亞齊省之前，究竟有多少人死於該省三十年來的戰亂，公諸於世的紀錄少之又少，但估計有一萬到一萬五千人。

二〇〇四年，印尼政府與自由亞齊運動組織（Free Aceh Movement，印尼語作Gerakan Aceh Merdeka，簡稱GAM）展開祕密談判。談判結果似乎有利於該組織，印尼政府同意將石油、天然氣等亞齊資源產生的利潤，回饋一部分給亞齊人民，讓亞齊享有某種程度的自治，並給予亞齊人數十年來要求的其他權利。但海嘯來襲，一切改觀。

自由亞齊運動是個地方組織，主要根據地被這次海嘯重創，更因災後的混亂元氣大傷，主要幹部有一部分死於海嘯或失去家人，通訊、運輸體系幾乎全毀。災後，自由亞齊暫時擱下反抗活動與談判，致力照顧受害者和管理災後重建。

另一方面，印尼政府迅速利用混亂的情勢建立中央威權。從爪哇和印尼其他未受害地區調來的新部隊，大量湧進亞齊；不到幾個月，就得到美國軍事人員和傭兵的支持，例如領導一支小隊保護美國承包商的前中情局幹員尼爾。武裝部隊以救災之名掌控亞齊，但他們未明言的目標還包括了摧毀自由亞齊運動組織。

小布希政府立刻有所行動。海嘯來襲次月，二〇〇五年一月，華盛頓當局修正柯林頓政府於一九九九年與印尼軍方斷絕關係（因印尼軍方鎮壓人民）的政策。白宮將總值一百萬美元的軍事裝備撥付雅加達。二〇〇五年二月七日，《紐約時報》報導：「華盛頓正在利用海嘯後降臨的機會……。國務卿萊斯已著手加強美國培訓印尼軍官事宜……。打擊分離主義已三十年的印尼陸軍，自海嘯後一直在亞齊炫耀優勢武力……。軍隊首要的任務似乎在箝制自由亞齊運動的武力。」二〇〇五年十一月，華盛頓撤除武器禁運，與印尼軍方全面恢復關係。

自由亞齊運動組織災後忙於恢復自身元氣，協助當地村鎮重建，心力交瘁，加上印尼軍隊和支持印尼軍隊的美國人撲天蓋地而來的壓力，不得不和印尼政府簽署一份非常不利的協議。這場角力，金權統治集團再度是大贏家（如今仍是）。這場海嘯幾乎讓亞齊繼續受剝削，而且毫無減緩跡象。

從亞齊的盧瑟生態系，可以清楚看到金權統治集團如何大發災難財。三十年來，當地的反抗運動使伐木、石油公司無法染指世界上最繁茂的森林之一；如今自由亞齊運動垮了，這地區重新成為任人剝削的俎上肉。

曾任石油公司高階主管的麥克・格里菲思（Mike Griffiths），一九八〇年代中辭去高薪工作，投身生態保育，一九九四年協助創設了盧瑟國際基金會（Leuser International Foundation）。二〇〇六年，在他穿針引線下，美國國家公共電台（NPR）的「無線考察隊」（Radio Expeditions）節目來到亞齊。節目主持人麥可・薩利文（Michael Sullivan）報導：「隨著局勢平靖，這片森林受到的壓力可能升高。而最大的威脅，更甚砍伐具有經濟價值的熱帶硬木或開闢油棕櫚園，也就是開闢道路。」節目接著說明，南亞大海嘯一過，美國工程、營造公司立即遊說世銀和其他「援助」機構撥款修建道路，而那些道路的受益者主要是伐木、石油公司。格里菲思告訴國家公共電台的聽眾：「失去盧瑟生態系，不只是老虎、紅毛猩猩、大象、犀牛失去繁衍的最後機會，四百萬人的福祉也失去根本憑藉，因為這塊地方提供了水源、保持水土，使人民免遭洪害。」

印尼統治階層、美國政府、跨國企業之間的關係，點出二次大戰戰後金權統治集團在全球各地使用的伎倆。帝國的建造，一直以來是祕密進行的。民主體制認定選民有知的權利；這些伎倆直接威脅美國最憧憬的價值，也說明身為經濟殺手的我和許許多多「開發專家」所造的孽。

三起個別事件讓我更深刻地體認到，我們的工作本質上就是暗中害人。這些事件在二〇〇四年南亞大海嘯後才曝光，但根源都可追溯到我初當經濟殺手之時。

第九章　貪腐惡果

在《經濟殺手的告白》一書中，我描述了一九八〇年代末到九〇年代我與石威工程公司（Stone and Webster Engineering Company, SWEC）的關係。當時那是美國最大、最受推崇的顧問暨營造公司之一。該公司私下與我達成協議，付了五十萬美元左右，讓我打消寫書交待我經濟殺手生涯的念頭。偶爾，該公司還要我替他們辦點事。

一九九五年某天，石威公司某高階主管打電話來要我跟他見個面。共進午餐時，他談到計畫在印尼建造一個化學製品加工區。他告訴我，那將會是該公司創立百年來最大的開發案之一，工程經費約十億美元。「我決心搞定這個案子。」然後壓低聲音說：「但得想個辦法把一億五千萬美元交給蘇哈托家族的某人才能成事。」

「賄賂。」我說。

他點頭：「你在印尼待過不短的時間。指點一下這事該怎麼辦。」

我告訴他，我知道有四種方法可以「合法賄賂」那個人。一、安排向那人和那人朋友的公司租借推土機、怪手、卡車和其他重型設備，並付高出行情的費用；二、以高價把部分工程轉包給類似的公司；三、如法炮製，將食、宿、車、燃料等品項的需求外包出去；四、可以主動安排印尼當朝權貴的兒女到美國一流名校念書，包辦所有留學開銷，在美國期間，付給他們顧問費或實習薪水。我向他坦承，要處理掉這一大筆錢，大概得四個辦法一起用上，而且得花上幾年。但我要他放心，我入這一行以來，這些辦法屢試不爽，而且從未聽說有哪家美國公司或公司高階主管因此惹上官司。我還建議他，不妨考慮找藝妓幫忙敲定這項交易。

他咧嘴奸笑，告訴我：「藝妓已經在辦事了。」接下來，他擔心的是蘇哈托家族的那個人想要「拿到大筆前金」，以求心安。

我不得不承認，要弄到這麼大筆「前金」，我無計可施，至少在合法的情況下沒辦法。

他感謝我，未再找我商量這件事。

十年後的二〇〇六年三月十五日，《波士頓環球報》（*The Boston Globe*）的商業版頭版刊出如下標題：「『賄賂備忘錄』與石威公司垮台。」報導寫到這家創立於一八八九年、擁有光榮歷史的公司如何由盛而衰，於二〇〇〇年聲請破產，突然倒地，最後轉手給蕭集團（Shaw Group）。「一千多名員工遭解雇，他們投資石威公司的錢全泡湯。」該報記者史蒂夫・貝利（Steve Bailey）斷定，該公司的垮台，可以從那份備忘錄找出端倪：「那份關鍵的備忘錄詳細交待該公司一項先前未經報導的祕密行動。為取得石威公司創立以來最大一筆承包合約，該公司試圖付一億四千七百萬美元非法回扣給印尼蘇哈托總統的一名親戚。」

第二件事始於一封電子郵件。是印尼政府某官員的兒子寄來的，要求與我見面。一九七〇年代，我曾與那名官員共事。

埃米爾（化名）和我在紐約上西城一家安靜的泰國菜餐廳見面。他告訴我，《經濟殺手的告白》一書讓他感觸良多。他十歲左右，他父親在雅加達就介紹我們認識了。他說小時候常聽到我的名字，還說他知道他父親就是我書中描述的那些貪官之一。他直視我的眼睛，向我表白他已步上父親後塵：「我想全盤托出。我想像你一樣說出自己的所作所為。」他淡淡微笑：「但我不想失去我的家庭和我所擁有的。我的意思你應該懂。」

我要他放心，我絕不會洩漏他的名字，曝露他的身分。

埃米爾的故事，揭露了不為人知的祕辛。他指出印尼軍方從民間弄錢資助其活動，已行之多年。他覺得這事沒什麼稀奇，不當一回事地笑道，這類事情在第三世界司空見慣。接著他一臉正經地說：「一九九八年蘇哈托下台後，情況更糟。蘇哈托的確是個軍事獨裁者，一心不讓軍隊脫離他的掌控。他一下台，許多印尼人拚命想修法，讓文人更能掌控軍權。他們認為削減軍事預算可以達成目的，但將領們知道哪裡可以找到援手：外國的採礦、能源公司。」

我告訴埃米爾，他這番話讓我想起，在哥倫比亞、奈及利亞、尼加拉瓜和其他許許多多用私人民兵補強國家軍隊的國家，也有類似情形。

「沒錯。」他同意：「我們印尼境內就有許多傭兵。但我要說的事情更糟。過去幾年，我們國家的軍隊已被外國企業收買。那後果很可怕，你也知道，那些企業如今不僅掌握我們的資源，也掌握了武裝部隊。」

我問他為何要透露這些內情。他轉過頭，望著餐廳窗外車流，最後回頭望著我：「我是其中的共犯。比起我父親，我的賄賂行動變本加厲，負責居中安排、向企業收錢、轉交軍方。我很羞愧。我能做的，就是告訴你這些事，讓你公諸於世。」

與埃米爾會面幾星期後，我上網瀏覽《紐約時報》網站，看到一篇文章，詳細描述總部設在紐奧良的自由港麥莫倫銅金礦公司（Freeport-McMoran Copper and Gold），「過去七年付了兩千萬美元給該地區（巴布亞）的軍事指揮官和部隊，以確保該公司在這個偏遠省分的設施平安無事。」文章明確解釋：「印尼軍隊的經費只有三分之一來自政府預算，其餘都是靠『保護費』之類的地下收入。高級將領因此得以獨立行事，不受政府的財政掌控。」

那篇文章又引我閱讀了該網站二〇〇四年九月的兩篇文章，描述我的老地盤蘇拉威西的近況。兩篇文章詳細報導全球最大的黃金開採公司、總部設在丹佛的紐蒙特礦業公司（Newmont Mining Corp.），涉及不法情事：將砷與汞非法倒進布雅特灣（Buyat Bay）。讀著這些文章，我發覺我過去的工作成果（一九七〇年代我們經濟殺手資助、興建的電力網、道路、港口等基礎設施），其實是這場環境災難的幫凶，讓紐蒙特礦業公司大舉進入採礦，毒害海洋。誠如我第一次在印尼出任務的專案經理依林沃斯指出的，我們奉派到印尼，是為了確保石油公司得到它們所需的任何東西；我不久也理解到，受惠於我們任務的，只石油公司。蘇拉威西的例子，清楚說明「援助」資金如何造福跨國公司。

《紐約時報》網站的文章指出：「向紐蒙特抗爭的活動，已讓愈來愈多人更加確定，採礦及能源公司牢牢掌控印尼薄弱的管控體制。許多人將這歸咎於蘇哈托將軍遺留下來的貪污、任人唯親作風及不健全的司法體系。一九九八年下台的這位獨裁者，任內向外國投資者大開方便之門，從中撈取油水。」

盯著這些線上文章，「蝙蝠城」鎮長和布基族造船匠的指控，突然浮現在我電腦螢幕上，彷彿《聖經》裡的先知回來纏擾我。美國的確派了蝙蝠出去剝削、污染他國土地。古老木造大帆船上配備大砍刀的水手，面對泰山壓頂的美國軍力，或者應該說，面對更難察覺的企業打手部隊，想要守住自己的家園，成功機會微乎其微。

第十章——在印尼遇襲

我辦簽書會時，有時會聽到讀者反映新聞報導說耐吉那些公司已在改善勞工環境。我和大部分我遇見的人一樣，希望這是真的。我們希望耐吉創辦人菲爾・耐特（Phil Knight）和其他高階主管照良心辦事。我聯絡萊絲莉和吉姆夫婦。他們曾試圖在印尼模擬耐吉工人的生活，現在則著手製作有關血汗工廠的紀錄片電影。他們的回信並不樂觀：

自二〇〇〇年去了那裡一趟，我們又回去了兩次，且和那裡的工人、工會組織者保持聯繫。從好的方面看，的確已有些微改變，但癥結所在的工資和工會組織權，仍和二〇〇〇年一模一樣，儘管耐吉努力給大眾已改善的印象。

印尼公定的最低工資已提高，但食物、水、料理用油、衣服、住房和其他基本民生物資的價格也跟著提高。工人仍面臨「自己吃或讓小孩吃」的兩難。我們最近一次在印尼時，有位耐吉工廠女工來打招呼。我們在二〇〇〇年就採訪過她，她在耐吉工廠已待了八年。她神情嚴肅地擁抱我們，勉強擠出微笑，堅定地說道：「完全沒變。」

改變的是油價，往返工廠的交通費也跟著改變。如今，光是通勤費用就要花掉薪水的三成，而薪水本來就不太夠用，哪有多餘的錢付增加的交通開銷？男女工人每週為那些有數十億美元資產的企業工作六、七天，有時卻不得不以米飯配鹽，打發掉每天能吃到的兩餐。

一九九〇年代末，耐吉回應外界關於血汗工廠的批評，宣稱那些批評者不知道自己在說什麼，宣稱轉承包的工廠不屬該公司所有，因此耐吉沒有權力改變。二〇〇〇年，耐吉的回應是：「問題很好……，但弄錯公司。」到了二〇〇二年，耐吉高階主管成了我們的跟屁蟲。我們巡迴全美大學、高中，就這問題演講，前腳剛走，他們後腳就到，總會在我們未到校前先寄出一份文件，痛斥我們即將演講的內容，我們離開後，又在學生報紙上補上一篇社論，宣稱我們所說不全是事實。如今，耐吉的策略似乎是參加社會責任會議，坦承確有一些問題，但如何解決要靠所有利害關係人（按照耐吉的主張）同心協力。

在這同時，一九九〇年代被揭露的那些問題，從填不飽肚子的工資，到一天只能上廁所兩次的規定，到言語辱罵、暴力、性侵害，到威脅、毆打工會組織者，仍存在於全球各地的耐吉工廠。

如果耐吉將所有印尼工人（約占該公司工人總數的六分之一）的工資提高一倍，那筆人事開銷大約占耐吉十六億三千萬美元廣告預算的百分之七。如果耐吉撥出一部分廣告預算給工廠，讓工廠營運資金更充裕，大部分血汗工廠都可望消失。

萊絲莉和吉姆或許和經濟殺手誓不兩立，而他們也未能免於豺狼的騷擾。他們說，有個漆黑的晚上，他們和攝影師喬爾、印尼籍司機、通譯，遭一群武裝歹徒追逐。

「他們騎摩托車圍住我們車子。」吉姆說：「我們司機趕緊將車開到附近一個軍事檢查哨，結果士兵竟揮手要我們通過、別停下來。」

「那名士兵拚命想甩掉我們。」萊絲莉補充說：「他不想惹火那些印尼黑手黨。司機不得不把車停在路邊。在槍口威脅下，我們被趕下車，任人擺布。那時候我很篤定，我們完了。我們將成為『失蹤人口』。」萊絲莉說，身體明顯在顫抖。

他們最終逃過一劫，但司機遭到毒打。「那是警告。」喬爾低聲說。

「你們嚇到了？」

「以後我們會更小心，」吉姆說：「隨時隨地都小心。但我們還是會回去。我們要完成這部紀錄片，放給全世界看。」

看了關於石威、自由港麥莫倫、紐蒙特公司的報導，聽了吉姆、萊絲莉、喬爾那段經歷，我不得不再度思索自己所造的孽，思索購買剝削性企業旗下血汗工廠所製造產品的每個人所造的業。印尼的故事一再重演；那是美利堅帝國不為人知的歷史。

不幸的是，那帝國已成為屹立不搖的新標準、新榜樣，儘管明顯承受不少弊害，卻是後繼有人、不遑多讓。二〇〇四年的西藏之旅，讓我了解到中國也有自己的經濟殺手和豺狼，而且可能比我們更厲害、破壞力更強。

第十一章 ——— 別成為佛教徒

西藏以達賴喇嘛故鄉而著稱於世，而達賴這位宗教領袖對非暴力的信仰，可能比當今任何人都更為堅定。不過翻開西藏歷史，非暴力並非藏人的一貫精神。西元六〇九至六四九年間，吐蕃國王松贊甘布使交相攻伐、兼併的各部落化敵為友，一致對外，從而創造龐大的帝國。後來成吉思汗入侵吐蕃，成為歷史上以殘暴聞名的蒙古帝國的一部分。

二〇〇四年六月，我率領一行三十四人走訪西藏。

我們的第一站是澤當市。坐車穿過鄉間前往該市途中，我們漸漸察覺有位女導遊對西藏幾無了解且幾乎不講藏語。這位叫「蘇西」的導遊，英語說得雖然蹩腳，說得還比藏語好。團裡很快有人說她是中國間諜，我們說話要小心。尼泊爾籍的導遊悄悄向幾人證實了這事，要我們轉告其他團員。有次在休息站趁蘇西下車，他還提醒我們隨時提防偷聽。

「即使在寺廟裡？」有個女團員問。

「特別是在那些地方。」他答。

澤當位在西藏高原上、白雪罩頂的喜馬拉雅諸峰腳下，是西藏最古老的城市之一。我們住進漢人經營的飯店，死氣沉沉的。放好行李我就出門。我覺得必須離開這團人一陣子，適應這裡的海拔，走走路消除時差帶來的不適，並感受一下西藏風情。但那天傍晚我四處閒逛時赫然發現，如果我是搭魔毯來到澤當街上，肯定不會認為那是古老的西藏，而是某個中國軍事基地。

新鋪的水泥人行道上，有穿制服的軍人快步行走。露天市集和小店鋪裡賣中國產品。人行道上的小販叫賣顏色俗艷的塑膠器皿、提桶、玩具。看得到一些古房舍，但許多建築已換成灰撲撲的混凝土軍事建築。藏人身穿傳統服飾，特別突出，就像博物館裡穿十五世紀毛皮帽、毛皮靴、皮裘的古怪人像，在自己土地上反倒像異鄉人。軍人瞧不起他們，露出像看到發狂乞丐時一樣的神情。稀薄的喜馬拉雅空氣瀰漫著緊張氣氛。

走著走著，疲累之感壓得我腳步沉重，而且每走一步，更覺疲累。最初我以為那是海拔的關係，類似我在安地斯山、喀什米爾碰到的情形。疲累不久變成暈眩、想吐。我勉強走到水泥長椅邊，坐了下來。耳裡反覆響著「自由西藏」口號，我領悟到我的不舒服，不只來自肉體，還有心情。我強打起精神，注意周遭環境。人群從我身邊快速擦身而過。多數漢人和少數藏人似乎對我視而不見。我覺得自己在眾目睽睽之下，毫無設防；但似乎沒人看到我坐在那裡。我也可能是個「發狂乞丐」。

元氣漸漸恢復，我想起口袋裡那張達賴喇嘛的照片。我小心翼翼伸手去拿，心知光是帶著它就可能惹來牢獄之災；數百萬藏民仍視達賴喇嘛為領袖，但在今日西藏，法令禁止擁有達賴的照片。我躲過機場漢人警衛的安檢、挾帶這張照片入境，一方面是出於反抗心理，一方面是想或許可送給他的信徒，但主要是為了紀念五年前和這位高僧相處的時光。

安排一九九九年那趟旅行的人，正是這次西藏之旅的主辦人席娜·辛格（Sheena Singh）。那時候，我們一行人進入印度、巴基斯坦之間的喀什米爾地區，受印度保護的拉達克（Ladakh）地方。如今，拉達克住了數千名西藏難民。他們在自己家園不得奉行傳統習俗，因而逃到這裡。但這是後話，且說我們抵達拉達克的那個星期，碰巧達賴喇嘛也在拉達克。席娜知道達賴對原住民文化有興趣，送了一本我寫的相關著作給他，還附上紙條，表明希望達賴能抽空接見我們這團人。隔天，幾名達賴幕僚來到我們下榻的飯店，親切解釋達賴行程很滿，無法接見我們，還送上一箱達賴親筆簽名著作。

待在拉達克的最後一天早上，我們在機場準備搭機到北印度，赫然發現達賴喇嘛和他的隨從昂首闊步走進小機場。席娜立即走向他的祕書。此時，旅客已開始登機。我還搞不清楚是怎麼回事，就給推擠上登機梯。印度籍導遊告訴我，照規矩要親吻達賴喇嘛的一隻鞋子，隨即帶我到波音七三七客機的前排座位。達賴喇嘛對我微笑，輕拍他旁邊的座位，叫我坐下。吻鞋子對我來說很怪，但我早學會要入境隨俗，於是笨拙地彎身。

達賴喇嘛淺淺一笑，伸手托住我下巴，輕輕抬起我的頭，以他那帶著淡淡笑意、風靡全世界的語調說：「不必如此。」他再度輕拍座椅。「請坐。」他大腿上放著我的書，手輕扣書緣說道：「寫得好。」然後把書的封面轉向我。「我想跟你多討教討教。」

我們廣泛談了原住民和原住民恪守平衡的精神。我告訴他，亞馬遜舒阿爾人（Shuar）之所以獵人頭、打仗，根據他們的神話，是因為人口過度膨脹、導致失衡，危及了生態系；因此，有個神下令，即使得「除去自己花園裡的雜草」（意味殺掉自己同胞），都要把這問題解決。

這故事似乎讓達賴喇嘛心有戚戚焉。他說他不能容忍暴力，但只有在人類對有情眾生表現出真正慈悲時，在人類為地球的妥善管理擔下個人和集體責任時，和平才會降臨。他指出經濟發展通常摧毀其他生命，引發失衡，讓富者愈富、窮者愈窮。最後我們討論到應採取行動，打造一個悲天憫人的世界，而非只是坐而言或在心裡期盼。

下機後，達賴喇嘛邀我們到他位於印度達蘭莎拉（Dharamsala）的家中作客。熱情招呼我們之後，身為宗教領袖的他說了一段很不尋常的話：「別成為佛教徒。這世界不需要更多佛教徒。要時時心懷慈悲。這世界需要更多慈悲心。」

我坐在澤當街邊的長椅上，雙手捧著那張照片，腦海迴盪著那些話語。那樣的忠告，絕不可能出自羅馬教皇之口，也不可能出自中國國家主席或美國總統之口。那番話直接批駁各宗教要人改信其教的本位主義，以及各種帝國主義行徑。盯著達賴喇嘛的照片，想著他堅持不讓自己的族人陷入相互施暴、冤冤相報、禍遺子孫的精神，我領悟到自己人生的不足之處。我對中國的所作所為異常憤怒。在這個體現殖民帝國殘暴作風的城市裡，我感覺到光是生氣無濟於事。

當下我發誓，要將餘生投入扭轉世局，要寫出、說出建立在剝削、恐懼、暴力上的世界有何危險，找出真正的解決辦法，鼓舞世人採取具體行動。在這同時，我理解到我必須忠於自己的信念。我理解到打倒一個帝國，換另一個帝國當道，根本不夠，我們還得打破那個循環。

第十二章——生物的天職

我們分乘八部豐田Land Cruiser越野車，在西藏四處遊覽。車隊經過揹負重物吃力行走的農民身旁，我不禁想，他們一定覺得我們高高在上，我們是天之驕子。在某個高海拔隘口停下來「放風」時，我走到一群同伴身邊，開玩笑說，當地人一定覺得我們這是皇家車隊。

「別說笑了！」其中一人嘲笑道：「這趟旅行真夠受的。我們是有車沒錯，但我車上那個司機，連換檔都換不好，一路上一直聽到換檔不順的軋軋聲。我們前面那台車還漏油。」他指著我們後面那團滾滾塵土。「那一台跟不上其他車。我想皇室可不會容忍這種事！」

從美國人的標準來看，這趟旅行的確不舒服。我們吃力地走在古絲路上，而所謂絲路有時也只是坑坑洞洞的河床。稀薄的喜馬拉雅高山空氣讓車輛和人都吃不消。有一站，我們身陷成群咬人的昆蟲中。但另一方面，景色實在壯麗得超乎想像，而且我們通常有乾淨的床可睡，有不錯的東西可吃。中國政府規定牧民不准與外國人講話，但還是有一些牧民跟我們交談。導遊盡責地帶我們去看十一世班禪喇嘛的家鄉。他六歲時遭中國政府擄走，以取代達賴喇嘛更早之前指定、但後來失蹤的轉世靈童。依照傳統，現任達賴喇嘛如果圓寂，便由在世的班禪喇嘛負責認定下一任達賴喇嘛。藏族喇嘛和平民因此上街頭抗議；為數不詳的人遭關押、放逐、處決（可參見《尋訪班禪喇嘛》一書，時報文化出版）。我們之後的旅程也到不少文化大革命時遭搗毀的喇嘛廟憑弔。

在西藏遊覽，我們一再目睹中國施加的壓迫。那影響深遠，不斷提醒世人：西藏是被強占的地區，藏人遭奴役，自然資源遭剝削。我們談到，美國在那些擁有美國企業所渴求資源的國家裡，也有類似的行徑。有幾位團員跟我去過亞馬遜。他們親眼見到當地文化和雨林在美國企業掌控下，受到何等嚴重的摧殘。他們聽到當地原住民的心聲，知道原住民為了保護後代子孫免受美國拜金主義的危害，若有必要不惜戰死。他們見到美國大兵在亞馬遜城鎮閒逛，跟西藏的中國士兵沒有兩樣。我們團員常將中國支配西藏，和美國政府、美國的石油、木材、牛肉、藥物、消費品公司支配亞馬遜、中東、亞非，以及美國發動戰爭占領阿富汗、伊拉克，相提並論。

因為隔天一早就要離開前往尼泊爾，回拉薩途中，我們刻意行經壯麗的卡若隘口（Karo La）和康巴隘口（Khamba La）。車隊在五千一百公尺的高度停下，欣賞冰川。有位導遊解說，二十年前，那條冰川的下緣幾乎就在這條路旁，但氣候變遷已使它後退了至少四百公尺。綿羊和犛牛在我們車子旁邊吃草。牠們與冰川之間，立著幾頂黑帳篷。帳篷約有人的肩膀高，長寬約三．六公尺、四．五公尺，靠著橫越帳篷脊柱的粗繩牢牢固定在地面。篷頂冒出大量的煙。帳篷後面，紅、藍、黃、綠、白的經幡懸掛在一連串高高的竿子上。竿子與竿子間有縱橫交錯的細繩相連，而經幡迎著從冰川颳下來的刺骨寒風，啪嗒作響。

我們下車時，藏民從帳篷裡出來。男人穿毛料寬鬆長褲、厚重夾克，戴帽子；女人穿連身長裙，繫著色彩艷麗的圍裙。導遊說，這些牧民的生活方式和兩千年前的祖先幾乎沒有兩樣。透過翻譯，那些牧民告訴我們「雪人」（Yeti）就住在那冰川上。他們神情篤定地說，不久前，他們每年還會目睹雪人幾次，但最近十年，冰川後退，雪人便不見蹤影了。

我們談著全球暖化如何破壞地球冰川。這時，有人注意到那些牧民已架起一個小攤子。我們團裡有個善於殺價的婦人，只見她從那攤子快步跑回來，告訴團員那些牧民在賣水晶，是他們在冰川後退空出的土地上撿來的。消息很快傳開：要直接向藏民買土產（相對於拉薩的漢人商店），這是最後的機會。多數團員隨即一擁而上，圍著那小販。

我問一名導遊那些水晶是真是假，他低聲說他不想壞了牧民的生意；然後搖搖頭說，他聽說中國有座工廠在生產這類東西。

團員和那些藏民討價還價時，我和另外兩名團員在一旁觀看。

「全球暖化這麼厲害。」我身邊一名同伴說。

「以前那裡是龐大的冰川，」另一人說：「如今換成這些帳篷、這些人、犛牛……，還有我們這團人，被那些很可能只是玻璃的水晶迷住。

我請一位翻譯陪同，走向坐在附近的一名老漢、一名老婦和一名小女孩。老婦人手握長繩，牽著一隻犛牛。長滿粗毛的犛牛背上蓋著飾有褐色、褐黃色三角圖案的美麗毯子，上面跨著小鞍，我猜是給那小女孩用的。這三個人對我親切微笑。老婦人站起來，把犛牛牽到我身旁，要我輕拍牠，然後又坐下去，邀我和翻譯一起坐下。

彼此介紹之後，我問他們對中國人有何看法。他們面面相覷，小女孩用手遮住臉，透過指縫往外窺看，先是對我皺眉，然後咯咯笑。老漢開口。

「你也知道，」牙齒掉光的他，咧嘴而笑道：「我們已習慣外族統治。比我祖父母的祖父母更早的年代，我們替入侵的國王軍隊取了一個名字：牧民殺手。」他輕拍小女孩肩膀。「到了她的時代，你想情況會有不同嗎？」

老婦接著說：「那些問題，就在男人接手後開始出現。」

我問她是什麼意思。

「看看現在。什麼都歸男人管。我住過城市，嘗試接受佛教，但我看到那裡的重要工作，就和政府一樣全掌握在男人手裡。」

「我得承認確是如此。」老漢說：「過去，女人管我們男人。」他咧嘴而笑。「我們可以為所欲為，打獵、砍伐林木。女人會告訴我們什麼時候該停。」

這番話讓我想起亞馬遜的舒阿爾人。他們深信男女平等，但職責不同。男人打獵提供食物，砍樹提供柴枝，和別的男人打架。女人養小孩，種作物，照料家裡的爐火，還有告訴男人什麼時候該停止這個非常重要的職責。舒阿爾人說，即使肉和木頭已經足夠，男人仍會出去打獵、砍樹，除非女人叫停。舒阿爾人來到美國，看到高速公路、城市、大賣場，大地鋪上了水泥，大自然被破壞得面目全非，大為震驚。「這裡的女人怎麼了？」他們問：「她們怎麼不制止男人？你們的女人怎麼整天想著要買更多東西？」

亞馬遜深山部落和喜馬拉雅山牧民，看法竟如此類似，著實教人吃驚。坐車返回拉薩途中，我不斷在想或許這兩群人代表了人類真正的價值觀；欲改變世界，我們必須平衡男女地位。以金權統治集團裡男人獨大的特性，以及推動大眾消費的熱中態度，「我們必須做的事」還真是「不少」；然而，既知道該怎麼做，這工作似乎就沒那麼艱難。重要的是，我們必須了解，金權統治集團的結構乃是以男性階級體制為基礎，它能夠在世上呼風喚雨，是因為我們把極端拜金主義視為「天經地義」。我還領悟到，我們必須讓兩性戒除購物癮。九一一事件後，美國總統鼓勵人民消費，以減輕壓力，提升經濟，對抗恐怖份子。這不就是拜金主義的心態！即使在西藏，不知大賣場為何物的犛牛牧民，都沾染這種心態；明明過著非消費性的生活，卻向我們兜售東西。

我想起茱迪絲．韓德（Judith Hand）博士的著作《女人、權力與和平生物學》（*Women, Power, and the Biology of Peace*）。她指出，播種乃是男人身為雄性生物的天職，而戰爭在人類歷史上給了男人履行這項天職的機會。相對地，負責生養小孩的女人，偏愛穩定的社會。她主張，為了打造更平和的社會，女人必須在決策過程中扮演更吃重的角色。那些游牧藏民的話，似乎證實韓德博士的論點。我想起在現代家庭裡，女人往往是主要購物者。因此當務之急，是讓她們了解今日全球紛爭不斷乃是金權統治集團所造成，為了促進和平，她們得改變對拜金主義的看法。另外，也必須喚醒她們的良知，要求她們消費的公司公平合理對待員工，不管是哪裡的員工。

達賴喇嘛成長的那個城市，將給我一番大不相同的體悟。

第十三章　宰制金融

拉薩是我去過最富西藏風情的城市。達賴喇嘛成長所在的布達拉宮、蜿蜒曲折的古老巷弄、層層屋簷的喇嘛廟、巨大的錐狀佛塔、充滿過節氣氛的神祠，讓我的心情頓時平靜祥和，一如五年前我在拉達克及西藏鄉下所感受到的。但在澤當和其他西藏城市，卻沒有這種感受；倒是漢人無所不在。軍人大搖大擺走在街上，橫幅標語和告示牌上極目是漢字，現代工業社會必有的塑膠製品處處可見。

我們住進最舒服的飯店，一家由藏人設計建造、擁有並經營的飯店。我往堆著彩色枕頭的床鋪一躺，拿起口袋型迷你電腦，重溫筆記。對於拜金主義、商業主義，對於國際企業在一九九七年那場重創亞洲的經濟災難中扮演的角色，我有了新的體認，想寫下來。那場危機如何衝擊印尼，我已深入探索過。但來到西藏，我親眼見到、感受到中國是如何剝削這地區，對一九九七年那場災難有了全新的體認。

南韓、泰國、印尼在那場金融風暴中受創特別嚴重，但也讓寮國、菲律賓有許多人，特別是窮人，受到毀滅性波及。在風暴之前，那些國家的每個人都相信國際貨幣基金和世銀。

危機發生後響起檢討、追究聲浪，國際貨幣基金推動、許多經濟學家所謂的「快捷資本主義」（fast track capitalism）政策備受批評。這項政策撤除資本流通管制，鼓勵私有化，維持高利率以吸引外資和銀行資本投入證券市場，採取緊盯美元的匯率政策，以防範貨幣危機（這也有助於一個未言明的目標：強化美元）。在這同時，由於通貨膨脹和國際貨幣基金強制要求採行高利率，商品、服務價格不斷升高，守都守不住。一個又一個國家的經濟崩潰，地方企業和中央政府無力償還以美元計價積累的貸款；他們發現收入愈來愈少且以本地貨幣支付，收入貶值。國際貨幣基金形同操縱這些國家及其企業，讓他們付出過高的稅，結果受益者是大型跨國企業的老闆。

情勢繼續惡化，國際貨幣基金於是提出「拯救計畫」，提撥新貸款，以免這些國家無法履行債務。但新貸款的取得附有但書：受援國必須接受「結構性調整方案」（類似此前印尼被迫採行的方案）。為此，受援國必須任由本地銀行和金融機構倒閉，大幅削減政府支出，撤銷針對窮人的糧食、燃料補助和其他福利措施，把利率再提高。在許多情形下，受援國還必須把更多國家資產私有化，賣給跨國企業。實施「拯救計畫」的直接後果，就是有多不勝數的人民，特別是孩童，死於營養不良、飢餓、疾病。還有許多人享受不到健保、教育、住屋等社會福利，長期受苦。

這場始於亞洲的金融風暴，迅速蔓延全球，歐洲、南美、美國經濟也跟著衰退。世人從中得到一個教訓：如果想協助本國人民和經濟，千萬不要採行國際貨幣基金的經濟政策。自此，世人對國際貨幣基金和世銀的功能，有了全新的體認。

分析證實，拒絕國際貨幣基金要求的國家，經濟表現最好，中國就是絕佳的例子。北京雖然施行鼓勵外資的政策，所走的路子卻與國際貨幣基金大相逕庭。中國將外資引入工廠而非證券市場，藉此免去日後資金外流會造成的危害，並提供工作機會和其他衍生利益。印度、台灣、新加坡力拒國際貨幣基金的要求，經濟健全如昔。馬來西亞接受了，結果經濟衰退，轉而拒絕「結構性調整方案」，經濟反彈回升。

諾貝爾經濟學獎得主約瑟夫．史迪格里茲（Joseph Stiglitz）對國際貨幣基金批評甚力。諷刺的是，他曾是世銀的首席經濟學家。

去西藏時，我帶了他的著作《全球化的許諾與失落》（*Globalization and Its Discontents*）。有天傍晚，我獨自在拉薩曲折的街道上散步，來到一個人來人往的地方。再往前走，有個小公園。我在老舊的木質長椅上坐下，享受落日餘暉的照拂。

翻看史迪格里茲的著作，我再度驚嘆不已，他的批評與我在《經濟殺手的告白》一書中的批評何其相似。他從學術的角度撰寫，我則鋪陳個人的經歷和看法；但我們的結論有多處不謀而合。例如，我寫到自己為開發中國家擬定貌似樂觀、實則不然的經濟預測，他則寫道：為了使國際貨幣基金的某些方案「看來」可行，或使各項數字能「相互吻合」，可能必須對某些經濟預測動些手腳。許多運用這些數據的人並不清楚這些資料的性質與一般的預測資料不同，例如有關國內生產毛額的預測就可能不是根據精密的統計模型，或是某些熟悉經濟情況者所作的客觀估計，而只是國際貨幣基金一項計畫中經「協議」得到的數字。

我把打開的書放在膝蓋上，看著一群士兵晃悠悠走過。史迪格里茲幾度提到「國家上層菁英的老式專政」。他的論點使我想到，中國占領西藏，比起史迪格里茲所謂「國際金融的新式專政」更為坦然直接。中國人公開征服西藏，作風和之前的羅馬人、西班牙人、英國人一樣，毫不講究迂迴曲折。傳統帝國或許會替自己的行動冠上堂皇的口號，例如促進文明開化、刺激經濟成長、指點進步之路，但它們的目的毫無疑問是殖民。相反地，金權統治集團採行新的征服方式，使用國際貨幣基金、世銀之類的工具，必要時還有中情局和豺狼當靠山，以瞞天過海的方式暗行帝國主義。出兵征服，征服行動無所逃於天下人耳目；動用經濟殺手征服，則可以神不知鬼不覺達成目的。這引發我一個疑惑，一個我不時捫心自問的疑惑。這種瞞天過海的侵略行為，會給民主帶來什麼樣的傷害，畢竟民主是建立在民可使由之、也應使知之的權利上。如果選民不知道自己領導人最重要的手段，那個國家還算得上是民主國家嗎？

第十四章　沉默的巨人

二〇〇四年六月二十二日，我們離開西藏，飛向下一站尼泊爾。我承認當下如釋重負。我有種奇怪的感覺，覺得自己正離開一面讓人變得很胖或很瘦的哈哈鏡。中國西藏這面鏡子，以扭曲的形象，大體映照出我當經濟殺手時服務的那個世界，雖然有所扭曲，但如實映現。

那天天氣晴朗，飛機傾斜飛過聖母峰，非常貼近，我幾可看到一團漏斗狀的雪在兩道巨大冰川脊之間打旋，像個白色龍捲風。我陡然覺得用眼前這幅景象象徵我們的目的地，正好非常貼切。尼泊爾是世上唯一的印度教王國，座落在中、印兩大國之間，水資源和水力發電潛力備受覬覦。這時的尼泊爾情勢動盪不安。一九九六年，毛派叛軍發動攻勢，試圖建立「尼泊爾人民共和國」。尼國國王則對共黨宣戰。二〇〇一年六月，王儲狄朋德拉（Dipendra）射殺父王畢倫德拉（Birendra）和其他幾名王室成員，事後舉槍自盡，但有關他是中國特務的傳言甚囂塵上。內戰爆發，新國王賈南德拉（Gyanendra）宣布戒嚴，解散政府，調兵對毛派發動另一波攻擊。我們抵達時，估計已有一萬人死於戰爭，十萬至十五萬人流離失所。

對我們這團人而言，這將是短暫的走訪，類似回到已開發世界前的過渡。巴士奔馳於加德滿都市區時，席娜宣布這趟旅程的最後一晚，我們將下榻於昂貴豪華的世界級飯店德瓦利卡飯店（Dwarika's Hotel）。巴士裡頓時響起轟然喝采。

德瓦利卡飯店未讓人失望，優雅別緻，洋溢作家吉卜林筆下的風情，同時也是殖民帝國的遺緒，讓我想起當經濟殺手時待過的地方。

大部分團員把握最後機會，到導遊認定安全的附近一處市集購物。我選擇留在飯店。我得在回到花花世界前，花些時間整理思緒，思索這趟西藏之行的所見所聞。我坐在房間裡，寫了一些心得，然後下樓到翠綠的花園散步。那花園與印尼洲際飯店的花園非常類似，讓人覺得詭異。我不由得想起那位我曾誤以為是石油公司高階主管妻子的藝妓。我在鍛鐵材質的長靠椅上坐下，想起那一晚，因為不見她蹤影而失魂落魄，一個人走過雅加達陸橋，最後竟和她以及另一個女人在餐廳裡一道用餐。她們說的話，讓我難以忘懷，這些年來一直縈繞腦海：

這是史上最大的資源爭奪戰。輸了下場會很慘。為了掌控石油，男人不惜冒任何風險。這值得大驚小怪嗎？為了石油，他們會騙、會偷，還造船、造飛彈，讓數千數十萬年輕士兵去送死。

二十五年後，身在尼泊爾，越戰已遠，但我們在伊拉克又陷入一場戰爭泥淖。男人、女人為了同樣的理由送命。這是史上最大的資源爭奪戰。形同皇帝的金權統治集團比以往更富有，多數美國人對此卻一無所知。

我覺得，亞洲正是這建造帝國新手法的試驗區。老方法在越南鎩羽而歸，但新手法在印尼和其他許多國家收到了成效。即使看似失敗，企業老闆仍收穫甚豐；亞洲金融危機造成貧困和死亡，但金權統治集團最終以勝利姿態出現，控制了印尼政府和已遭國際貨幣基金、世銀政策荼毒的大多數國家。美國在越南戰場上敗北，但美國企業從武器銷售、市場擴大、充沛勞力賺到了錢，以新式血汗工廠的生產模式和業務外包重新冒出頭來。金權統治集團甚至找到辦法大發災難財。

我不斷回想起中國，那個潛伏在暗處的沉默巨人。西藏凸顯了一樁事實，即中國運用武力征服，但也徹底採行建造帝國的新手法；中國的經濟殺手和豺狼已從我們犯的錯

為借鑑。

綜觀歷史，中國未走典型殖民強權所走的路子，未派兵到遙遠異國，而是把重點放在它視為領土一部分的地區，包括西藏和台灣。就此而言，中國在仿效美國。

湯瑪斯．傑佛遜任命路易斯（Meriwether Lewis）及克拉克（William Clark）探索密西西比河以西地區時，表明整個大陸都該歸美國管轄，就和中國認為西藏、台灣都是中國領土一樣。在這種思維下，購買路易斯安那、併吞德克薩斯、買下阿拉斯加，就顯得理所當然。後來，美國將「天定命運」的觀念（譯按）擴及北美以外的加勒比海、太平洋諸島嶼，且用來當入侵墨西哥、古巴、巴拿馬，以及後來干預其他拉丁美洲國家政治的藉口。華盛頓當局竭力避免在眾目睽睽下行動，以免公開違反建國先賢立下的原則，但歷任美國政府採行建造帝國的祕密手法，每一任政府都從前任政府的成敗吸取教訓。如今，中國似乎更勝一籌。

從西藏、尼泊爾那趟旅行回來許久，我發現拿中國和美國相提並論的並不只我一人。二〇〇六年九月十八日，世銀在新加坡召開重要會議隔天，《紐約時報》刊出了一篇文章，大標為「中國援助鄰邦，不落西方之後」。該報記者珍．柏萊茲（Jane Perlez）斷言，身為世銀最大客戶之一的中國，「正悄悄重新分配亞洲的援助事業，按照世銀的遊戲規則和世銀一較長短。」文章舉柬埔寨、寮國、緬甸、菲律賓為例，表示「中國貸款往往比複雜的西方貸款更吸引人」。柏萊茲列出一連串理由，例如：北京核准貸款，不會附加環保、社會標準或貪污罰則。值得注意的是，該文聚焦於讓經濟殺手掌控這麼多國家的主要政策。柏萊茲論道，中國的還款條件「很少包含雇用昂貴顧問的額外負擔，但在世銀的計畫裡卻是司空見慣。」

對大部分美國人而言，本書探討的四大地區之中，亞洲的挑戰似乎較不具威脅，也較應付得來。韓戰、越戰的畫面深印美國人腦海；這兩場戰爭雖以失敗收場，但最終並未影響美國人的生活，還大大促進了美國經濟。我們美國人欽佩日本的工程本事和巧思，購買日本的汽車、電視、電腦。美國商店滿是亞洲國家製造的商品。美國人撥打免付費電話時，接線生可能人在亞洲。就算是軍事威脅（主要是來自中國、北韓的威脅），都讓美國人不以為意，因為那讓美國人想起冷戰，而冷戰的最後贏家是美國。美國人或許害怕核武，但半個多世紀以來，美國人處理核武危機一直很成功（處理自殺炸彈客就沒那麼順手）。或許關鍵是，亞洲人已接受了美國的資本主義模式，主張由上而下的控制、大企業與政府的勾結、毫無節制的拜金主義，相信豐富的自然資源本來就是要讓相對少數的人開發利用。

拉丁美洲的情勢則不同。就在我們認為已馴服該地，擺脫阿葉德、諾瑞加、桑定陣線（Sandinista）之類不聽話的領導人和政權時，就在我們預期卡斯楚死期不遠時，赫然發現一場寧靜革命正席捲該區，而且矛頭就對準我們美國人。拉丁美洲人不想臣服於美利堅帝國。在這過程中，他們揭露了我們不為人知的歷史。

當我思索亞洲、拉丁美洲這兩個地區給我們的教訓時，腦海縈繞著喜馬拉雅冰川旁那位西藏老漢的話；他把入侵他土地的人稱作「牧民殺手」，正好呼應瓜地馬拉某位實業家的心聲。這兩個人分住地球兩端；一個貧困，一個富裕；一個受剝削，一個剝削人，但他們對自己孩子繼承的世界都有深刻的認識。那瓜地馬拉人曾大肆厥詞：那些保護他的保鑣和我，都是「馬雅殺手」。

第二部

拉丁美洲

第十五章　在瓜地馬拉租槍

電梯門開，三個男子站在裡面。他們未穿西裝，不像我跟佩佩（Pepe）。他們穿著寬鬆長褲和針織套衫，一派休閒，其中一人還穿著皮茄克。但教我注意的是槍。那三人全拿著AK-47步槍。

「如今在瓜地馬拉，這是教人遺憾但不可或缺的東西。」佩佩解釋。他帶我走向等著我們的電梯。「至少對我們這些美國的友人、民主支持者而言是如此。我們需要馬雅殺手。」

我是前一天從邁阿密搭機來到瓜地馬拉市，住進該市最高檔的飯店。除了不要寫書揭露經濟殺手的事，這趟來瓜地馬拉，便是石威公司要求我替他們做的少數幾件事之一。佩佩・哈拉米略（Pepe Jaramillo，化名）和石威公司簽了份合同，同意協助該公司在瓜國開發民營電廠。自西班牙人征服瓜地馬拉以來，該國一直由一小群富裕的上層人士掌控，而佩佩就是最有權勢的人之一。佩佩的家族擁有工業區、辦公大樓、住宅社區及生產作物外銷美國的大面積農地。從石威公司的角度，最重要的是佩佩在政壇夠力，能替他們搞定在瓜地馬拉的事。

我在一九七〇年代中以經濟殺手的身分首度來到瓜地馬拉，那時我的職責是說服瓜國政府接受一筆貸款，改善發電系統。一九八〇年代末，我受邀加入一非營利組織的理事會，該組織旨在協助馬雅社群組織小額信貸銀行，以自己的力量脫貧。幾年下來，我對於二十世紀下半葉使瓜國四分五裂的悲慘暴力活動，已非常熟悉。

馬雅文明昌盛了約一千年，瓜地馬拉則是該文明的核心所在。西元一五二四年西班牙人入侵時，該文明已開始崩毀，許多人類學家將這歸因於它無力應付大型都市擴張導致的環境變化。不久，瓜地馬拉成為西班牙中美洲的駐軍總部，這狀況一直延續到十九世紀，造成馬雅人與西班牙人衝突頻仍。

十九世紀結束時，波士頓「聯合水果」（United Fruit）公司已師法西班牙人的伎倆擊敗西班牙，成為中美洲最強大的力量之一，並以最高統治者之姿統治瓜地馬拉，直到一九五〇年代初，哈可博·阿本斯（Jacobo Arbenz Guzmán）出馬角逐總統，該公司的統治地位才受到挑戰。阿本斯提出的政綱，呼應美國獨立革命的理想。他宣布瓜地馬拉土地的資源，利益應歸瓜地馬拉人享有；外國企業不得再剝削瓜國和其人民。他的當選被譽為民主進程的典範，在西半球廣受稱頌。當時，全國七成土地掌控在不到百分之三的瓜地馬拉人手裡。當上總統後，阿本斯實施全面土地改革，直接威脅到聯合水果公司在瓜地馬拉的生意。該公司擔心阿本斯的土改若成功，將立下榜樣，使西半球其他國家乃至全球起而效尤。

聯合水果公司在美國發起大規模的公關宣傳活動，讓美國大眾和國會相信，阿本斯已把瓜地馬拉改造成蘇聯的附庸國，而他的土改計畫包藏蘇聯欲摧毀拉丁美洲資本主義的禍心。一九五四年，美國中情局精心主導一場政變。美國飛機轟炸該國首都；民選總統遭推翻，換上殘暴的右翼軍事獨裁者卡洛斯・卡斯蒂略・阿瑪斯（Carlos Castillo Armas）上校。

新政府立即撤銷土改計畫，廢除公司稅及祕密投票，將數千名批評卡斯蒂略的人關押入獄。一九六〇年內戰爆發，一方是人稱瓜地馬拉民族革命聯盟（Guatemalan National Revolutionary Union）的反政府游擊隊，一方是美國支持的政府軍和右派行刺小組。一九八〇年代，暴力活動加劇，造成數十萬平民遇害，大部分是馬雅人。還有許多人入獄，受到拷打。

一九九〇年，政府軍屠殺聖地牙哥・阿提特蘭（Santiago Atitl　）鎮的老百姓。該鎮位於中美洲最美的地方之一、高山湖阿提特蘭湖附近。這只是政府軍幹下的諸多屠殺之一，但阿提特蘭湖是外國觀光客熱門的旅遊地點，屠殺行動登上了國際媒體頭條。據目擊者所述，最初有一群馬雅人怒氣沖沖走到軍事基地門口，要求釋放軍隊擄走的一名馬雅人，以免成為官方宣布的數千名「失蹤者」之一。結果軍隊向群眾開槍。確切死傷人數眾說紛云，但有數十名男、女、孩童受重傷，甚至遇害。

不久，我在一九九二年來瓜地馬拉找佩佩。他希望石威公司與他合夥，聯手取得世銀融資。我知道馬雅人深信土地有靈，凡是地上冒出蒸汽的地方都是聖地。我覺得在有地熱溫泉的地方蓋電廠，很可能導致暴力衝突。根據聯合水果公司的經驗，還有最近在伊朗、智利、印尼、厄瓜多、巴拿馬、奈及利亞、伊拉克發生的事，我深信石威這種在瓜地馬拉等地投資的美國公司一求援，中情局就會介入，暴力活動隨之升高，五角大廈可能派出陸戰隊。我已害死不少人，罪孽深重；我決心竭盡所能阻止情勢演變到這個地步。

那天早上有部車到飯店接我，直駛瓜地馬拉市一座宏偉的現代大樓，在環形私人車道停下來。兩名武裝警衛領我進去，其中一人護送我搭電梯到頂樓。他解釋，這大樓是佩佩的家族所有，十一層樓都歸他們使用：他們家的商業銀行位在一樓，不同業務的辦公室設在二到八樓，家族成員則住九、十、十一樓。佩佩在電梯門外迎接我。喝過咖啡，短暫寒暄後，他帶我快速參觀了整棟大樓，但略過九樓。他說九樓供他寡居的母親居住，不便讓外人參觀，但我懷疑另有隱情。如果參觀的用意是讓石威公司的代表對佩佩的家族刮目相看，那他的確如了願。我與他和他的幾名工程師在五樓開會，了解地熱開發計畫，然後與他母親、弟弟、妹妹在十一樓用午餐。隨後我們搭電梯，準備去預定的電廠建地看看。電梯裡站著三名手持AK-47的男子。

電梯門關上。穿皮茄克的男子按下最下面的按鈕。電梯下樓途中，沒有人講話。我一直想著AK-47。我知道這武器是用來保護佩佩和我免遭馬雅人突襲，而我參與的非營利組織所服務的對象，正是那些馬雅人。不知道我的馬雅朋友會怎麼看待我。

電梯停住。門打開時，我以為會看到午後陽光射進我先前進入大樓時經過的門廊，結果卻來到龐大的混凝土地下停車場。停車場極亮，散發潮濕的混凝土味。

佩佩伸手抓住我肩膀。「待在這裡。」他以命令語氣輕聲說。

第十六章——怒不可遏

兩名保鑣走到佩佩和我前面，堵住門口，AK-47對著深邃的地下停車場。第三名保鑣，穿皮茄克那位，突然放低身子，移到電梯外，頭和武器左右來回移動，掃視眼前的區域。另外兩名保鑣也站到電梯外面，在敞開的電梯門邊各就定位。

這時候我才把停車場看個清楚。我很驚訝偌大的停車場裡只停了六部車，全是美國車，不是雪佛蘭就是福特。五部是黑色旅行車，另一部是紅色敞篷小貨車，怎麼看都談不上拉風搶眼。

穿皮茄克的男子拿手電筒往每部車子內部和底盤照，再把整個停車場檢查一遍。看似滿意後，他打開一輛旅行車車門，坐進去發動引擎，然後慢慢開向我們。

我們身邊的兩名保鑣之一打開旅行車後門，兩人爬進車，坐到第三排座椅，面向後方。皮茄克男子快速下車，AK-47拿在身側。我和佩佩則陸續坐進第二排。皮茄克男子關上車門，發出尖銳口哨聲，然後坐回駕駛座。

旅行車爬上陡坡。接近頂端時，金屬門往上升，亮晃晃的陽光射進來。外面有三名男子在警戒，手持AK-47，車子經過時還行禮示意。車子停下，其中一名男子打開右前門上車，然後朝對講機講了些話。片刻後，兩輛轎車，一白一銀，在我們前面的車道邊停下。車窗很黑，看不到車內。司機右邊的男子揮了揮手。白車開上路，我們跟上，銀車殿後。

佩佩輕拍我膝蓋，打破沉默。「得過這種日子，很慘，對不對？」

「真是難以想像。但你那些手下似乎很行。」

「他們是用錢能買到最厲害的傢伙，全在你們的美洲學校（School of the Americas）受過訓。」接著他皺起眉頭。「就在上星期，我妹妹的座車遭到一群馬雅人攻擊。還好我們的車有防彈玻璃。靠著那東西和保鑣，她保住了性命。」

「有人受傷？」我問。

他聳聳肩。「保鑣說他們傷了兩名壞蛋，但被他們的同黨救走。我們的人夠機伶，沒追上去。我有一名商業伙伴的保鑣遇到類似情況追了上去，結果中伏，一死一傷。」

他隔著玻璃看車子行走的寬闊林蔭大道。「這原來是個很不錯的城市。」他若有所思地說：「過去，暴力活動大都發生在鄉下。」他轉頭看我。「現在不是了。這些可惡的馬雅人已經瘋了。」他又回過頭看窗外，再瞧著我暗笑。「你如果是我這樣的人，什麼人最教你害怕？」

「什麼意思？」

「如果有人要殺你，誰最容易得手？」

我想起巴拿馬的前總統埃雷拉・奧瑪・杜里荷（Herrera Omar Torrijos）。傳說他搭上那架讓他墜機身亡的「雙水獺」（Twin Otter）小飛機之前，一名安全侍從官曾遞給他一台藏有爆炸裝置的錄音機。「保鑣。」

「沒錯。」他釋然地靠回椅背。「得找出最厲害的傢伙，付他們優渥的薪水。我們養了大批安全人員。像這些傢伙，在成為我們的私人保鑣前……，」他以手勢指向我們的前、後車輛。「得在那批安全部隊待上幾年，在我們的工廠、銀行或大莊園當差。他們要證明自己確實可靠，才能待在我或我家人身邊。」

「要怎麼辦到？」

「證明自己可靠？」他點頭，微笑。「得置自己的生死於度外，用槍解決紛爭，展示自己有種、忠心耿耿。」

這番話讓我想起我來瓜地馬拉的前一年，一九九一年發生在伊拉克、後來導致美軍入侵的事。我提起那事，佩佩點頭。「再跟我多說一些。」

「我們的豺狼試圖剷除海珊，但他的安全部隊太厲害、太忠心，而且他還有那些長得維妙維肖的分身。假設你是他的侍衛，受到賄賂誘惑時，你知道槍殺掉的如果是分身，自己和家人都會死得很慘，被慢慢折磨至死。這就是布希出兵的原因。」

「這點子不錯。」他高興大笑。「我要讓我那些手下知道，如果敢有二心，就會被慢慢折磨至死。」

我們離開瓜地馬拉市，前往一座雄偉的火山。天空湛藍。這時我才發現，瓜國首都原來一直籠罩在煙霧中。出了這城市，陽光燦爛。我們經過一座小湖，然後轉進泥土路。佩佩解釋，樹全給農民砍光了。他們把砍下的樹當柴燒，用來炊煮、取暖。山坡上一道道醜陋的沖溝，全是樹砍掉後水土流失造成的。

「你大概會認為，」他說：「他們可能已得到教訓。他們的祖先就是砍樹，建造金字塔，自取滅亡。如今他們也這麼做。真是群愚蠢、無望的人。」

我很想指出，長遠來看，城市污染破壞更大。他和我倚賴的工廠和車子才是最不可赦的禍首，那些農民會砍樹燒柴，是我們的政策所逼。但我猜他大概會把我當個「印第安迷」、偏激的生態學家，根本不可信賴。我凝視著窗外。

不毛的大地，讓我想起有次我來瓜國找一位馬雅薩滿。一個非營利組織派我來請這位薩滿出馬，在即將登場的理事會上舉行開議儀式。同行者琳・特威斯特（Lynne Twist）是個募款人，著有《金錢靈魂》（*The Soul of Money*）一書。我們想見見薩滿，但阻力重重；很明顯，有華盛頓當靠山的瓜國政府迫害馬雅人，使我們難以如願。

最後，琳和我還是來到一位著名薩滿的住處。他住土磚小屋，身穿牛仔褲和傳統刺繡襯衫；頭紮紅色頭巾。屋裡瀰漫木頭燃燒和藥草的香味。小屋蓋在高山上，周圍山區就和我們經過的地區一樣水土流失嚴重。我向他簡述此行目的，希望他參與我們的會議，幫助我們與他族人密切合作。他靜靜聽我用西班牙語說，再由翻譯用當地馬雅方言轉述。

說完之後，那位薩滿猛然發火，訓了我們一頓。他手勢激動，高聲大叫：「我為什麼要幫你們？」他不客氣地說：「五百年來，你們的人殺我們的人。不只是殖民統治時期的西班牙人殺了我們，你們政府派祕密幹員和制服部隊來這裡，從我出生到現在從沒停過。你們攻擊我們的首都，推翻唯一想幫助我們的總統阿本斯。你們訓練瓜地馬拉士兵折磨馬雅人。現在要我幫你們？」

「那些馬雅人，」佩佩說，彷彿已看穿我的心思，「總是怒不可遏。他們把所受的苦全怪到其他人身上。給他們工作，便抱怨說我們奴役他們。不雇用他們，就造反想殺我們—像我家族就引進工資微薄的海地人。而且不只是這裡，整個西半球都有類似的事，包括安地斯山、亞馬遜河流域、墨西哥、巴西、厄瓜多、祕魯、委內瑞拉、玻利維亞、哥倫比亞。格蘭德河（Rio Grande，美墨界河）以南的每個國家都是。你們白人佬沒這麻煩，因為你們把你們境內的印第安人殺光了。我們早該學你們的。」他輕拍我膝蓋強調：「記住我的話，接下來幾十年要克服的難題，將會是如何壓制住原住民，也就是印第安人。你大可暢談民主，但這些國家需要強勢領導人來鎮住那些印第安人。馬雅人根本不甩什麼民主不民主，蓋丘亞人（Quechua），還有其他每個印第安人部族，都是如此。只要有機會，他們會殺掉我們每個人。」

我沒把我與馬雅薩滿見面的事告訴佩佩。那位薩滿最後同意幫忙，因為我告訴他，我們請他幫忙的唯一理由，是合作才能為彼此打造溝通的橋梁。我說：「在美國，有許多人和你一樣痛恨我們政府對待你族人的方式。我們想改變這點。」我打開一只袋子，裡面有厄瓜多蓋丘亞族薩滿送我的印加石頭。「我們努力在拉丁美洲其他地方做類似的事。」然後他改用西班牙語交談，而且說得很流利，讓我大吃一驚。

佩佩的車隊抵達地熱區時，我想我已想好該對石威公司提出什麼建言。這個案子不只在利用世銀的資金讓富者愈富、窮者負債更重；還會剝奪馬雅人神聖的權利。三輛車停下時，佩佩再度把我留在車內，讓手下出去查看有無危險，這時共有十二人。車外，地上冒出的熱氣蒸騰。

佩佩和我四處走看時，他詳述關於壓力磅數、瓩、營造成本的工程統計資料。我們站在一池冒泡的熱水邊緣，硫磺氣噴鼻；他隔著蒸氣指著山下一座山谷，描述他妹妹打算在那裡建造的水療渡假區。

我預見必然發生的事，不吐不快。「馬雅人一定會跟你反抗到底。」

「啊哈，」他說：「這你就錯了。他們或許愚蠢，但他們了解我和我的家人……。」他的語音愈來愈輕，咧嘴而笑。「我有把握搞定他們，而且花不了多少錢，只要微薄的報酬就行。他們就只要那麼一點。這就是為什麼你們一定得找像我們家這樣的人合夥。叫白人佬派個小組來協商，該幹正事了。另一方面，我們會搞定他們。」他與我四目相對。「我想你知道我的意思。」

我點頭，轉身走開。我當然知道他的意思，而那讓我很生氣。我走到水池另一頭，拾起一顆小石頭丟進冒泡的水裡，也把我對馬雅神靈或創造眼前驚人景象的力量的尊敬，付諸流水。

回程時碰上交通尖鋒，讓我誤了航班。佩佩覺得是小事一樁，打電話叫他的私人飛機駕駛過來。兩名飛機駕駛開車到大樓，接我去搭佩佩的私人噴射客機。耗費數千美元的燃料，讓兩名駕駛員載我飛回邁阿密，好讓我打消佩佩的計畫，想想十足諷刺。起初，我覺得良心不安，不想坐他的飛機，後來想想又釋懷了；我想那位馬雅薩滿和那些地熱神靈會很高興，並心懷感激。

佩佩說過的一段話，讓我數年難以忘懷：「記住我的話，接下來幾十年要克服的難題，將會是如何壓制住原住民，也就是印第安人。」在行將進入二十一世紀時，這番話聽來別具深意。

一九九八年起，南美洲中有七國，也就是南美大陸三億七千萬人口中的三億多人，投票選出以反對外國剝削為政見的總統。我們美國的媒體和政治人物都對此發表了看法，但那些選民並非投票支持共產主義、無政府主義或恐怖主義，而是支持自決。我們的鄰邦透過民主選舉，向我們傳遞一個鮮明的訊息：他們不企求我們利他無私，只希望我們的企業不要再虐待他們、荼毒他們的土地。

拉丁美洲人的所作所為，只是在效法潘恩、傑佛遜、華盛頓，還有一七七〇年代挺身對抗大英帝國所有勇敢的男女老幼。走在今日革命的最前頭、挺身對抗帝國侵略的，竟是原住民，實在是發人深省的歷史轉折。我們的建國先賢根據易洛魁人（Iroquois）的原則打造新政府，我們的大陸軍起用印第安人為斥候和士兵，最後，我們國家卻以排斥和種族滅絕回報他們。對許多南美國家而言，他們是先驅。新一代英雄就要崛起，這些領導人出身前哥倫布時期的本土文化，但他們認為只要是因為貧窮而被剝奪公民權的人，不管來自哪個種族、傳統文化、宗教，住在擁擠的貧民區或收成僅足溫飽的偏遠農村，都是他們的選民。

在玻利維亞，這種情形最明顯。關注二〇〇五年玻利維亞的總統選情時，我很想知道佩佩作何感想。當他得知出身最卑微的原住民農民（艾馬拉族印第安人），竟以壓倒性多數拿下總統寶座，會有何反應？埃沃・莫拉雷斯（Evo Morales）當選，讓佩佩的夢魘成真。觀看電視轉播當選後的慶祝畫面，我的思緒不由得回到過去——我曾有機會擔任該國一家最有影響力企業的高層。那件事的來龍去脈，清楚說明了金權統治集團的心態和作為。

第十七章　玻利維亞電力公司董事長

「玻利維亞具體而微說明了什麼是遭帝國剝削的土地。」這句話一直盤據我腦海，說這話的是我在和平團訓練營受訓時的老師。那是一九六八年的事，我們在加州的埃斯孔迪多（Escondido）受訓。那位老師在玻利維亞住過；他不斷向我們強調，數世紀的壓迫奪走許許多多性命。

受完訓，我到厄瓜多當義工，那時我常思索玻利維亞的處境。我對這個內陸家很是著迷。看地圖，它就像個甜甜圈中央的洞，甜甜圈本身則是由祕魯、智利、阿根廷、巴拉圭、巴西構成。在和平團服務時，我幾乎走遍玻利維亞所有鄰國，唯獨漏掉巴拉圭。我反對巴拉圭統治者艾佛雷多·史托斯納爾（Alfredo Stroessner）將軍和他庇護納粹黨衛軍軍官的政策，因此過門不入，以示抗議。我也刻意略過玻利維亞，因為來拉丁美洲徒步旅行的北美年輕人告訴我，玻利維亞殘暴對待印第安人的程度，更甚厄瓜多。

那時候，我覺得這方面怎麼可能有地方比得過厄瓜多。厄瓜多富裕的上層階級把原住民印第安人當次等人類，他們就像幾十年前美國境內的黑人，沒有公民權。許多傳言指出，有錢的年輕男性有種「消遣」，他們逮住那些犯法的印第安人，例如為了保住快餓死的家人而偷摘大莊園玉米的印第安人，要他快跑，再追捕射殺。亞馬遜地區的石油公司傭兵也有類似私刑，但他們以打擊恐怖分子而非消遣自圓其說。厄瓜多的壓迫已夠殘暴，但玻利維亞似乎更有過之。

決意反抗壓迫的阿根廷醫生切・格瓦拉選定玻利維亞為他的戰場，說明那並非傳言。玻國統治階層收受美國的援助。格瓦拉被貶到比次等人類或恐怖分子還不如的階級；他得到古巴的支持，因而被歸類為共黨狂熱分子。美國派出非常厲害的豺狼追捕他。一九六七年十月，中情局幹員費利克斯・羅德里格斯（Felix Rodriguez）在玻利維亞拉伊格拉（La Higuera）附近的叢林抓到他。經過幾小時審訊，羅德里格斯在玻利維亞人的施壓下，下令玻利維亞軍隊將他處決。此後，金權統治集團緊緊控制住玻利維亞。甜甜圈擠壓中間的洞。

一九七〇年代中，我終於前往玻利維亞，身分是經濟殺手。去之前，我研究了這個國家，發現那裡壓迫人民的程度遠超過我的預期；和平團老師和那些徒步旅行的北美

「白人佬」幾乎只觸及問題表面。這個國家有史以來一直受暴力摧殘，受帝國、暴君輪番蹂躪。

玻利維亞的本土文化於十三世紀遭印加人征服。一五三〇年西班牙征服者入侵，征服印加人，冷血屠殺數千人，鐵腕統治直到一八二五年。一八七九至一九三五年連連征戰，玻利維亞把太平洋沿海的領土輸給了智利，把富含石油的查可（Chaco）地區輸給巴拉圭，把產橡膠的叢林輸給巴西。一九五〇年代維克托・帕斯・埃斯登索羅（Victor Paz Estenssoro）當政時，推動改革，有計畫地改善占人口多數的印第安人的生活，並將苛待員工的錫礦公司收歸國有。國際商業界大為惱火；一九六四年，埃斯登索羅政權遭軍事政變推翻，不難想像美國中情局牽涉其中。七〇年代，政變、反政變使這國家苦難不斷。

就連地理都不讓玻利維亞好過。兩道平行、格外崎嶇的安地斯山脈貫穿這個國家，將國土分成三個地理區，環境大異其趣：中間是乾燥不適人居的高海拔高原，當地人稱阿爾蒂普拉諾（Altiplano）；西邊是亞熱帶氣候的河谷；東邊是低地和遼闊雨林。

玻國九百萬人口大多數是印第安人，靠安地斯山迎風山坡上的農田，過僅足溫飽的傳統生活。鑑於國內族群多元，玻國有蓋丘亞語、艾馬拉語、西班牙語三種官方語言。

天然資源豐富，有銀、錫、鋅、石油、可發電的水力、南美第二大天然氣蘊藏量（僅次於委內瑞拉），如今卻是西半球最貧窮的國家之一。

它也是最早施行國際貨幣基金整套「結構性調整方案」的國家之一，而對此我難辭其咎。

一九七〇年代中我抵達玻利維亞時，該國商界上層人士和軍方因為擔心格瓦拉的遺毒危害，已開始聯手殘害國內的原住民族群。我的職責是針對經濟殺手如何誘使玻國軍、商聯盟和美國金權統治集團更廣泛合作一事，想出可行辦法。我與多個領域的玻利維亞人會晤，擬出與後來一九八〇、九〇年代許多國家接受的結構性調整方案類似的構想。玻利維亞諸位領導人和印尼蘇哈托一樣，早就傾向採行將國家資源賣給外國人的計畫；長久以來，他們讓外國採礦公司予取予求，並從中牟利。那時他們積累的債務已超乎負荷，壓制不了國內原住民，也無法擊退世代為敵的鄰國入侵，於是一心想穩住美國的保護承諾，從中撈取油水，準備走蘇哈托的路子，將個人財富投入美國、歐洲，以防日後玻國經濟出現危機時財產泡湯。

一九七〇年代那幾場初期會晤後，我斷定玻利維亞已適合實施私有化。拉巴斯（La Paz）的商人和政治人物急著把採礦公司開啟的那種模式，擴大運用到其他領域。這無異於出賣國家主權，但他們因此不必費力透過徵稅、資本市場或個人銀行帳戶募集資金，就能建造自來水、污水排放、電力等設施，建造交通、通信網，乃至建立教育、刑事體制。在我的點撥下，他們還理解到，他們可拿到有利可圖的轉包工程，兒女可不花一毛錢在美國念書，進美國最享盛名的工程、營造公司實習。他們欣然同意讓外國投資人享有稅賦優惠，同意撤銷不利美國商品進口的貿易障礙，同時接受美國針對玻國產品設立的貿易壁壘。從本質上來看，玻國經濟上層人士與軍方聯盟，似乎樂於接受這形同新殖民主義的安排，只要是以國際貨幣基金的語言表達即可，如「完善治理」、「健全經濟」、「結構性調整」。

玻國政府通過成立合資企業法案，吸引外資，撤除貨幣兌換管制，不久之後，便將五大國營企業私有化。一九九〇年，玻國政府進一步宣布將多達一百五十家國營企業賣給外資。這時，我的人生有了有趣的轉折，有人提供我玻國最大公用事業董事長一職（很典型的旋轉門現象，美國政府許多決策者就是這樣轉入民間企業，占據高薪要職）。

一九九〇年，美國的盧卡蒂亞國家公司（Leucadia National Corporation）找上我，問我有沒有意思擔任他們獨資經營的子公司玻利維亞電力公司（Compañia Boliviana de

Energía Eléctrica，西班牙語簡稱COBEE）董事長。這時，盧卡蒂亞已靠買進經營困難的公司、設法轉虧為盈的投資手法闖出名號（二〇〇四年更因尋求反托拉斯法許可，購買美國第二大長途電信公司MCI Inc.過半的股票，聲名大噪）。該公司代表告訴我，以我的條件，應是管理玻利維亞電力公司的最佳人選。除了曾經協助擬定玻利維亞的結構性調整方案，我還在美國獨立經營一家電力公司，擔任執行長，績效出色（那是我離開經濟殺手圈後創立的公司，營運狀況大大受益於我當經濟殺手時廣結的善緣）；而且我會講西班牙語，熟悉拉丁美洲文化；此外，我幹過經濟殺手，需要取得世銀和美洲開發銀行（InterAmerican Development Bank）貸款，以利玻利維亞電力公司擴大營運規模時，可使得上力。

在美國東岸幾度面試後，盧卡蒂亞公司用飛機載我和太太溫妮芙瑞、七歲女兒潔西卡到鹽湖城一處豪宅，那是該公司執行長伊恩・康明（Ian Cumming）和妻子平日的住所。與幾位高階主管寒暄後，大家在康明家正式的用餐室用餐，前後上了五道精緻佳餚，全是他們家的廚師所烹製。餐後，伊恩和我到他辦公室關室密談，其間，有個幕僚打斷我們，一臉歉意地解釋，他收到一封發自拉巴斯的傳真，但公司的西班牙文翻譯請假去看病，問我可不可以幫忙看看。我用英語大聲念出傳真內容，心裡不由得懷疑他們意在測試我的西語能力。

顯然我通過了那項測試和其他測試。離開鹽湖城後不久，盧卡蒂亞公司就安排我們一家三人飛往玻利維亞。

第十八章　在拉巴斯追求最大利潤

我們降落在阿爾托機場（El Alto），那是世上海拔最高的民用機場之一，座落在海拔近三千九百公尺的高原上。通關後，玻利維亞電力公司即將退休的董事長夫婦來接機。我們逗留期間，這對夫婦及公司其他高階主管待我們如上賓，陪我們逛當地迷人的市場，參觀博物館、殖民時期的教堂、潔西卡將就讀的美式貴族學校，還到歡迎我們成為會員的高級鄉村俱樂部參觀，遊覽拉巴斯附近風景如畫的山區景點，看到了月谷（Valley of the Moon）受侵蝕而形成的奇形怪狀砂岩，最後帶我們參觀電廠、變電所及電力輸送線的預定用地。

有天下午，天氣寒冷下著雨，一名高階主管表示要帶我們去看看「我們業務的核心」。我以為是什麼先進的工程設備，結果他的私人司機在冰冷的毛毛細雨中，載我們來到拉巴斯市中心一家商業銀行。

穿著破爛的印第安人排成長長人龍，沿著銀行大樓外牆延伸，在銀行所在的街區繞成一圈。他們瑟縮在一塊，抵擋濕透衣服的雨絲，有許多人張開報紙遮頭。他們一身傳統打扮，羊毛長褲、裙子、斗蓬。我按下車窗，露出一小道縫，一陣冷風灌了進來，夾雜濕羊毛味和未梳洗身體的氣味。當年西班牙征服者要印第安人排排站好、到錫礦坑幹活的情景，彷彿重現眼前。他們沉默不語，只是呆呆站著，望向銀行的厚重大門，偶爾往大門前移一步，大門處則有群武裝警衛盯著他們。人龍裡有數十名衣衫破爛的小孩；不少女人將嬰兒包在披巾裡揹著，披巾滴著雨水。「他們是來付電費的。」那名高階主管說。

「真落後。」溫妮芙瑞低聲說。

「才不。」高階主管糾正她：「這些人很好命了。得天獨厚，家裡接上電力網，有電可用。他們鄉下的親戚可沒這麼好命。」

開車回辦公室途中，那位高階主管從前座回頭解釋，玻利維亞電力公司每隔一段時間就會透過美國大使館送「幾袋錢」給美國，正是來自艾馬拉人、蓋丘亞人排隊繳交的電費。「這公司是盧卡蒂亞的金雞母。」他高興地補充。

我後來才知道，他們可能只會用到一盞燈泡的電力，每個月卻得到這家銀行報到；

他們沒有戶頭或信用卡，只能耐心排隊，用現金繳費。

那天晚上回到僻靜的飯店房間，溫妮芙瑞問我，大使館怎麼會幹起替私人企業轉送錢的事。除了一個再清楚不過的答案，我找不到別的答案，就是美國派駐全球各地的外交使節，主要職責在替金權統治集團辦事。此外，我們也不解那位高階主管為何特地帶我們去看排隊的人龍。「他似乎很得意。」溫妮芙瑞說：「這種經營觀念豈不是太不正常了。」

隔天早上，我們聽取松戈河（Zongo River）水力開發案的簡報，我覺得那才像是玻利維亞電力公司的核心業務。拉美電力業界的高階主管無人不知這一開發案。開發案選定一系列地點建造水力發電廠，海拔最高的電廠設在接近安地斯山最高峰的地方，然後沿著深峻的峽谷一路往下建，直到熱帶河谷。這樣的設計兼顧效率與環保。幾名工程師語氣堅定告訴我們，親自走一趟雖然累人，但絕對不虛此行。有個工程師難過地搖搖頭。「這樣的設計以後不會再有。」他哀嘆道：「我們都喜歡松戈，因為那完美說明了水力開發的極致。但沒有哪個機構，特別是世界銀行，會投資這種精心規劃的小開發案。如果它們要重做這案子，肯定會蓋個大水壩，把整個河谷淹掉。」

玻利維亞電力公司的董事長夫婦邀我們到松戈河看看。有天早上，天還未亮，他們開著四輪傳動旅行車來飯店接我們。車子出城往上爬，前往阿爾蒂普拉諾高原。荒涼的高原覆著薄薄的雪，猶如北極凍原的翻版，不同之處在於這裡很乾燥。晨光乍現，日輪沿著雄渾的雷亞爾山脈（Cordillera Real）升起，好不壯觀。這道安地斯山脈俗稱「美洲的喜馬拉雅山」，共有二十二座海拔至少五千七百公尺的覆冰山峰。

幾小時後，我們通過海拔五千一百公尺的一處隘口，潔西卡這輩子第一次見到冰川。巨大冰原與我們之間隔著牧草地，上有羊駝悠閒走動。我們停下車。潔西卡跑過馬路，想靠近看，結果因為缺氧，嘴唇發黑，猛然跪下，劇烈嘔吐。溫妮芙瑞和我趕緊將她抱回車裡，往海拔較低處開。我們在下午三點左右抵達第一座發電廠。

小水壩橫跨流著冰川融水的松戈河，攔出一座小水庫。水庫的水順著從山坡鑿出的運河，流經地道，進入水槽，最後抵達發電機室。這樣的程序重複好幾次，設計極富巧思，盡可能利用河水的發電潛力，又保住天然地貌的完整。車子蜿蜒行走於峽谷中，四周都是垂直的峭壁。這時，身體已完全恢復的潔西卡說了句話，道出我的心聲。「還好他們沒蓋個大水壩把峽谷整個淹沒，這裡太漂亮了。」

最後我們抵達古雅別致的一棟木屋。我如果當上董事長，這就會是我們的私人渡假小屋。把行李擺好後，我們一家三人走到附近的瀑布。我們從空氣稀薄的拉巴斯和之前的隘口來到海拔兩千四百公尺的高度，覺得精神百倍，爬上瀑布旁的峭壁，透過茂密的樹葉，看到太陽落在狹窄河谷對面的山後。我們爬下峭壁，回到木屋與董事長夫婦會合。木屋管家奉上義式焗烤千層麵，做得很道地，彷彿是從羅馬專程空運過來。

那天晚上，潔西卡上床後，我們四個大人喝雞尾酒閒聊。董事長夫婦顯然很高興來玻國工作，也急切地希望我接他的位子，他們才能早日返國。儘管我們已聽過，他們一再提到箇中好處：有豪宅可住；出門有司機開車；有武裝警衛保護人身安全；有私人廚師、僕人、園丁把你照顧得舒舒服服；有花不完的公款供你款待玻利維亞貴族。他們指出，我將是玻國第二把交椅，權力僅次於總統；一旦發生政變，我會是最有權勢的人，因為電要供給總統府還是軍營，將由我來決定。美國中情局會指望我去支持他們中意的黨。

就寢後，溫妮芙瑞稱讚起那項水力發電工程。「我從沒看過那麼好的建設。」接著又說：「我在想你是不是可以把這當起點，在拉丁美洲展開一場公用事業革命。讓那些印第安人不必再為了繳費可憐地排隊，讓鄉村也有便宜的電力可用。多弄幾個我們今天看到那樣的開發案，不要用世銀貸款蓋大電廠，而是讓這家公司投入環保行列。」

我把她的話一字一句聽了進去。隔天，我們回拉巴斯時，還有之後待在拉巴斯期間，我反覆思索。我拿這想法和玻利維亞電力公司的高階主管和工程師討論了幾次。他們之中有許多人來自阿根廷、智利、巴拉圭，都是長期受軍事獨裁者把持的國家，唯美國金權統治集團馬首是瞻。想當然耳，他們對此心存懷疑。他們的看法和一位在這間公司工作十餘年的祕魯籍工程師一樣。他語氣平淡地說：「盧卡蒂亞要的是一袋袋現金。」

我愈想愈生氣。拉丁美洲已成為美國霸權的象徵。阿本斯治下的瓜地馬拉、古拉特（Goulart）治下的巴西、埃斯登索羅治下的玻利維亞、阿葉德治下的智利、海梅・羅爾多斯・阿吉萊拉（Jaime Rold Aguilera）治下的厄瓜多、杜里荷治下的巴拿馬，還有其他蘊藏美國企業所覬覦資源的西半球國家、領導人決意將國家資源造福自己人民的國家，都落得同樣下場——領導人遭政變推翻或被暗殺身亡，換上美國幕後操縱的傀儡政權。我已以經濟殺手的身分，玩過十年這樣的把戲。金盆洗手後，十年匆匆又過，但罪惡感和憤怒仍揮之不去。我曾汲汲於替金權統治集團賣命，滿足自己的私欲，背棄自小被灌輸的做人原則，為此，我猶豫不決是否該接下這職務。想到自己的利欲薰心，我怒從中來；想到要以一己之力改變玻利維亞電力公司這類公司，卻被人潑冷水，更讓我氣憤。但我決定一試。

回美國後，我打電話給召募我的盧卡蒂亞高階主管，告訴他我願意考慮這職務，前提是讓我將玻利維亞電力公司改造成為造福社會、為環保盡心的典範。我解釋，松戈水力發電工程讓我印象深刻，而該公司獨一無二的有利條件能開創新的開發模式，供電給西半球最窮苦的一些人。

對方停頓了許久，告訴我他得請示伊恩·康明。「不過別抱太大期望。我們高階主管要向股東負責；公司對玻利維亞電力公司董事長的期望，就是獲取最大利潤。」又是一陣停頓。「你要不要再考慮一下？」

這番話讓我更覺義無反顧。「不必。」

我再沒有接到他們的回音。

第十九章 改變夢想

愈是去想外國機構對玻利維亞的剝削，還有我當經濟殺手時在這方面為虎作倀，我愈是生氣，愈是沮喪。我在想是不是該飛回拉巴斯、哥倫比亞或其他西語系國家，加入反抗運動。我突然想到，如果湯瑪斯・潘恩在世，他們也會這麼做。我理解到，他不會拿槍反抗，而會用筆。我自問怎麼做成效最大。

後來我在一次隨非營利性組織到瓜地馬拉服務期間，漸漸找到答案。與一名馬雅老者談過後，我決定回到厄瓜多的舒阿爾族地區，也就是我二十多年前當和平團義工時住過的地方。如今回頭看，我那時困惑無比，既不想背棄經濟殺手的老同事，良心又不安；既想把自己幹過的壞事公諸於世，又中了充斥社會的惡習拜金主義毒癮無法自拔；天人交戰，苦苦掙扎。潛意識裡有股聲音告訴我，舒阿爾人可以幫我走出這人生困境。

為我出版原住民文化著作的友人埃胡德・史伯林（Ehud Sperling）和我搭乘美國

航空公司班機抵達厄瓜多首都基多（Quito），再換搭小飛機沿安地斯山往南飛到昆卡（Cuenca）。昆卡位於山區，海拔甚高，洋溢殖民時期的氛圍。當年我結束在亞馬遜雨林的義工工作後，到這裡住過。話說回來，我們兩人在昆卡待了兩晚，然後包了一輛吉普車和司機，大清早離開，前往叢林中的城鎮馬卡斯（Macas）。沿途盡是彎彎曲曲、驚險萬分的山路。

這趟路教人難忘；從安地斯山脈頂端往下走，無盡的九彎十八拐，全是二十年前走過的坑坑洞洞老路，一邊是陡峭的山壁，一邊是水流湍急、深不見底的峽谷。一些從叢林出來的卡車搖搖晃晃迎面而來，我們不得不把車開到一邊，顫巍巍緊貼岩壁或崖邊。除此之外，整條路上只有我們。這的確是另一個世界，與美國的生活大不相同。我在想，當初自己從這裡的義工搖身一變成為經濟殺手，為什麼絲毫不覺有什麼突兀。答案很簡單，在新罕布夏州鄉下長大的我，那時既年輕又失意，渴望那一行能給我的刺激和金錢。就像條魚，看到水裡亮晃晃的餌，一下子就上鉤了。

中午左右，吉普車開進一個小聚落。過去，路到此為止，如今可以繼續開往馬卡斯鎮，但這段後來開闢的路，受到從亞馬遜流域襲來的雨水澆淋，更泥濘更崎嶇。我跟史伯林談起一九六九年我第一次來馬卡斯的心情，接著談到我們國家在世界史扮演的角色。

美國作為民主、正義的典範約兩百年。獨立宣言和美國憲法曾鼓舞世界各大洲的人民，為自由而挺身反抗。我們曾登高一呼，創立反映我們理想的全球性組織。二十世紀，我們領銜推廣民主、正義，角色更為吃重；海牙常設國際法庭的創立，國聯盟約（Covenant of the League of Nations）、聯合國憲章、普世人權宣言及許多聯合國協議能夠通過，美國都功不可沒。

但自二次世界大戰結束，美國的領導地位已經動搖；我們向全球立下的典範已受到執意建造帝國的金權統治集團破壞。我在和平團當義工時，就清楚了解到厄瓜多人民和其鄰國的人民，對我們的殘暴感到憤慨，而我們政策上明顯的矛盾也讓他們困惑。我們宣稱要在越南等地捍衛民主；同時卻驅逐、暗殺透過民主程序選出的總統。全拉丁美洲的高中學生都知道，美國推翻了智利的阿葉德、伊朗的莫沙德、瓜地馬拉的阿本斯、巴西的古拉特、伊拉克的蓋西姆，但我們自己的學生都不清楚。華盛頓的政策讓世人困惑，我們的所作所為與我們最崇高的理想背道而馳。

金權統治集團控制他國的方式之一，就是在一九七〇年代扶植拉丁美洲的獨裁政權。這些政權試行有利美國投資者和跨國企業的經濟政策，最後往往以國內經濟破敗收場，造成經濟衰退、通貨膨脹、失業、經濟負成長。反對聲浪日益高漲，但華盛頓當局對這些搞垮自己國家經濟、同時大肆積聚個人財富的腐敗領導人讚譽有加。更糟糕的是，美國支持瓜地馬拉、薩爾瓦多、尼加拉瓜的右派獨裁者及其專事謀殺有左傾之嫌者的行刺小組。

一九八〇年代，民主改革浪潮席捲中南美洲。新選出的政府轉而向國際貨幣基金、世銀的「專家」求助，以解決國內問題。他們採信這些「專家」提出的結構性調整方案，從公用事業民營化到裁減社會福利，施行多種不得民心的政策。他們接受金額高得離譜的貸款，用以發展基礎建設，結果往往只造福上層階級，讓國家揹負債務。

國家因此一塌糊塗。經濟指標創下新低。數百萬中產階級失去工作，加入赤貧行列。人民看著自己的退休金縮水，健保、教育品質下滑，而居上位的政治人物未投資本國經濟，反而到佛羅里達置產。一九五〇、六〇年代，除了卡斯楚當政的古巴，共產勢力一直未成氣候；但實施結構調整方案後，新一波民怨席捲中南美洲，矛頭指向美國金權統治集團及其腐敗的拉丁美洲共犯。

就在我和史伯林前往厄瓜多之前不到一年，老布希政府作出一項長期危害美國——拉丁美洲關係的決定——派兵入侵巴拿馬。美國無緣無故出兵推翻巴拿馬政府，顯然是因為巴拿馬拒絕履行巴拿馬運河條約。美軍入侵讓兩千多名老百姓無辜喪命，格蘭德河以南的每個國家一陣恐懼。恐懼瞬即轉為怒氣。

坐車前往馬卡斯途中，我反覆思索這些事，並和史伯林討論。我問他，中南美洲除了飽受貪污的荼毒，是否還有別的路可走。

「當然有。」他語氣堅定地告訴我。「臨界點。只需要碰到臨界點。」他問我當年路還沒打通，怎麼到馬卡斯鎮。

「可以踩著爛泥穿過叢林走幾星期，或者搭二次大戰時留下的DC-3老飛機，來趟『碼錶式飛行』。那種飛行無異於自殺，但我就選了那個方式。」

「碼錶式飛行？」

「那些飛機飛不過安地斯山，必須循著河谷飛。沒有雷達。駕駛員從來不知道什麼時候會給雲困住，因此飛機一離地，他就按下碼錶。三十秒後，往右偏十度飛，四十五秒後，往左十五度飛……，相當驚險。那時候掉了一些飛機，但比起徒步穿越叢林，更好，更安全。」

「於是他們建了這條公路。」他停住口。「為什麼？」他挑起眉毛提示我。

「到達臨界點？」

「沒錯。」

人民要求改變。要求改變的聲浪高到一定程度就會改變。舉這個例子來說，改變表現在開發亞馬遜流域的商業發展上。我知道，會達到臨界點，是因為石油公司的大力影響。進入馬卡斯鎮，我看到，拜這公路之賜，這原本死氣沉沉的偏遠叢林聚落，已搖身一變成為熱鬧的新興城鎮。但可想而知，隨著愈來愈多人意識到未來可能的危害，臨界點可能轉向強調和平與永續的開發案。

我們住進飯店，飯店裡有兩樣東西是我先前從未在這地區見過的：沖水馬桶和淋浴設備。後者教史伯林大為欣喜，因為水龍頭旁竟有插座。

「那是給電動刮鬍刀用的。」我要他別懷疑。

「用來處死自己吧。」他答。

隔天早上，我們搭上小飛機。史伯林問駕駛碼錶的事。「我叔叔用過碼錶。」駕駛咧嘴而笑。「但我有雷達。」

飛機降落在森林深處的泥土跑道。一群舒阿爾人聚集在空地邊緣，他們外表和我印象中差不多，健壯、大笑、快樂，唯一差別在於身穿舊T恤和聚酯纖維製的寬鬆運動短褲，不像以前一絲不掛。傳教士要他們穿衣，以免犯了裸露之罪。

他們卸下我們隨機運來的補給品，一名老者走向我。我表明有意幫他的族人保住叢林，免遭摧毀。結果他提醒我，問題不出在他的文化，而在我的文化。

「如今的世界就如你們夢寐以求的。」他告訴我：「你們的人想望大工廠、高樓大廈、多如這河中雨滴的車子。如今你們漸漸了解這夢想是個夢魘。」

我問他，我能幫上什麼忙。「很簡單。」他答道：「你們只需改變夢想……。只要播下不同的種子，告訴你們的小孩去作新的夢。」

接下來幾天，聚落其他人也傳達了類似看法。史伯林和我佩服這些人的智慧，還有他們保護自己環境和文化的決心。回美國後，我著手創立一個機構，決意改變工業國家人民看待地球、看待人與地球關係的心態。那時，我努力扭轉自己當經濟殺手時一手推動的事情，但自己渾然不覺。

最後我們把這個非營利組織取名為「夢想改變」（Dream Change），以標舉我那天在舒阿爾地區得到的啟發。我們辦了旅行團和講習班，帶人去跟原住民老師一起生活，也帶那些原住民老師到美國。我們提供書、卡帶、CD、影片，以彌合這兩個世界的隔閡。其中一次旅行，促成另一個非營利性組織帕恰瑪瑪聯盟（Pachamama Alliance）成立。如今，該聯盟已募集到數百萬美元，協助原住民社群，其中許多資金用來資助他們跟石油公司打官司。

拜玻利維亞電力公司的啟發，我有了可全心投入的新事業。一九九〇年代和二十一世紀頭幾年，我頻頻前往拉丁美洲，大部分時間和亞馬遜、安地斯山的原住民在一塊。他們保護環境的決心、世界各大宗教難以比擬的崇高宗教情懷，教我深深佩服。這些人決意打造更美好的世界。

身為帕怕瑪瑪聯盟理事，我也會晤過律師、政治人物、石油公司員工。有天晚上在基多與這樣一群人共進晚餐時，我首度得知委內瑞拉的查維茲（Hugo Chez）這號人物。查維茲創立了反金權統治集團的第五共和運動，石油公司代表對這位凶狠的軍官語多不屑，但政治人物不得不佩服他鼓動風潮的群眾魅力。我的原住民朋友聽到他除了西班牙血統，還有印第安、黑人血統，而且不斷抨擊富人、承諾改善窮人生活，因而大受鼓舞。

第二十章——委內瑞拉的查維茲

查維茲於一九九二年二月嶄露頭角，當時，身為委內瑞拉陸軍中校的他發動政變，欲推翻培瑞斯（Carlos Andrés）總統。這位姓名已成貪腐同義詞的總統，同意將國家賣給世銀、國際貨幣基金、外國企業，令查維茲和他的追隨者大為憤慨。大體上，由於委國政府與金權統治集團勾結，委內瑞拉的人均收入這時已遽減超過四成，原是拉丁美洲人數最多的委國中產階級，這時淪入赤貧。

查維茲政變失敗，但為他日後的從政之路鋪下坦途。被捕後，委國政府要他在全國電視台上露臉，勸他的部隊放下武器。他桀傲不屈地向全國人民宣布，他只是「por ahora」（暫時）失敗，大無畏的表現使他成為全國風雲人物。他在雅瑞（Yare）監獄服刑兩年；期間，培瑞斯遭到彈劾。查維茲出獄時，他無畏、廉潔、矢志幫助窮人的形象已深入民心，老百姓知道他決心摧毀數百年來奴役國家和中南美洲的外國剝削枷鎖。

一九九八年，查維茲以五成六的漂亮票數選上委內瑞拉總統。上任後，他未像前任許多統治者貪腐墮落，反倒推崇瓜地馬拉的阿本斯、智利的阿葉德、巴拿馬的杜里荷、厄瓜多的羅爾多斯之類的人物。這些人全遭美國中情局暗殺或拉下台。他說，他要追隨他們的腳步，但要憑藉自己的見識和群眾魅力，以及上天賦予這個盛產石油國家領導人的毅力。他的勝出、不願屈服於美國及石油公司的姿態，鼓舞了數百萬拉丁美洲人。

查維茲承諾幫助窮人，包括城裡和鄉下的窮人，且說到做到。他未將石油業利潤再投注於石油業，反倒投入旨在消除文盲、營養不良、疾病等社會弊病的計畫。他未發放鉅額股利給投資人，反倒出手援助坐困愁城的阿根廷總統基希納（Ntor Kirchner），代阿國償付十多億美元的國際貨幣基金債務，並將石油廉價賣給付不起市價買油的人，包括美國境內。他撥出部分石油收益給古巴，讓古巴派醫生到中南美洲的貧窮地區行醫。他訂定法律保障原住民權利，包括語言權和土地所有權，並為非洲裔委內瑞拉人爭取在公立學校設置相關課程。

查維茲成為金權統治集團的眼中釘。他不只力拒石油公司和其他跨國公司，還鼓吹其他國家起而效之。在小布希政府眼中，查維茲、海珊這兩個冥頑不化的國家領導人，這時已成為亟欲除之而後快的頭痛人物。在伊拉克，暗的來不成（透過經濟殺手和豺狼），只好明著幹：集結部隊，準備入侵，一舉除去這心頭大患。在委內瑞拉，這時候經濟殺手已退場，換上豺狼，華盛頓當局希望豺狼可替他們解決問題。

豺狼重操故技，用上在伊朗、智利、哥倫比亞用過而更為得心應手的手法，在二〇〇二年四月十一日指使數千人上卡拉卡斯街頭示威。示威人群走向委內瑞拉國營石油公司總部，再走向總統府，在總統府前與支持查維茲的示威群眾相遇。查維茲的群眾指控前者是由美國中情局的爪牙策動。突然，出乎眾人意料，武裝部隊宣布查維茲已下台，現遭拘押在某軍營。

華盛頓當局樂不可支，但樂沒多久，效忠查維茲的部隊發起大規模反政變。窮人湧上街頭，四月十三日，查維茲重登總統之位。

委國官方調查後，斷定這起政變是美國政府幕後策動。白宮也幾乎承認；《洛杉磯時報》報導：「小布希政府官員週二坦承，他們討論藉委內瑞拉軍方、民間領袖之力剷除委國總統查維茲，已有數月。」

諷刺的是，美國二〇〇三年入侵伊拉克，送給查維茲一個意外大紅包。侵伊使油價飆升，委國國庫大舉進帳。突然間，鑽取該國奧利諾科（Orinoco）地區的重原油變得可行。查維茲宣布，油價達到每桶五十美元時，富含重原油的委內瑞拉石油蘊藏量將超越整個中東，躍居世界首位。他說他是以美國能源署的預測得出這項分析結果。

其他拉丁美洲國家則睜大眼睛，看小布希政府以政變推翻查維茲不成後，會如何對付他，結果看到一個紙老虎美國總統。白宮投鼠忌器，心知必須小心行事。委內瑞拉是美國第二大石油和石油產品供應國（第四大原油供應國）。委國的油田比中東油田更靠近美國。委內瑞拉擁有美國的西果（Citgo）石油公司，教訓委國，會連帶衝擊許多美國工人、汽車駕駛人、不少跟西果做買賣的公司。此外，一九七〇年代突破石油輸出國家組織的石油禁運令時，委內瑞拉一直是美國的盟友。伊拉克、阿富汗的戰事，以巴和解大挫敗，沙烏地王室在本國漸失民心，科威特政治問題，伊朗不惜一戰，已經讓小布希政府焦頭爛額，即使想以武力解決委國問題，也是力不從心。

二〇〇二年盧拉（Luiz Inioula da Silva）在巴西總統大選贏得壓倒性勝利，中南美洲民族主義運動氣勢更盛。盧拉於一九八〇年創立進步工人黨（Progressive Workers Party）；他長久以來主張社會改革，要求將巴西天然資源用在窮人身上，並堅持稽核巴西欠國際貨幣基金的債務，主張那些債務並不合法。以超過六成得票率贏得總統大選後，盧拉加入查維茲的行列，成為中南美洲新一波風雲人物。從大城市到安地斯山高峰、雨林深處最偏遠的村落，人人爭相走告，那些原被認為沒有公民權的人已開始掌權。

拉丁美洲人大受鼓舞。他們終於有機會脫離美國霸權的掌控；這是近代史上頭一遭。

查維茲、盧拉的成功，對兩個國家影響尤深。它們也有大量原住民人口，擁有金權統治集團覬覦的石油、天然氣資源，也與我個人有非常深厚的淵源，那就是厄瓜多和玻利維亞。

第二十一章　厄瓜多：遭總統出賣

在《經濟殺手的告白》一書中，我描述了自己與羅爾多斯的關係。一九七九年，這位大學教授兼律師成為厄瓜多第一位民選總統，讓該國走出長久以來遭一個又一個獨裁者把持的歷史，而這些獨裁者都是金權統治集團在背後支持。羅爾多斯一上台，即著手實現競選承諾：控制石油公司，以國內天然資源造福窮人。那時候，我擔心他不照經濟殺手的意思做，會遭豺狼毒手。果不其然，一九八一年五月二十四日，羅爾多斯死於空難。多家拉丁美洲報紙均以頭版頭條「中情局暗殺！」報導此事。

如今過了十年，該國各方面似乎都不同以往，政治卻如往常。和史伯林一道走訪舒阿爾人，成立「夢想改變」、帕恰瑪瑪聯盟之後，我愈來愈清楚一九九〇年代暗潮洶湧、即將爆發的動亂。豺狼已除掉羅爾多斯，但要解決實際問題，美國毫無作為。隨著厄瓜多成為這地區供應美國石油的第二大國（僅次於委內瑞拉），貧富差距、環境破壞、教育、衛生等社會福利事業遭忽略的情況更形惡化。印第安人受害最烈。政府和石油公司竭力將他們趕離家園，如果不肯離開，往往只能看著家園的樹木換成油井井架，河流遭嚴重污染。

施壓的方式有很多種。有天下午我走訪亞馬遜，清楚見識了其中一種。舒阿爾族年輕人吞杜亞姆（Tunduam）告訴我，他考慮離開家鄉。「石油公司專家說我有語言天分，」他解釋：「打算送我去學校學英語，付我薪水替他們工作。」然後他面露嚴肅之色。「但我很擔心。琛查克（Tsentsak）做了同樣的事。如今他改名叫喬爾，不叫琛查克。他們要他在報紙上寫文章批評你、『夢想改變』、帕恰瑪瑪和其他努力幫我們對抗石油公司的人。他們要他自稱是舒阿爾人選出的代表，要他簽文件同意把我們的土地送給那家公司。他不想照做，結果他們說要把他送進監獄。」

「結果他怎麼做？」

「他能怎麼做？他已經開始寫那些文章，簽那些文件。」

我問吞杜亞姆想不想走同樣的路。

他聳聳肩。「我想學英語，賺大錢。」他朝著森林猛然張開雙臂。「這一切正在消失。傳教士告訴我們要更現代，不能再靠打獵過活。」

這些事情更堅定了我幫助原住民的決心，不只是舒阿爾人，還有其鄰族瓦歐拉尼人（Huaorani）、基許華人（Kichwa）、阿丘阿爾人（Achuar）、札帕羅人（Zaparo）、施維阿爾人（Shiwiar）。這些部族面臨的兩難，也促使我關心二〇〇二年厄瓜多的總統大選。自羅爾多斯執政以來，似乎首度有候選人關注原住民議題，同時嚴正反對大石油公司。

總統候選人古蒂耶雷斯（Lucio Gutirez）排定行程要來殼鎮（根據殼牌石油公司命名的叢林城鎮）那天，我和一群「夢想改變」組織的人，也在該鎮等待搭飛機到舒阿爾人地區。那時候，他已將厄瓜多軍方和幾個最有影響力的原住民組織納入他的陣營，組成獨一無二的聯盟。軍方支持他，因為他是退役陸軍上校，軍人出身；原住民組織支持他，則是因為二〇〇〇年原住民示威群眾衝進總統府、迫使馬瓦德（Jamil Mahuad）下台時，他拒絕命令他的部隊鎮壓，反倒設立軍隊廚房提供示威者食物，然後放任他們占領國會大廈。古蒂耶雷斯抗拒總統的鎮壓命令，協助拉下這位窮人痛恨的總統，得到了窮人愛戴。窮人痛恨馬瓦德，源於他公然支持國際貨幣基金和世銀政策，包括取消厄瓜多貨幣，改以美元為流通貨幣，惹得民怨四起。貨幣美元化讓絕大多數厄瓜多人受害慘重，只有那些可將錢投入海外銀行帳戶、華爾街股市、外國不動產的有錢人，才不受影響。

對這位總統候選人而言，殼鎮似乎是和叢林居民見面的理想地點。這個城鎮是數十年前為了替石油開採活動提供統籌基地、硬生生砍掉森林給開闢出來的。那時，原住民聚落反抗，有時還訴諸暴力。厄瓜多政府在五角大廈支持下，派遣數千部隊進駐，設立龐大的軍事基地。基地以殼鎮中心為起點，向森林擴張。基地鋪設當時這地區罕見的跑道，基地建築內裝有世上最先進的監聽設備。據說，美國、厄瓜多的通信專家，坐在殼鎮大街附近的一處辦公室，就能聽到亞馬遜上游每個部落會議屋裡的談話內容。傳說傳教團體在他們慷慨發送的食物簍、醫藥箱裡安了隱藏式麥克風，石油公司資助成立的基金會則回饋他們數百萬美元。每次，某部族會議決定派戰士騷擾石油工人居住區，似乎就會有武裝部隊從殼鎮搭直昇機，先行抵達該地。

古蒂耶雷斯預定抵達那天，泥濘街道上擠滿想跟這位候選人握手的群眾。戴著傳統巨嘴鳥羽毛頭冠的舒阿爾族薩滿，夾雜在美國綠扁帽特種部隊、石油鑽探工和厄瓜多突擊隊員之間。氣氛歡樂，舊仇宿怨全擺在一旁。這些高度機動部隊和印第安人似乎已經講好，要同心協力拯救這歷經數年貪腐、通膨、剝削而民心士氣低落的國家。

我來殼鎮時，二〇〇一年九一一事件才發生幾個月。那樁慘劇，還有小布希政府未能如願抹黑、推翻查維茲，對厄瓜多的總統大選影響很大。某份報紙的漫畫，說明了當地人的看法。漫畫借用過去美國西部牛仔持槍決鬥的場景。第一格呈現戴牛仔帽的查維茲，插著手槍的皮套垂在臀部，在道奇市街上巡邏。第二格呈現帶槍的小布希走出來，欲和查維茲對決。第三格描繪背對著讀者的查維茲，挺身對抗一臉凶狠而堅決的小布希，小布希後面是世貿雙子星大樓著火的殘破景象。最後一格，查維茲笑彎了腰，小布希落荒而逃，雙腳踢起塵土，帽子掉在街上；古蒂耶雷斯則靠著酒館牆壁鼓掌叫好。

飛機已到，我們還來不及看到古蒂耶雷斯就得離開，但在殼鎮短暫的停留讓我更清楚了解到，厄瓜多的原住民為何如此看重這場大選。他們和玻利維亞、巴西、委內瑞拉的兄弟姊妹一樣，已遭受外來剝削數百年；如今他們決意扭轉這模式。

二〇〇二年十一月，古蒂耶雷斯當選厄瓜多總統。自己人真的當選，讓這些原住民大呼不可思議，但也預見未來日子會更艱難。英國廣播公司（BBC）報導：

> 前政變領袖古蒂耶雷斯贏得大選……，就在巴西工人黨領袖盧拉贏得大選的不久之後，且似乎讓人想起查維茲贏得委內瑞拉的大選。
>
> 他們每一個都主張改變，主張新經濟思維，主張終結貪腐，以此為本提出政綱，贏得民主選舉……。

上個月第一輪投票時，由於許多人投票贊成改變，古蒂耶雷斯先生領先群雄，跌破眾人眼鏡……。

但在這個重債纏身、貧窮比例約六成、政治不穩而難測的國家，他的治國之路似乎是前途多艱。

古蒂耶雷斯上任後頭一個月，曾飛到華盛頓會晤美國總統小布希。他歡迎世銀官員到基多與石油公司展開協商。同時，石油公司與原住民組織的關係愈來愈緊繃。二〇〇二年十二月，阿根廷公司CGC指控某亞馬遜聚落擄走它一隊工人當人質，並暗示那批叢林戰士受過「基地組織」的訓練。驚人的事實曝光：這家石油公司未獲得當地居民同意就想鑽探石油，宣稱有權進占原住民土地；那些戰士則表示，他們之所以拘押那隊石油工人，是為了確定他們安全走出叢林。

二〇〇三年初，我再度來到厄瓜多。抵達基多時，我發現許多厄瓜多人深信古蒂耶雷斯正與石油公司祕密交易，且已同意採行世銀和國際貨幣基金的結構性調整方案。他與小布希握手的照片貼於基多市各處。原住民領袖對於竟然有人暗指他們加入伊斯蘭恐怖組織，忿忿不平，指出如果古蒂耶雷斯逼他們和石油公司的傭兵戰鬥，這類謠言可能成真。

有個人告訴我：「過去，自覺受到美國威脅的人，可以向俄羅斯求得武器、訓練的援助。如今，要求援，只能找那些阿拉伯人。」

二〇〇四年，情勢繼續惡化。石油公司牟取暴利、政府貪污的謠言甚囂塵上。然後厄國政府在世銀施壓下，採行類似玻利維亞的措施。據美聯社報導，古蒂耶雷斯「施行裁減糧食補助和炊煮用燃料等緊縮措施，以滿足國際借貸者的要求，原來支持他的偏左選民隨之瓦解」。

厄瓜多最高法院揚言干預他的施政，他即下令改組最高法院，形同解散。厄瓜多人湧上街頭，要他下台。

「古蒂耶雷斯得下台，」原住民領袖華金・揚貝拉（Joaquin Yamberla）告訴我：「他是民選出來的。選上後背棄他對人民的承諾。根據民主原則，我們得把他拉下台。」

一直有人要我指認讓古蒂耶雷斯墮落的經濟殺手，他們深信厄國總統屈於威脅利誘。我無法指認是誰，但我想他們大抵沒錯。誠如本書稍後所詳述的，後來有名豺狼找上我，從他的言語，我覺得他似乎就是那個經濟殺手。

玻利維亞的遭遇與厄瓜多大不相同。

第二十二章 玻利維亞：貝泰公司與搶水大戰

和厄瓜多、委內瑞拉一樣，二十一世紀伊始，玻利維亞就爆發抗議外國企業掠奪資源的事件。示威、杯葛、罷工，使拉巴斯市區和其他多個城市的商業活動停擺。抗議活動由原住民艾瑪拉、蓋丘亞兩族領袖發起，但他們並不孤單，因為有工會、民間組織支持。

與厄瓜多、委內瑞拉不同的是，引發騷動的直接原因不是石油，而是水。一九九〇年代，世人已愈加了解，水在不久之後就會成為地球上最值錢的資源之一。金權統治集團知道，控制水資源，就能操控經濟和政府。

玻利維亞這場動亂，引爆者依舊是世銀和國際貨幣基金。一九九九年，這兩個組織根據新一輪實施的結構性調整方案，要玻國政府將第三大城科恰班巴（Cochabamba）的公共供水系統，賣給工程業界巨人貝泰公司（Bechtel）的一家子公司。在世銀堅持下，玻國政府進一步同意將供水相關成本轉嫁給所有用戶，不管用戶是否負擔得起。這項措施違反原住民的傳統，因為原住民認為不管經濟狀況如何，每個人生來都有用水的權利。

聽到玻利維亞採行經濟殺手獻的計策，我滿心愧疚；一九七〇年代中，我協助擬定以「人人付費」為原則的公共事業資費方案。那時候，人人付費原則主要用在電費上，且被視為是一大創新。這項原則與一九三〇年代以來協助貧困地區的大部分資費方案的基本前提背道而馳。這個基本前提是，讓每個人使用水、電、下水道等公共設施服務，在整體經濟成長中是不可或缺，即使必須補助，亦應施行。美國鄉村電氣化管理局（Rural Electrification Administration）採行的資費方案就屬這一類。許多國家加以仿效，落實這個理論，成效卓著。儘管如此，世銀決定嘗試一個大相逕庭的法子。

一九七〇年代，我是某間公司的首席經濟學家，受雇推廣世銀政策。基於職責，我不得不擬出計量經濟模型證明「人人付費」可行。在計量經濟學底下，幾乎任何事物都不難得到合理解釋，況且我底下經濟、數學、金融專家人才濟濟，技術上要達成任務不難。但有兩個問題讓我很不安，一個是明眼人都看得出的道德問題，另一個是實際問題。舊理論既然一再證明有其成效，我就不得不捫心自問，為何要沒事找事，在枝節上作修正，為何明知可能加深貧窮、加劇社會不安，還要這麼做，還要提倡結構性調整方案？

答案很清楚：「人人付費」這個辦法將把受政府補助的官僚機構，改造成有利可圖、適合私有化的「金雞母」（一如我後來在玻利維亞電力公司所發現的）。「人人付費」政策的構想，和造福營造公司和當地有錢人、卻留給窮人龐大債務的基礎設施貸款，出自同樣心態。有次到阿根廷，我得到另一個理由。

「這些國家是我們未來的保障。」一九七七年，我和查爾斯・諾伯（Charles Noble）將軍同坐一部私人轎車行駛在布宜諾斯艾利斯市區時，他這麼告訴我。外號「查克」的他，當時是緬恩公司副總裁（後來擢升為總裁）。他畢業於西點軍校，拿到麻省理工學院工程碩士；戎馬生涯顯赫，越戰時當過美國陸軍工兵司令部司令；後來也擔任密西西比河委員會（Mississippi River Commission）會長。這時候，查克負責替緬恩公司調查阿根廷的水資源，包括阿根廷正與烏拉圭合作「大瀑布」（Salto Grande）大型水力發電工程。這項工程完成後，能發電將近兩千兆瓦，攔出一個遼闊的人工湖，將一個有兩萬兩千居民的鎮長埋水底。

「我們失去越南，因為不了解共產黨的心。在拉丁美洲這地方，我們得做得更好。」諾伯給了我他最迷人的微笑，一個教人驚訝的微笑，因為那實在和有硬漢之稱的他太不相稱。「別聽信社會主義者的論調，以為提供免費午餐可以換得任何東西，而不會換來輕蔑。要得到東西，就要付費。只有這樣，他們才會珍惜。此外，這讓他們認識資本主義，而非共產主義。看看那個。」他指著一旁公園裡的池子。「未來，水兼具黃金與石油的價值。我們得盡可能掌控水資源，才會有影響力、有權力。」

二十多年後，聽到玻利維亞政府宣布，將科恰班巴供水系統（SEMAPA）的購買權獨家授予一家公司時，我想起了諾伯。拿到長達四十年民營租用權的圖納利水公司（Aguas del Tunari），為合夥企業，最大股東是惡名昭彰的貝泰企業一家子公司。把這樣的恣意剝削權授予美國公司，必然教諾伯將軍大為高興，但拉丁美洲人民有著不同的心情。總公司設在舊金山的貝泰企業，以竭盡所能討好權貴人士聞名，長久以來從世銀和美國政府拿到不少有利可圖的合同。這家私人企業由單一家族掌控，因此不必向證券交易委員會或其他監察組織公開帳目，而且堅決不公開。

「貝泰想包哪個工程，連競標都不必。」當經濟殺手時，我在不同場合聽到印尼、埃及、哥倫比亞的政府官員這麼說。與諾伯走訪阿根廷後不久，我請一名厄瓜多官員到基多最昂貴的餐廳吃飯。他是我在和平團當義工時結下的私交，此時在厄國政府負責發包業務。用餐時，他跟我吐露發包內幕，指某工程已內定由貝泰公司承包，勸我別再花幾個月時間擬定那項工程的計畫案，以免平白損失這頓大餐價錢數千倍的金錢。他拇指、食指互相摩擦，做數鈔票的動作。「每個人都會發財。」他說：「我、市長、總統、舊金山那些人。」他臉部扭曲。「但你，還有其他認為這是公平競標的可憐笨蛋，除外。」

貝泰公司網羅退休的政府高官當高階主管，裡面不乏知名人物，例如舒茲（George Schultz，貝泰總裁和董事，當過尼克森政府的財政部長，雷根政府的國務卿）、溫柏格（Caspar Weinberger，貝泰副總裁和總法律顧問，當過雷根政府的國防部長）、丹尼爾・趙（Daniel Chao，貝泰控股公司的執行副總裁和執行董事，美國輸出入銀行諮詢委員會委員）、萊利・貝泰（Riley Bechtel，貝泰執行長，小布希總統出口評議會成員）。我岳父也屬於貝泰管理階層，退休前一直擔任總建築師，退休後又獲啟用，擔任貝泰某大型工程的專案經理，在沙烏地阿拉伯督造了數個城市。我太太剛出社會就在貝泰工作。我對這公司非常了解，有多方面的了解。

科恰班巴供水系統的經營權租借給貝泰後，水價幾乎立即飆漲。有些科恰班巴人的水費開銷暴增兩倍多。該市居民在中南美洲屬最貧窮之列；水費暴漲足以危及他們的生存。

「他們面臨要吃飽就沒水喝，要喝水就得挨餓的窘境。」蓋丘亞族一個人權組織的創辦人告訴我：「外國人貪得無厭，玻利維亞人快要渴死。他們被告知連收集雨水都不行。他們與科恰班巴供水系統的合約規定，他們只要用水，都得付錢給貝泰。」

科恰班巴市民起而抗議。二〇〇〇年一月，抵制行動讓全市停擺整整四天。暴民揚言衝進供水系統公司的辦公室。貝泰要求玻國官方保護。玻國總統班塞爾（Hugo Banzer）同意，隨即調派軍隊鎮壓。接下來的暴力衝突造成數十名艾瑪拉、蓋丘亞族人受傷，一名十七歲少年遭射殺。

班塞爾總統擔心演變成全面革命，下令戒嚴。據說與美國大使館官員會晤後，他宣布貝泰的合同無效。二〇〇〇年四月，貝泰放棄經營科恰班巴供水系統。

科恰班巴人民得悉成功趕走貝泰，欣喜若狂，上街暢飲水，舉杯向艾瑪拉族、蓋丘亞族的新英雄致敬，寫歌頌揚這場勝利是新時代的開端。但不久，他們也陷入了困境。貝泰的人走了，留下來的人經驗不足，無法營運供水系統，而先前的經理人，許多也退休、調離或改行。

該市選出一批新董事，建立一套以社會正義為原則的水公司治理方針。供水公司最重要的目標是供水給窮人，包括沒有自來水的人家，給予工人足夠工資，讓營運有效率，杜絕貪腐。

在這同時，玻國政府仍得和金權統治集團周旋。貝泰不想放掉它的金雞母，而且此例一開，其他國家可能起而效尤，不必抗爭，就能趕走貝泰。貝泰接下來的因應作法——動用旗下某家荷蘭控股公司反擊，充分說明金權統治集團為了達成目的不惜操縱國際法。這家荷蘭子公司援引一九九二年荷蘭與玻利維亞簽署的雙邊投資條約（因為美、玻間未簽這類條約），向玻國人民提出五千萬美元賠償金的訴訟，其中一半將用來補償它所宣稱「投資遭侵占」而造成的損失。

這個集企業陰謀、貪婪、冷血於一身的精彩故事，大體上不見美國媒體報導，但拉丁美洲媒體報得沸沸揚揚。在我上它們網站了解整起事件的發展時，總是想起玻利維亞電力公司的那些人。我想起，玻利維亞最大電力公司（供應總統府和軍方司令部電力的公司）最重要的主管和工程師，大部分是外國人（美國人、英國人、阿根廷人、智利人、祕魯人、巴拉圭人）。我理解到倚賴外籍人士是精心謀畫的計謀，幾乎可保證這家公用事業公司不會被收歸國有。

我還發現，玻利維亞電力公司不再屬於盧卡蒂亞公司。自一九九〇年代初，這家電力公司幾經買賣轉手，而買家清一色是外國公司。盧卡蒂亞等公司以買進公司轉售圖利而著稱。抱著金雞母確是好事，但快速轉手獲取高利更好，特別是這樣可讓當地人搞不清楚狀況。

擾攘不安的情勢，造就出新領導人。莫拉雷斯從原住民社群崛起，這種模式似乎漸成趨勢。他是艾瑪拉族維權人士，加入社會主義運動黨（Movimiento al Socialismo），強烈反對民營化和金權統治集團支持者美化為「自由」或「自由市場」經濟改革的政策。玻利維亞政府將無法保護本國農民、企業，同時被迫接受美國的保護主義壁壘。他痛斥美國推動的美洲自由貿易區，是「為了使美洲淪為殖民地，尋求法律依據」。莫拉雷斯聲望日增，當選了國會議員。

金權統治集團幾乎是立即為他扣上恐怖分子的帽子。美國國務院稱他是「非法古柯的鼓動者」。玻利維亞有個叫「古柯農」（cocalero）的運動組織，是由古柯農組成的聯盟；美國欲剷除玻國的古柯田，便遭該組織抵抗。莫拉雷斯一直是該組織成員，但他指出，早在古柯被拿來製作古柯鹼之前，安地斯山區人民就拿古柯當補品和藥了。古柯茶可治高山症、肌肉痛、飢餓感及其他消化性不適，歷來許多名人，包括教皇若望保祿二世、英國公主安妮都曾喝過。然而莫拉雷斯的國會議員資格，還是在二〇〇二年因恐怖主義罪名被取消；蓋丘亞人和艾瑪拉人指控美國中情局在幕後主導此事。幾個月後，莫拉雷斯議員資格遭剝奪一事就被宣判違憲。

美國大使馬努埃爾・羅洽（Manuel Rocha）警告：「我要提醒玻利維亞選民，如果把票投給準備把玻利維亞再打造成古柯鹼輸出大國的人，將危及美國日後對玻利維亞的援助。」羅洽未嚇阻玻國人民，而是煽動他們。莫拉雷斯宣布，美國大使的談話進一步「喚醒了人民的良心」。社會主義運動黨在全國各地廣貼海報，莫拉雷斯的巨型照片上方印了斗大一行字，問道：「玻利維亞人，誰當家作主？羅洽或人民的聲音？決定權在你們手裡。」

二〇〇二年的總統大選結果，社會主義運動黨的得票率只落後執政黨幾個百分點。莫拉雷斯拒絕承認新總統龔薩羅・桑且斯・德羅薩達（Gonzalo Sánchez de Lozada），一個在美國長大的有錢人。但社會主義運動黨決定認輸，扮演反對黨角色。一如政變失敗後的查維茲，莫拉雷斯的聲望反倒因為落敗而水漲船高。

桑且斯總統對國際貨幣基金、世銀的要求言聽計從。二〇〇三年，他宣布大幅加稅。不難想見，最無力繳稅的人，受害最深。暴動隨之發生，三十人遭殺害。路障、示威，使國家停擺。桑且斯計畫將天然氣廉價賣給美國等國，而不願發送給的玻利維亞人，令原住民怒不可遏。流血衝突再奪走二十條人命。最後，桑且斯不得不逃離出走。如今他住在華盛頓特區郊外，玻國政府要求將他引渡回國受審，美國拒絕。

玻利維亞人公然反抗世銀的要求，擊敗了貝泰這個世上最有權勢的一個組織。如今，這些「原住民」、這些多少世代以來飽受殘酷征服的人之中，莫拉維斯像浴火鳳凰般，從他文化廢墟的灰燼裡升起。

在某方面，我覺得這件事不只對玻利維亞人和拉丁美洲人深具啟示，對貝泰和金權統治集團的其他成員，也是一大教訓；傳達了支持民主、支持正義的心聲，鼓舞玻利維亞、美國、全世界更年輕的一代，往民主、正義之路邁進。

蜿蜒行走於松戈河峽谷時，我常不自覺想起潔西卡那番話。「還好他們沒蓋個大水壩把這峽谷整個淹沒。這裡太漂亮了。」

至於美國的外交政策，以及有次我在巴西見證中情局詐欺的行徑，只有醜陋可言。為反制這批新崛起拉丁美洲領導人傳達的訊息，美國派出中情局，執行欺瞞世人的醜惡任務。

第二十三章 巴西：不可告人的醜事

二〇〇五年一月我到巴西參加全球社會論壇（World Social Forum）時，拉丁美洲已陷入推翻金權統治集團的革命狂潮中。除了查維茲、盧拉、古蒂耶雷斯，基希納、巴斯克斯（Tabar RamVquez）也分別在阿根廷、烏拉圭贏得了總統大選。不管他們之中是否有人屈服於壓力，他們競選時全走民粹主義路子，痛斥美國的干預、外國企業的剝削。北美洲媒體可指控他們是「左派人士」、「卡斯楚友人」，甚至「共產黨」，但在中南美洲，還有非、亞、歐洲，人們知道這些是硬扣上的帽子，與實際情形相去甚遠；這些新總統打起選戰，個個都以民族主義者姿態出現，打出要以國家資源協助人民脫貧的政見。

在智利，也有不尋常的發展。根據報載和最近解密的美國官方文件，證實流傳已久的傳言：尼克森政府與中情局的確和美國企業及智利軍方合作，在一九七三年推翻並暗殺了民選總統阿葉德。阿葉德的「罪行」，在於當選後實踐了智利資源當歸智利人民所有的競選諾言，將外國人掌控的銅、煤、鋼鐵業和六成的民營銀行收歸國有。一如在伊朗、伊拉克、瓜地馬拉、印尼和過去其他許多地方，美國支持性格如同殘暴獨夫的皮諾契特（Augusto Pinochet）將軍取而代之。如今，二十年後，在全球社會論壇上，大家對以下的新聞議論紛紛：美國國會調查員和一名智利法官，已查明皮諾契特在華盛頓的瑞格斯銀行（Riggs Bank）和其他幾家外國銀行有祕密戶頭，存款總計至少一千六百萬美元，皮諾契特本人則因為軍警在他統治期間殺害了兩千人，將被送上法庭受審。

全球社會論壇上還廣為流傳，因反對皮諾契特而死在獄中的某智利空軍將領的女兒蜜雪兒．巴綺蕾（Michele Bachelet），很有可能拿下二〇〇五年智利總統大選。她主掌智利的衛生部、國防部時，已展現精明幹練；她也表明自己是民族主義者，決心挺身對抗金權統治集團。如果她當選，那將表示南美洲有八成以上的人口都投票支持反金權統治集團的總統，即有三億人（約相當於美國人口）把票投給反抗北方帝國的候選人。

全球社會論壇具體而微地說明了橫掃全球的諸多改變。這組織於二十一世紀初創立，回應由政府、企業領導人參與的全球經濟論壇（World Economic Forum）。全球經濟論壇上，政府、企業領導人攜手合作，敲定協議，制定貿易政策，協調有利於金權統治集團的策略。而二〇〇五年一月在巴西阿萊格里港（Porto Alegre）舉行的全球社會論壇，則有來自一百三十多個國家、超過十五萬人參與，討論經濟、社會、環境、政治議題，為行不通的制度擬出替代辦法。巴西總統盧拉、委內瑞拉總統查維茲等多位名人都參加了這場論壇。

瑞典非營利組織哈瑪紹基金會（Dag Hammarskjd Foundation）邀我以「經濟殺手的告白，世人下一步該怎麼做？」為題，在論壇中發表一場定調性演說。主辦單位為這場演說搭了大帳篷。那時，《經濟殺手的告白》一書已賣出多國語言的版權，當時大多尚未出版。但那似乎無關緊要，因為英文版流通甚廣。聽眾坐滿數百張椅子，還從帳篷走道一路站到篷外。演說完，數十人排隊等著拿麥克風發問，發表意見。一名巴西男子猛烈抨擊自己的政府，教我印象特別深刻；他指控盧拉屈服於經濟殺手，背棄競選承諾。他簡短的發言，讓我想起我在厄瓜多也聽到對古蒂耶雷斯的類似指控。

我的演說拋磚引玉，幾個來自非、亞、拉丁美洲的個人前來找我，一方面想多了解我的遭遇和看法，一方面也想把他們的遭遇、看法告訴我。

有個男子，穿著比大部分與會者更高雅，上前遞了名片。他是巴西總統盧拉的貼身幕僚，希望在我飯店附近的小公園跟我私下碰面。「這事請不要聲張，只有你我二人知道。」他補充。

我按照約定時間走向公園，心情有些焦慮，不知道自己哪裡冒犯了巴西政府，一名政府官員這麼私下找上我，約我見面，似乎不太尋常。

我在公園旁站了幾分鐘，試圖放鬆。路上傳來喇叭聲，一輛車子駛過，車裡轟轟放著節奏強烈的刺耳音樂。我彎身聞灌叢的花香，只聞到汽車臭氣。我想起了這個城市的背景。阿萊格里港是工業大城，人口將近一百五十萬，但我認識的美國人絕大多數未曾聽過這城市。我挺直身子，走進公園。

「荷西」坐在樹下一張長椅上，已換下熨過的襯衫和起皺的寬鬆長褲，改穿Polo衫和牛仔褲，臉上戴著過大的墨鏡，看去像隻蜻蜓。頭頂的鬆軟草帽拉低蓋住額頭。我走近時，他起身緊張四處張望，跟我握手。「謝謝你來。」他說。他仍然站著，用標準的英語解釋，如果有人問起他與我會面的事，他會說，他只是想趁《經濟殺手的告白》葡語版問世前，了解我這個人和我的著作。「但最好最好不要有這麼一天。」他再度掃視公園。「誰曉得，現在……」他的聲音愈來愈輕，示意我坐下。「請。」我們並肩而坐。

他問我《經濟殺手的告白》書裡提到的一些人，特別是伊朗人「亞敏」和「博士」。一九七七年，這兩人冒著極大的生命危險，告訴我關於伊朗國王和神學士在將近兩年前決意推翻國王的內幕。我向荷西保證，亞敏、博士的真實身分絕不會曝光。荷西聽了，露出寬慰的神情說，他想把他的看法傳達給美國人，但我千萬不能洩漏他的身分。他歡迎我作筆記，但不能把他的名字寫進去。談話中，他提到我一九六八年大學畢業時，他已經二十六歲。

他看過我的書，很欣賞我揭露內幕。但他說：「那只是冰山一角。我想你一定很清楚，但我還是要說。就連你的書都漏掉真正嚴重的部分。」

荷西描述他老闆盧拉受到的龐大壓力。「不只是賄賂、政變威脅或暗殺，不只是談定交易和捏造經濟預測，也不只是透過永遠還不了的債務來奴役我們。問題還在更裡面。」

他接著解釋，在巴西和其他許多國家，金權統治集團基本上控制了所有政黨。「就連看似反對美國的激進共黨候選人，都不敵華盛頓的壓力而放棄原則。」

我問他怎麼知道這些東西，他笑笑。「我可是閱歷豐富。」他說：「我一直在政治圈混。從詹森到兩位布希總統，我全見識過。你們的情報機構，還有你們的經濟殺手，比你想像得還要厲害。」

荷西描述了學生在天真而不知人心險惡的年紀，如何受誘而誤入歧途。他談到自己年輕時的經歷，談到如何縱情酒色與毒品。「因此即使是反美健將上了台，認為人生到了這階段真想挺身對抗華盛頓，你們的中情局都握有『把柄』可以對付他。」

「用把柄脅迫。」

他聽了輕聲而笑。「可以這麼說，或說那是『現代外交手腕』。當然，不只美國幹這種事。你一定聽過諾瑞加是為何被拉下台，落得在美國監獄裡日漸憔悴的傳聞。」

「我聽說他在坎塔多拉島（Contadora Island）裝了攝影機。」那是惡名昭彰的巴拿馬沿海渡假勝地、讓美國企業家極盡聲色之娛招待政治人物的「安全場所」。我當經濟殺手時去過、也利用過幾次。

「你可聽過誰被那些攝影機拍了進去？」

「傳聞小布希在他老爸當總統時吸古柯鹼、玩變態性遊戲被拍了下來。」在拉丁美洲，有人說諾瑞加拿小布希和他親信這些見不得人的照片，要脅老希布在重大議題上與巴拿馬政府站在同一陣線。老布希於是派兵入侵巴拿馬，擄走諾瑞加，關進邁阿密監獄，作為報復。一九八九年十二月美軍入侵那天，存放諾瑞加機密文件的建築遭到轟炸，付之一炬；結果巴拿馬市兩千多名無辜市民被燒死，跟著陪葬。許多人認為，美國之所以粗暴地攻擊一個沒有軍隊、不構成威脅的國家，只有這個說法解釋得通。

荷西點頭。「由我的職務來看，這些傳言聽來特別真切。我親身經歷過的事，告訴我這些說法絕非空穴來風。」他把頭側向一邊。「你也經歷過。」他停了一下，環顧四周。「而那讓我害怕。」

我問他盧拉是否已被腐化、腐化多久。這問題顯然讓他相當不安。停頓許久之後，他坦承盧拉是這集團的一部分。「否則，他怎能爬上這樣的高位？」但荷西也表示他很欽佩盧拉。「他很務實，知道為了幫助自己人民，他別無選擇……。」然後搖搖頭說：「我擔心他如果太不聽話，華盛頓會想辦法把他拉下台。」

「你覺得他們會怎麼做？」

「就像你們常說的，每個人都有不可告人的醜事。每個政治人物都做過那種一旦曝光就會引人非議的事。柯林頓有陸文斯基緋聞。但她不是真正的問題所在。柯林頓在修改全球貨幣上做得太過火，而且太年輕、太有幹勁、太富群眾魅力了，大大危及共和黨日後的選情。因此，陸文斯基給推上檯面。你不覺得布希私底下也有一些女人？但誰敢談她們？盧拉有不可告人的醜事。如果你們帝國的當權者想拉他下台，就把那些醜事曝光。要幹掉危及美國霸權的領導人，辦法多得很。」幾個月後，與盧拉同黨籍的四名高級官員，在企圖以數百萬美元行賄議員、換取議員選票的指控聲浪中辭職，看來盧拉的政治生涯要因此而結束，我不由得想起荷西的神情。

我問他有什麼辦法可以管住這帝國。他回應道：「這就是我跟你見面的原因。只有你們美國人能改變美國。你們政府製造出這個問題，問題該由你們人民來解決。你們應該要華盛頓當局實踐支持民主的承諾，即使民選領導人將你們腐化人心的企業收歸國有，都要信守承諾。你們得管住你們的企業和政府。美國人民力量很大，你們得認真處理這問題。除此之外，別無辦法。我們巴西人，雙手給綁住，委內瑞拉、奈及利亞人，也是一樣。一切操在你們手上。」

個人著作受到肯定，在全球社會論壇發表演說，讓我興奮自得。但與荷西的一番交談，澆熄了我的興奮之情。漫步於阿萊格里港街頭，我心情愈來愈低落。我想就因為如此，碰上那位自稱是記者的絕美巴西女子時，我比平常更不設防。

第二十四章　卡里尤卡美女

她坐在帳篷裡第一排，就在講台下方。我演講時，很難不注意到她。她赤褐色的頭髮垂瀉到肩部，短裙露出修長雙腿，高高的顴骨說明她有原住民血統，臉上的微笑似乎只為我一人而發。這些特質，讓她在這個以出美女著稱的國家顯得很突出。

演講完，她第一個走向講台，熱情與我握手，並遞上名片。上面印著她的大名貝亞特莉絲・穆恰拉（Beatriz Muchala）、幾家雜誌名稱和一個里約熱內盧的地址。「我一定要採訪你。我得讓我的讀者知道更多。我是西班牙人後裔，在阿根廷出生。」她微笑。「但基本上是卡里尤卡人（Carioca，即里約熱內盧人）。」

她說話的方式，還有用的字眼，讓我起了戒心。卡里尤卡女人，歷來以善於取悅男人著稱。但貝亞特莉絲讓我覺得有什麼地方不一樣。或許她挑選的座位、坐姿和打扮，都別有居心，也或許是太美了。本能要我敬而遠之；我告訴她我的行程已滿。

那天稍後，我想起一位退休的中情局幹員，他曾跟我講起他對柯林頓被彈劾的看法，正符合荷西描述的內情。「金權統治集團擔心這位總統可能削弱他們的勢力，於是派琳達・特里普來毀掉他。」那位退休幹員說：「你也知道，像我這樣的人，一向找『天真單純的人』來替我們做齷齪的工作。風險較小，也不會留下證據。特里普在陸文斯基身上找到她要的天真單純。她告訴莫妮卡：『可憐的比爾在家裡得不到體貼入微的關愛，妳可以幫幫他。』接下來的發展，眾人皆知。」

那天稍後，我與非洲、歐洲的團體見面時，貝亞特莉絲幾次接近我。我仍不為所動。讓人訝異的是，就在我與荷西聊過、漫步街頭，心情因為剛剛聽到的事而迷亂時，竟又與她相遇。她再遞給我一張名片。這一次她沒那麼堅持，或許察覺到我的心情，也或許她發現我的行程並不是那麼滿、還有空出來散步，心裡不太高興。後面這原因讓我的愧疚油然而生。我為何那麼多疑？

那之後，她在我腦海中揮之不去。我覺得與荷西聊過之後，自己應會有所警惕，提防上當。結果倒起了反效果。我心情沮喪、低落。我為拒絕接受採訪而懊悔，和美女一起消磨時光或許正是我需要的。畢竟她是記者，而我來巴西就為傳播我書中的理念。跟她見個面有什麼關係？

得知她在我飯店的服務台留了話，我鬆了一口氣，打電話給她，同意當晚在她飯店和她碰面，在非常公開的地方，飯店大廳。

貝亞特莉絲和我坐在廣場飯店（Plaza Hotel）大門附近。迷你裙已換成名家設計的昂貴牛仔褲。她要求以西班牙文採訪，因為她的英語講得比我的西班牙語差。採訪內容會在阿根廷和巴西兩地刊登，葡萄牙文的部分由她自己翻譯。她跟我談了她在阿根廷成長的背景，我則提到我在布宜諾斯艾利斯的經歷。她還開玩笑說，阿根廷女人在美女雲集的里約熱內盧並不好混。

過了約十五分鐘，她問我可否把談話內容錄下來。我同意了。她從針織大手提袋中拿出錄音機，把麥克風立在我們之間的桌上，問了幾個有關經濟殺手的問題。接著她查看錄音機、倒帶，用耳機聽錄下的話。只見她皺眉，搖搖頭說：「背景雜音太多。」接著又伸手到手提袋裡翻找，拿出筆和筆記本，向我道歉，請我把剛剛的回答再講一遍。

我照做。

採訪結束，她輕鬆地往後靠，嘴裡咬著筆的一端，提起我前幾部談原住民文化的著作。「我的讀者需要更深入了解那些住在我們廣大雨林裡的人。接下來可以談這主題嗎？」

剛好我談經濟殺手也談得有點煩了，有機會談談之前的著作，我樂意之至。她失望地看了一眼錄音機。「我實在很想把這錄下來。」她說：「離開這嘈雜的地方，你看如何？我房間搭個電梯就到。」

這時候我已相信貝亞特莉絲真是要跟我談原住民文化。我佩服她的專業，而我們互開玩笑，氣氛很好。以我的出身，照理該更小心點，但那時我已降低心防。

出了電梯，我跟她走過長廊到她房間，她玲瓏有致的胴體在我眼前晃動，教我無法不注意。她走路的姿態，活脫脫就是讓巴西科帕卡巴納（Copacabana）、伊帕內馬（Ipanema）兩處海灘名聞遐邇的女人的走路姿態，而且高跟鞋、緊身牛仔褲、飄逸的赤褐色頭髮，更添阿娜多姿。

一進房間，她要我在沙發坐下，忙著將錄音機擺在沙發前的小桌上，然後端了一杯葡萄酒給我。我平常除了啤酒，其他酒幾乎不沾，但還是接下。她也替自己倒了杯酒，在我身旁坐下。「我們好好談談這議題。」她說。

回答她問題時，我漸漸察覺彼此身體開始接觸。她坐得更近。彎下身，關掉錄音機，遞上我的酒杯，手指輕撫我的手指。我們舉杯相碰，我看著她小口啜飲，突然想起當天稍早，她獨自一人出現在我的飯店和我與荷西見面那座公園之間的街道上。阿萊格里港這麼大，怎會那麼「巧」？我本能覺得有問題。我很確定，貝亞特莉絲的動機不只是和一位暢銷作家上床。她啜飲酒時，眼睛盯著我。我放下酒杯，一滴也沒喝，因為我不確定酒裡有沒有下藥。

「我年紀大得可以當妳父親了。」我往房間四處瞧了一下，搞不好裝了隱藏式攝影機。「而且我已婚。」接著起身。

「在巴西，我們有這樣的說法：年紀較大的男人懂得如何取悅女人；已婚男人則較謹慎。」

「我得走了。」我說。

「還早吧。」

我往門口走去。「希望今晚過後我們仍是朋友。」

她起身走向我。

我打開門。「經濟殺手訪談出刊後，麻煩寄一本給我。」這時候我退出了房門。

「你如果改變心意，可以打電話來。」她笑得很甜。「我整晚都在。總之，我會寄一本給你。」

但她從此沒有回音。

第二十五章——迎擊帝國

從巴西回來不久，巴西鄰國玻利維亞的政治鬥爭進入新階段。桑旦斯遭罷黜後，由卡洛斯・梅薩（Carlos Mesa）接位。從最樂觀的一面看，梅薩軟弱；從最悲觀的一面看，梅薩與金權統治集團狼狽為奸。莫拉雷斯的社會主義運動黨和原住民組織要求取得土地所有權，補助窮人炊煮用的燃料，將石油、天然氣產業收歸國有。

我看到網路上的大量報導，與拉丁美洲的友人交談時，腦海裡常常浮現男女老幼排成長長人龍，站在冰冷雨中等著繳電費的畫面。他們這時在想什麼？他們一直那麼溫順、受壓迫，就像西班牙殖民時期在錫礦坑工作的奴隸。但他們已被點醒，不想再當順民，湧上了街頭。他們衝進水公司的辦公室，包圍了總統府，挺身對抗世銀，抗拒金權統治集團，激怒史上最強大的帝國。他們為反抗大業而捐軀。這一切，孰令致之？

這類問題總是有一堆答案，但就眼前的玻利維亞，其中一個答案特別重要，那就是莫拉雷斯。當然，他只是這新運動背後的幾位領導人之一，但他當上了國會議員，之後宣布出馬角逐總統大選。最重要的是，他具有象徵性，也是催化劑。就像喬治・華盛頓、西蒙・玻利瓦爾（Simón Bolivar）和他之前所有偉大的領袖，莫拉雷斯既善於行動又具遠見。他是玻利維亞的希望所寄，也是我們其他人的希望，因為他的崛起體現了我們共同的夢想：在情勢嚴峻的危機時期，會有一個人出來引領人民走出黑暗，邁向光明。

莫拉雷斯的崛起，大大受惠於另一位現代拉丁美洲領袖，委內瑞拉總統查維茲。查維茲就像漫畫裡持槍對決的牛仔，挺身對抗全球最有權勢的統治者，直到對方認輸。查維茲、莫拉雷斯會受到愛戴，也是因為有難以計數的拉丁美洲人認為小布希並非合法選出的民主國家代表，而是操弄選舉而選上的獨夫。如果說偉大的領袖需要敵人，他們兩人都有敵人。

另一個國家的事件也使莫拉雷斯聲勢大漲。雖然原因大不相同，厄瓜多的政局朝有利於艾瑪拉族領袖的方向發展。厄瓜多人民指控總統古蒂耶雷斯與經濟殺手狼狽為奸，要求他下台。二○○五年四月二十日，基多的國會議員表決通過革除古蒂耶雷斯職務，讓副總統艾佛雷多・帕拉錫歐（Alfredo Palacio）宣誓暫代總統一職。

厄瓜多新總統上任不久，即表明前任總統的違法亂紀，源自於他迎合國際貨幣基金、世銀、華盛頓、華爾街的要求。古蒂耶雷斯遭罷黜兩天後，《紐約時報》報導，帕拉錫歐和底下的經濟部長拉斐爾・科雷亞（Rafael Correa），批評前任總統「與國際放款機構關係密切」，「將四成的國家預算用於支付債務利息，很不道德。」並指出「他主掌的新政府可能會重新考慮正與美國進行的貿易談判方向」，並引用帕拉錫歐的話說，他「希望挪用償還國債的石油收益，來支付社會支出」。

在玻利維亞，莫拉雷斯將厄瓜多的情勢視作為他的政策背書、安地斯山地區準備變革的另一個跡象，而且證明他這種背景的人（現代物質標準下的窮人）準備當家作主了。美國官方對他的反應充滿敵意，但從拉丁美洲的觀點來看，那正代表他打到了美國的痛處。《紐約時報》反映華盛頓的立場，作如下報導：

在小布希政府眼中，莫拉雷斯若選上總統，可能會使反毒戰爭遭嚴重挫敗，美國可能因此撤銷數億美元用以援助反毒、經濟、開發的經費。

玻利維亞人和其他拉丁美洲人知道，白宮和美國主流媒體將無所不用其極地抹黑他。這招或許可騙過美國選民，但在玻利維亞只會引來反效果，一如美國大使羅洽先前說莫拉雷斯這類候選人當選、美國就會收回援助所激起的反應。

我在美國一場有拉丁美洲留學生參加的宴會上，聽到一則笑話。

「誰是查維茲的頭號宣傳高手？」（停頓一下）「小布希。誰是莫拉雷斯的頭號宣傳高手？」

「小布希？」

「不，他是第三號。《華爾街日報》和《紐約時報》更勝一籌。」

第二十六章 志趣相投

在許多拉丁美洲人眼中，莫拉雷斯是反金權統治集團、支持窮人運動的代表。他穿著傳統安地斯山區的羊毛套衫、披風、毛線帽，敢於誇耀他寒微的出身。他毫不掩飾地向世人宣揚他民族的偉大，聲稱他們當了數百年的順民，不表示他們現在不願為自己的土地和尊嚴而戰。受剝削不等於矮人一截。物質貧困不代表道德低落。

他宣布出馬角逐總統寶座，承諾當選後要和一心掠奪資源的外國企業周旋到底，不甩美國要他國家摧毀古柯田的要求。他強調這植物在加工製成古柯鹼、運到玻利維亞境外，才構成問題。他堅持解決毒品問題應從消費端下手。

二〇〇五年十二月，莫拉雷斯獲得壓倒性勝利，成為玻利維亞第一位印第安人總統。他立即宣布自行減薪一半，訓令所有內閣官員薪水不得高過他，將省下的錢用來增聘公立學校老師。他的副總統阿巴羅・嘉西亞・利內拉（Alvaro Garcia Linera），在玻利維亞的反金權統治集團革命運動中擔任游擊隊領袖，蹲過四年牢，在墨西哥時主修四年數學，然後在拉巴斯的市立聖安德烈斯（Mayor de San Andres）大學擔任社會學教授。拉巴斯人稱頌他是知識分子和政治分析家。另外，司法部長是女性，女僕出身；參議院領袖是鄉下老師。莫拉雷斯雖屬原住民，但他表示，凡是玻利維亞的窮人和遭剝奪公民權者，不管住在城市貧民區，還是安地斯高山上、叢林深處，都是他施政的對象。

美國主流媒體公開欺騙美國人，發起宣傳戰，把莫拉雷斯抹黑成「共黨分子」和「卡斯楚代理人」，手法讓人不安地想起美軍入侵瓜地馬拉前，媒體界對瓜國總統阿本斯發起的宣傳戰。

二〇〇六年一月，莫拉雷斯當選次月，貝泰打官司控告玻利維亞。

不到四個月，二〇〇六年五月二日，莫拉雷斯下令軍隊占領境內油田和天然氣田，收歸國有。他要求那些企業高階主管在一百八十天期限內，與玻國政府重新協商現有合同，並宣布：「外國公司的劫掠到此為止。」他要求外國企業的收益分配比例不能再是八成歸它們，兩成留給玻利維亞人，而是相反的分配比例。

有人認為玻利維亞這一舉動大大偏離了拉丁美洲的統一戰線，指出巴西、阿根廷從玻國進口大量天然氣，受到的衝擊會最大。但委內瑞拉總統查維茲極力為莫拉雷斯辯護，表示「我們支持與委內瑞拉走同樣路線的玻利維亞。我們已將自己的天然資源和豐富礦藏收回，那過程漫長且艱鉅，甚至讓我們付出一場未遂政變的代價。我深信（在玻利維亞）一切都會圓滿收場。」

莫拉雷斯本人清楚闡明他的政策；他支持民族主義；至於拉丁美洲對抗美國，他也支持統一戰線；他反對企業剝削，不管那家企業的總公司設在哪裡：

我們要捍衛天然資源。如果說過去玻利維亞是無主之地，現在它已有明確歸屬，它是玻利維亞人的土地，特別是土生土長原住民的土地。民營公司、石油公司、跨國公司，如果想來這裡且願意尊重玻利維亞法律，我們很歡迎……。但不想尊重玻利維亞法律的公司，不想受這國家、法律管束的公司，可能會倒大楣！

二〇〇六年一月，蜜雪兒‧巴綺蕾以強調自決的政見贏得智利總統大選，代表智利也走上阿根廷、玻利維亞、巴西、厄瓜多、烏拉圭的路子。身為智利史上第一位女總統，她立即實踐競選諾言，讓內閣部會首長一半由女性擔任。

這些領導人的反霸權作風，可以上溯到過去勇敢反抗帝國的國家領導人，但在二十一世紀頭十年，反霸權的形態有了改變，進而影響全球。

從來沒有這麼多選民，將極力捍衛人民權利、抗拒美國金權入侵的領導人，同時送上最高領導人寶座。歷史上，從來沒有如此波瀾壯闊展現對最窮人民（包括城裡鄉村的最窮人）或原住民的支持。從沒有被殖民國家，向殖民者發出如此強力而一致的心聲。在西半球未曾發生過，在非洲或亞洲也沒有過。中東雖然也反抗帝國宰制，抗爭行動卻讓自己人慘重死傷。相對地，這場拉丁美洲革命不只以驅逐外國剝削者為目標，還是具建設性的運動，追求社會平等、自由和社會改革。大體而言，過程平和，影響擴及全球，而且漸漸成為榜樣。完成了具體目標，鼓舞五大洲的人民。

這些新選上的總統，還展開西半球史上一項前所未見的行動，他們同意互援互保。透過共識而非單一領導人的指導（例如玻利瓦爾叱吒風雲的時代），加強對抗國際貨幣基金、世銀、美國政府的立場，並將自衛納入行動。巴西、阿根廷、智利、祕魯、委內瑞拉等國家，帶頭將軍方的職責由保護跨國企業改為保護國家免遭外國入侵，而且開始認真討論廣泛軍事合作的可能。

除了加強彼此關係，拉丁美洲國家還開始積極與印度、中國及其他對美國建立帝國之舉同樣不信任的國家往來。二〇〇五年十一月，中國國家主席胡錦濤進行了一趟深具意義的中南美洲之旅，走訪了阿根廷、巴西、智利、古巴，與墨西哥總統福克斯（Vicente Fox）、祕魯總統托雷多（Alejandro Toledo）舉行了雙邊會談。在一些原被視為美國地盤的地區，中國企業已悄悄將美國企業驅逐。一家中國公司實質掌控了巴拿馬運河兩端的「碇泊港」。中國和巴西在一九九八年聯手展開地球資源衛星計畫。華盛頓方面試圖談定有利於美國企業的貿易和約，結果遭到拉丁美洲諸國領袖一再抗拒，而中國主動示好，拉丁美洲反而欣然接受。以中國可能成為新崛起帝國的角度來看，這或許有違他們的反帝初衷，但拉丁美洲人心裡清楚，中國與美國不同。中國未曾干預他們的事務；今日的中國，類似六、七、八〇年代的蘇聯，被視為制衡美國勢力、抵抗美國侵略的保護者。

拉丁美洲廣派使者到全球各地，反映他們促進對外貿易的決心；但那也是反金權統治集團運動的一部分，清楚表明我們南方的鄰邦決意反抗美國霸權。

華盛頓公然宣示的政策和暗地從事的活動，理所當然讓拉丁美洲人擔心美國干預。幾位豺狼找上我，表示要「洗心革面」、坦承最近的罪行時，我清楚體會到這點。

第二十七章　暗殺史

那位總統選上兩天後，我走進他的辦公室向他道賀。

他坐在大書桌後面，對我咧著嘴傻笑。

我把左手伸進茄克口袋，說：「總統先生，我帶了幾百萬美元給你和你的家人，但請你照規矩辦事。你是明眼人。好好對待我那些經營石油公司的朋友，好好對待你的山姆大叔。」然後我走上前，把右手伸進另一個口袋，彎身在他的臉旁低聲說：「我帶了一把槍，還有一顆上面有你名字的子彈，以免你突然想實現你的競選諾言。」

我後退坐下，念了一小串名單給他聽，全是因為反抗山姆大叔被暗殺或推翻的總統：從吳廷琰到杜里荷。一貫的說詞，你清楚得很。

他懂了我的意思。

我們人在佛州棕櫚花園鎮（Palm Beach Gardens）的「水道咖啡館」。布雷特

（Brett）啜了一小口啤酒。「就是這樣。」他說，然後轉頭看一名比基尼金髮女郎跳上停在咖啡館旁的船隻。「差不多就是這樣。」

布雷特最初找上我時，自稱是豺狼，想「談談厄瓜多和其他拉丁美洲國家」。他不願透過電話或電子郵件詳談，於是我們在我家附近的海灘碰面，後來又在幾家餐廳碰過面。他仍在幹經濟殺手，不願曝露身分，但那些雇主的心態讓他心痛。「太傲慢，而且腐敗。應該讓人民了解自己選出的是什麼樣的官員，了解他們的心態是如何讓許多老朋友變成了敵人。」他坦承自己「一年賺五十萬美元左右，免繳稅」。據他說，他生長在一個古巴家庭。卡斯楚推翻巴提斯塔（Fulgencio Batista）之後，他家損失了幾百萬美元；他很怕共產主義，因此加入經濟殺手的行列。他難過地說：「如今共產黨沒了。我仍在幹這一行，還他媽的幹得很出色。華盛頓那些混蛋把形象搞得那麼壞，我實在無法接受。」

布雷特的外表和言談，無一不符合經濟殺手的形象。留平頭，體格健壯，長得像警察，與南亞大海嘯後在印尼災區主持安全行動的尼爾不同類型。他精確描述的人和地，包括一九七〇年代初他剛入行時的巴拿馬、杜里荷，與我的記憶吻合。當他談起當時的英勇事蹟，我不由得想起當年幹經濟殺手的日子。他不願指名道姓說出他威脅利誘的那位總統是誰，只說他最近的任務是讓一名當選的領導人不要實現政見，並說這樣的事他幹過幾件，希望我把那件事當案例寫出來。

他說的，我一點都不驚訝。我始終在懷疑那七國的總統大都被我那些經濟殺手學弟找上門談過了。幹經濟殺手的人埋伏在權力中心已有一段時間，可能是世銀職員，可能是美國大使館或美國國際開發總署的職員，也可能是顧問，但總統渾然不知。直到大選過後，才露出真面目。

有時，心存懷疑者告訴我，他們知道真有暗殺，但為何他們該相信像布雷特這樣的經濟殺手存在。這時，我指出再明顯不過的道理。正常人欲對付一國元首時，絕不會未先試圖說服，就把他暗殺掉。不管是哪個政治人物或中情局幹員，都不會這樣幹。就連最心狠手辣的黑手黨也不會。那樣風險太大、太棘手，也容易出差錯。向來是先派使者誘之以利，行不通，再以政變或暗殺威脅。

我奉派出類似任務時，沒布雷特那麼明目張膽。我一向認定政府辦公場所都會監聽。作法雖然不同，要傳達的意思一樣。被我們盯上的總統，只有兩條路可走：跟我們合作，保住權位，發財；不合作，就會被拉下台，死活難料。

委內瑞拉總統查維茲在廣播上談及他本人與經濟殺手、豺狼打交道的事。英國廣播公司報導了他這場談話：

這位總統提到約翰‧柏金斯所寫的《經濟殺手的告白》一書，說那些經濟殺手曾找上他。如果他同意讓美國在其領空從事偵察飛行，讓美國顧問進駐，他就會得到國際貨幣基金的資助……。他拒絕了他們的提議，但那些經濟殺手仍不死心，試圖透過「軟弱」的政府官員、議員，乃至他身邊的軍官施壓。查維茲說，就像柏金斯在書裡所說的，經濟殺手任務失敗後，豺狼開始介入，策畫發動政變、暗殺。「我們已擊敗經濟殺手和豺狼。如果他們還不死心，我們會再把他們擊退。」他加強語氣，受到群眾的喝采。

古蒂耶雷斯總統下台後，幾位厄瓜多記者找上我。我談到我與布雷特的談話，暗示他們的前總統大概給這樣的人找上過。在這些訪談中，只要有機會，我就指出我的目的不在批評任何拉丁美洲政治人物，而是要求美國人民促請美國政府、企業千萬不要再阻撓民主。

這幾場訪談，至少有一場的內容刊登在厄國報紙上。二〇〇六年三月三日，我收到比爾‧特威斯特（Bill Twist）的電子郵件。他是非營利組織帕恰瑪瑪聯盟的會長，而我是該組織的理事。他隨信附上一封該組織厄瓜多辦事處職員的電子郵件，以及基多日報

《商報》（*El Comercio*）的一篇文章，題為「古蒂耶雷斯控告柏金斯誹謗」（二〇〇六年三月一日）。那位職員的電郵概略介紹了那篇文章：「約翰受訪的文章……在這裡引發了軒然大波！……在今日的《商報》上，古蒂耶雷斯所屬政黨的主席宣布，前總統將以誹謗罪名提出刑事訴訟。這件事吵得沸沸揚揚，因為正值選舉，古蒂耶雷斯的新政黨，存亡就看這次選舉結果。」

《商報》打電話來希望作後續採訪。我向那位記者強調我的信念：我無權涉入厄瓜多政局，我從來無意抹黑古蒂耶雷斯，我的目的毋寧是想讓美國大眾相信美國政府和企業常常逾越權限。我們美國人必須要求他們停止如此濫權的行為。我說，我沒有證據證明經濟殺手找過古蒂耶雷斯，但我個人過去曾施壓過政府官員。

古蒂耶雷斯未再找我麻煩。但由於《經濟殺手的告白》一書和《商報》的幾篇文章，美國軍方幾名成員找上我，談及美軍為了入侵委內瑞拉在舉行哥倫比亞境內的軍事調度行動。他們和布雷特一樣，深深憂心美國走的路子；他們不敢曝光，但希望美國人聽聽他們的經歷。

西半球的反金權統治集團運動進行得如火如荼之際，哥倫比亞置身事外，惹人注意，至今仍扮演美國代理人的角色。靠著美國龐大金援和企業出資成立的傭兵部隊，加上美國公開的軍事援助，哥倫比亞已成為華盛頓重新稱霸拉丁美洲的行動大本營。

拉烏爾・錫貝奇（Raúl Zibechi）是烏拉圭蒙特維多市（Montevideo）《影響》（*Brecha*）週刊的編輯委員，在拉丁美洲方濟綜合大學（Franciscan Multiversity of Latin America）任教。他指出，哥倫比亞如今是全球第四大美國軍援受益國，僅次於以色列、埃及、伊拉克（美聯社則列為第三）；波哥大的美國大使館是全球第二大，僅次於伊拉克的美國大使館。他和其他分析家斷定，華盛頓正在打造一支南美統一部隊。這支部隊由五角大廈指揮，等於是擬議中的美洲自由貿易區的軍事版，總部設在哥倫比亞。

找上我的兩名陸軍二等兵和一名少尉，證實錫貝奇教授所言不假。他們肯定表示，他們駐紮哥倫比亞的真正目的，就是把勢力伸入拉丁美洲，並訓練拉丁美洲士兵成為美國統率的「南美統一部隊」（三人中有兩人用了這字眼）的一部分。

「我們在哥倫比亞的所作所為，只是讓毒品業更壯大。」那名少尉告訴我：「你想那裡的情勢為什麼愈來愈糟？因為那正是我們的目的。我們在幕後支持毒品走私。中情局在亞洲金三角，以及伊朗—尼游事件期間在中美洲、伊朗扮演的角色，一如英國在中國賣鴉片的角色。古柯鹼為地下活動提供了數十億美元的非法資金，讓我們有藉口強化軍力。事情就是這樣。在那裡，全是像我這樣在正規部隊服役的人，目的是保護石油和入侵委內瑞拉。反毒只是煙幕彈。」

一名前美國綠扁帽特種部隊軍官告訴我，有支傭兵部隊正在靠近委內瑞拉邊境的圭亞那境內集結。那些人全是作戰經驗豐富的傘兵，一邊接受叢林戰訓練，一邊學習西班牙語。

「我們在阿富汗、伊拉克打仗。沒有叢林，也不講西班牙語。所以訓練那批人用意何在？你想哪裡有大片叢林？委內瑞拉，而且委內瑞拉講西班牙語。在圭亞那，除了我這樣的人，美國、英國、南非傭兵，還有一些出身拉丁美洲軍隊的人。那些人絕大多數在西半球保安合作中心（Western Hemisphere Institute for Security Cooperation）受過訓練。」

這個機構專門訓練拉丁美洲士兵作戰、鎮暴、審訊、拷問、暗中偵察、通信、暗殺的技巧，前身就是美洲學校。拉丁美洲最惡名昭彰的將軍和獨裁者，有一些就是從該訓練中心畢業。美洲學校座落於巴拿馬運河區，後來在杜里荷堅持下搬走。杜里荷死後，諾瑞加不願讓美洲學校遷回，他後來會被美國列為「通緝要犯」，這也是原因之一。杜里荷和諾瑞加都在美洲學校受過訓，兩人都清楚它作為反民主機構，影響力有多大。該機構後來搬到美國喬治亞州的班寧堡，二〇〇一年改名，以化解日益升高的批評聲浪。

某天早上，正值《商報》文章引發爭議期間，瑪塔．羅爾多斯（Marta Roldós）從厄瓜多發電郵給我，說她希望來美國跟我談談她父親的死。羅爾多斯當厄瓜多總統時，拒絕了我和其他經濟殺手的利誘，於一九八一年五月二十四日墜機死亡。根據新聞報導，他的座機撞山，但消息可靠人士證實了我的看法：那並非意外，他被中情局暗殺了。我在《經濟殺手的告白》裡寫道：「除了華盛頓和石油公司痛恨他，似乎還有許多事實支持這個說法。」瑪塔說她想談談那些事。

二〇〇六年三月十六日，她飛到邁阿密，驅車往北，到棕櫚灘郡我家附近的餐廳跟我碰面。我女兒潔西卡（這時已二十三歲）跟我和她在餐廳的戶外中庭聊了幾小時。瑪塔說她這趟來美，主要想為羅爾多斯圖書館的成立前來尋求援助。這間圖書館是為了紀念這位受人民愛戴卻在任內慘死的總統而設立，在她國家，這還是頭一遭。「就像約翰．甘迺迪圖書館。」她滿臉笑容，偷偷告訴我，圖書館將收藏與她父親之死有關、但從未曝光的資料，還說：「我堅信那是暗殺。座機駕駛是空軍最優秀的飛行員之一，而且是我父親的朋友。他有家庭小孩，很喜歡我母親，我母親也在飛機上；他絕不會像報導所寫的做什麼傻事。與媒體報導相反的是，那架飛機預定飛行的路線，就厄瓜多的標準來看，不算難飛，天氣一點也不糟。飛機偏離路線，教人難以理解。」

瑪塔接著說到當時未公諸於世的細節。墜機後，墜機地點立即封鎖；當地警方不得入內，只有厄瓜多及美國軍方人員可以進入。兩名重要證人，原定出席飛機失事原因聽證會作證，但出席前車禍身亡。飛機其中一顆引擎送到瑞士實驗室檢測，發現該引擎在「撞山前」已停止運轉。悲劇發生那天，瑪塔只有十七歲。父母雙雙死於那場空難，讓她整個人崩潰，多年無法平復，無法採取行動查明墜機原因。到了她四十一歲時，她體悟到父親就是在這個年紀去世的，她該揮別傷痛，有所作為。

「你在你的書裡談到，」她接著說：「我父親的死對杜里荷的衝擊。我知道那確是如此。我丈夫是杜里荷的侄子；我們的女兒十歲了。我父親遭暗殺，讓杜里荷終日提心吊膽。他告訴我丈夫和其他許多人，他會和我父親一樣被幹掉。他說他已經準備一死，因為他將巴拿馬運河收回來，把美洲學校趕出巴拿馬，心願已了。」

一九八一年七月三十一日，羅爾多斯墜機死亡兩個多月後，杜里荷墜機身亡。

與瑪塔告別回到家，我把和她談話紀錄打進電腦。我請潔西卡看過，詢問她的意見，擱上一星期，拿出來再看一遍。確信瑪塔回到厄瓜多後，我用電郵把這份檔案寄給她。沒收到回音。再寄幾次，仍無下文。六月，我和太太兩人到新英格蘭的住所避暑。我從那兒發了一封短信給瑪塔，請她確認她給我的信箱正確無誤。她回答：「沒錯，那是我的地址。」我再度把我們的交談紀錄傳給她，問她是否有地方需要增補或修改。這次又沒回音。約兩星期後，我打開信箱，看到一封從她信箱寄來的信。我興奮地打開，結果那是厄瓜多某劇院的節目表！收到的人不只我一個。我按下「回覆」鍵，再次問她對我打好的談話紀錄有何意見。還是沒有隻字片語。

二〇〇六年六月十一日，我受邀到麻塞諸塞州北安普頓（Northampton）附近一所高中向畢業生演講，結識了該校西班牙語老師胡安・卡洛斯・卡皮歐（Juan Carlos Carpio）。他是厄瓜多原住民，舅舅海梅・迦拉薩・薩巴拉（Jaime Galarza Zavala）博士是厄瓜多備受敬重的知識分子，著有《誰殺了海梅・羅爾多斯》（*Who Killed Jaime Roldós*）等大作，這時擔任厄瓜多埃爾奧羅省（El Oro，厄國最大的香蕉出口地區）厄瓜多文化館（Casa de la Cultura Ecuatoriana，厄國最重要文化機構之一）的館長。二〇〇六年八月，胡安・卡洛斯來電，說他舅舅要來紐約開會，想跟我見個面。

八月十四日，我和太太溫妮芙瑞開車到北安普頓的拉卡綏拉（La Cazuela）餐廳。走進餐廳，我看到胡安・卡洛斯和他舅舅。那天是星期天晚上，餐廳裡客人很少，他們卻選了角落的餐桌，遠離其他用餐者。我不知道那是巧合，還是有意避開旁人。

聊了一會，迦拉薩博士告訴我，《經濟殺手的告白》一書在厄瓜多很轟動，幾乎買不到。「書一送到書店，就有人搜括一空。」他露出苦笑。「我有些書，包括寫羅爾多斯遭暗殺那本，也碰上同樣情形。我把中情局、以色列政府、厄國軍方高層及右翼政治勢力全寫了進去。他們全是這場暗殺的共犯。」和羅爾多斯一樣，迦拉薩博士曾在瓜亞基爾大學（University of Guayaquil）當教授，「與羅爾多斯交情很好。」他說，羅爾多斯選上總統後，曾私下跟他表示，擔心自己遭暗殺。然後，他說他準備告訴我一件事，我可能會覺得很有意思。

「一九八一年五月，羅爾多斯搭機到休士頓，與石油公司高階主管舉行祕密會議。有幾名政府高級官員隨行。他認為其中一人替石油公司工作過，談判時應是得力助手。」迦拉薩博士難過地搖了搖頭。「他真是大錯特錯。總之，會就這麼開了，只有厄瓜多人和美國石油公司的人參加。石油公司的人堅持不得公開。沒有記者，沒有聲明。羅爾多斯競選總統時承諾加強約束石油公司，美方心知肚明，仍提案要求他延續和前任政府談定的條件，強調和其他國家也有同樣協議。他們的公司負責初步探勘，厄瓜多則用美元或原油支付探勘費用。

「羅爾多斯明確地告訴他們，用美元支付龐大探勘費，他沒意見，但他不想用原油支付。他說：『我打算在國內建造石化廠區，讓人民享受附加價值。我們想把原油留在國內。』那些高階主管聽了很不高興。那不是他們和前幾任政府的協議，而且和他們的全球政策背道而馳。討論氣氛變得很火爆。據羅爾多斯後來告訴我，場面搞得很難看。最後他再也受不了，起身離席，心想其他厄瓜多人也會跟離席，結果他們並未跟進。

「我們的總統、我的朋友飛回基多，與最親信的顧問召開會議。他們表示他處境很危險，有生命危險，但他未因此卻步，繼續大聲講話。他上電視台，說除非外國公司施行有助於厄瓜多人民的計畫，否則就要將那些公司收歸國有。他在阿塔瓦爾帕奧林匹克體育館（Atahualpa Olympic Stadium）演講，從國家主權到照顧國內人民，特別是窮人，談了一大堆。不久之後，他和太太搭上小型座機前往某地，竟踏上黃泉路。一九八一年五月二十四日，那場休士頓祕密會議不到一個月，他們夫婦墜機身亡。羅爾多斯絕對是遭到暗殺。」

我們四人坐在麻塞諸塞州那家餐廳，不發一語，陷入沉默。我想起第一次見到羅爾多斯他給我的印象。那是在基多市某場歡迎會上，他的活力、魅力、幽默、決心要讓厄瓜多擺脫西半球最窮國家之列的精神，讓我印象深刻。最後，我轉頭面對迦拉薩博士，告訴他我三月時曾和羅爾多斯的女兒瑪塔見過面。我概略轉述她的部分說法，與他的暗殺看法不謀而合。

迦拉薩博士轉向他的外甥。「你說，奇不奇怪？我們總統在自己國內墜機身亡，我們警察卻被擋在墜機地點外面。美國當局人員可以進去，厄瓜多警方調查人員卻不行。這是什麼道理？」

我提到與瑪塔見面後，幾次以電郵聯絡都沒有回音。「我想讓她看看我與她談話的紀錄，問她是否有要增補的地方，她都沒回覆。」

他笑說：「她不會回的。她叔叔萊昂（León），也就是羅爾多斯的弟弟，現正在競選總統。你們談過之後，瑪塔也決定出馬競選公職。你也知道，自她父母死後，她和她弟弟把萊昂當成養父一般。他們全受到心理創傷，受驚、害怕，這樣的反應不難理解。你們和瑪塔碰面後幾個月，厄瓜多發生了許多事，現在情勢混亂。古蒂耶雷斯下台，由副總統帕拉錫歐繼位，而帕拉錫歐行事矛盾。每個人都不知道別人的立場，像萊昂、瑪塔那樣的人心裡很害怕。他們知道羅爾多斯暗殺事件背後牽涉很大的全球性利益。現階段她不會跟你談這些事的。」

第二十八章　拉丁美洲的教訓

二〇〇六年十二月，我受邀到玻利維亞。自由電影製片廠（Cinema Libre Studios）的腓力浦・狄亞斯（Philippe Diaz）、貝絲・波特洛（Beth Portello），邀我加入他們正在拍攝的一部紀錄片。這部片探討的是貧窮根源，我正好可趁這機會，了解莫拉雷斯上台一年後玻利維亞人對他的看法，於是欣然應往。我讀過這位總統的許多演說和訪問報導，但這下子我有機會聽聽支持他和反對他的意見。

我訪談的當地人包括店家老闆、計程車司機、服務生和餐廳老闆、無地農民、前礦工、罷工將前總統桑且斯拉下台的人、與原住民人權鬥士關係密切的著名女演員卡拉・奧蒂斯（Carla Ortiz）、一名看著兄弟被軍人的槍枝打傷痛苦而死的男子。我還透過視訊訪談了一些人，包括支持莫拉雷斯的政府官員、滿腹牢騷的生意人，以及目前領導反對黨對抗莫拉雷斯、外號「圖圖」（Tuto）的前總統拉米雷斯（Jorge Quiroga

Ramirez）。

我發現這位新總統面臨重重挑戰。商業界和上層階級大多不願讓他的經濟和社會改革如願。支持他的人，包括原住民社群，則希望大刀闊斧廢除行之數百年的政策。我毫不懷疑，除了國內壓力，莫拉雷斯還受到經濟殺手的威脅利誘。他一定知道有豺狼在暗處虎視眈眈。

有天下午，我坐在總統府大會客室裡與副總統利內拉聊天。我那時已了解莫拉雷斯負責公開亮相，宣示政策，副總統則是幕後實際掌權者，負責將政治辭令化為政策。

這房間簡直是馬德里皇宮的翻版。天花板有兩層樓高，三個各具特色的會客區，各擺設了成套的十八世紀法國巴洛克式椅子、沙發、波斯地毯。我就在這個為國王設計的大廳裡，晉見一個以打游擊聞名、在牢裡蹲過四年的人。

利內拉的外表更突顯這場景的突兀。他身材瘦小，穿著熨過的黑色寬鬆長褲、領口敞開的黑襯衫、合身的灰色運動茄克。他優美的雙手看來更適合彈鋼琴，而不適合拿革命分子的步槍。

詳談過玻國的官方政策後，我們談起玻利維亞扮演讓其他國家起而效尤的角色。

「要讓每個人自由，否則沒有人自由。」這位副總統說：「為了讓你我的國家人民有安定生活，我們一定得讓全世界每個人都有安定的生活。」他說他所謂的「後資本主義社會」，就是讓每個人都享有小康生活的社會。「政府不應再為有錢人和大企業服務，必須為所有人，包括很窮的人服務。」

在玻利維亞幾天，我訪問的人全異口同聲說道，政治變革襲捲整個拉丁美洲，他們從此告別了舊世界。「過去我總覺得自己身為艾瑪拉人很見不得人。」有個婦人告訴我：「如今我不再這麼覺得。莫拉雷斯已讓我們抬起頭。」

「我們再也不要受到奴役，」她丈夫補充說：「再也不受西班牙裔大莊園主或美國企業的奴役。」

但情勢也出現較令人悲觀的一面。許多莫拉雷斯的支持者擔心他已屈服於華盛頓的壓力，把競選承諾擺一邊。「他完全不是查維茲那樣的人。」我常聽到這樣的評語。他的政敵同樣擔心他當上總統後變得樂不思蜀。他們認為查維茲野心勃勃想成為整個拉丁美洲的龍頭老大，而莫拉雷斯正任由自己成為查維茲遂行野心的踏腳石。「先是玻利維亞、厄瓜多，再來是祕魯和哥倫比亞。」有個人私底下跟我說：「查維茲想掌控南美洲所有的石油和天然氣，他自認是現代玻利瓦爾。」

我在總統府迎接新年的到來。快午夜十二點時，莫拉雷斯一派悠閒走了進來。先前他承諾在二〇〇七年元旦召開記者會，概述新的施政藍圖。他走到電視台攝影機前的時候，我匆匆掃視這棟富麗堂皇的大樓；看了與會的記者群裡面有位英國《經濟學人》雜誌的女記者，有「美聯社」的男記者，還有多位拉丁美洲各國的記者。莫拉雷斯看來很疲累。這個出身寒微、舉世矚目的人物，如今一個人站在那裡，不知道是什麼心情。有一件事似乎可以確定：他做這個總統不會輕鬆。

二〇〇七年元旦從拉巴斯飛回邁阿密途中，我想起一九九二年在瓜地馬拉與佩佩打交道的事。這時候看來，那段經歷的意義重大，遠非我當時所能體會。那時我代表美國某企業前往瓜地馬拉，評估剝削馬雅人資源的機會，但那時我也和一個協助馬雅人保護自己土地、維繫自己文化的非營利組織合作。我未充分領會自己的雙重角色，也不理解自己人生的矛盾——正反映祖國的矛盾。

如今，我搭上從玻利維亞起飛的班機，一如十五年前，我要回到一個口口聲聲說尊重人權卻崇尚拜金主義的國度。那拜金主義建立在對其他地方工人的剝削之上。我居住的國家，人口不到全球百分之五，消耗的資源卻超過全球消耗資源的百分之二十五，我居住的社會擁護環保，製造的污染卻超過全球所製造污染的三成。我搭的飛機，燃料汲取自別的國家；我穿的衣物有一部分在血汗工廠製造。

一九九一年我與史伯林抵達舒阿爾人居住區時，那位老者描述的世界正是我一生的絕佳寫照。他說：「你們的人想望大工廠、高樓大廈、多如這河中雨滴的車子。如今你們漸漸了解這夢想是個夢魘。」

一九九二年，佩佩擔心原住民勢力坐大。那之後的發展，證明他的憂慮並非杞人憂天。我問雨林中那位老者，我可以如何改善他們的處境，他指點了未來的明路。「很簡單。」他回答：「你們只需改變夢想……。只要播下不同的種子，告訴你們的小孩去作新的夢。」

拉丁美洲人認真看待這個觀念。在原住民、城市窮人、鄉下農民的領導下，他們透過語言、行動改變了夢想，糾合志同道合者，合力保護自己的文化和土地。並驅逐舊獨裁者，投票選出主張運用本地資源造福本地人的總統。他們還透過某種奇特的方式，讓在美國的我們免於沉淪而不自覺。他們抗拒金權統治集團，逼使我們檢視自己的作為，為我們和其他人樹立了榜樣。

拉丁美洲人還做了別的事，不在格蘭德河以南，而是在美國境內。在大部分美國人抱怨養老金、教育、社會福利、健保經費縮水，抱怨伊拉克戰爭開銷升高，抱怨政府背棄了紐奧良的颶風災民之時，拉丁美洲人走上了街頭，抗議他們認為不公平的移民法。

我們坐在家裡，只會抱怨政府，打開電視，什麼也沒做；他們卻實踐了憲法賦予他們的權利，到華盛頓特區遊行，大聲說出自己的主張。不管我們支不支持，都不得不注意到他們，不得不尊敬他們的勇氣和行動決心。

中東人民也正採取行動。但他們對付美國霸權的方法，孕育自一個與拉丁美洲大相逕庭的歷史觀點。

第三部

中東

第二十九章——破產的美國

二十世紀上半葉，石油躍升為有史以來最有價值的資源，成為推動現代化的力量，確保石油來源成為外交政策的基本考量。日本決定攻擊珍珠港的一大原因，就是因為日本石油產量很少，而美國對日本實施了包括石油在內的戰略物資禁運措施。二次世界大戰使石油的重要更形提高。坦克、飛機、船艦要用到石油；作戰的國家若沒有石油，必敗無疑。

石油也演變成金權統治集團最有力的工具。

和平降臨後，美國石油公司高階主管擬定了一項日後將改變歷史走向的計畫。他們決定說服總統和國會暫不開採美國本土蘊藏的石油，以備日後戰爭或緊急所需，這樣對他們公司（進而對國家）最有利。既然有其他大陸的油田可開採，何必消耗國內的油田？美國石油公司與英國、歐洲的公司合作，說服多國政府給予稅額優惠及其他獎勵措施；欲宰制全球石油供應，這些都不可或缺。

此一決定得到此後歷任美國總統和國會的支持，並催生了幾項政策，在世界各地造成國界重劃、王國誕生、政府垮台等結果。和黃金一樣，石油變成權力象徵和決定貨幣價值的基礎；也與黃金不同，石油是現代科技，在塑膠業、化學業、電腦業都不可或缺。

乍看之下，石油公司高階主管這一計畫，似乎會讓第三世界產油國發大財。結果石油步上黃金後塵，成為禍水。富含石油的國家，處境類似美國舊西部新興城鎮的探礦者，一旦聲明某地礦產為己所有，就成為地痞流氓和強盜資本家下手的對象。

大約就在石油成為現代化不可或缺物資的同時，蘇聯以頭號公敵的形象現身。史學家認為，建造帝國需要外來威脅；對於欲建造帝國的美國而言，蘇聯正好適時出現，扮演這個角色。金權統治集團宣稱，國際外交因為冷戰必須另闢蹊徑，而莫斯科的核武讓世人更願意相信這說法。

不足為奇的是，冷戰時期第一場真正因石油而起的攤牌事件，發生在石油蘊藏量最豐的中東地區。極獲人民愛戴的伊朗民選總理莫沙德（《時代》雜誌一九五一年的年度風雲人物），主張本國石油收益應由人民分享，於是將一家英國公司的資產收歸國有。英國怒不可遏，找了二次大戰盟友美國幫忙出口氣。兩國擔心軍事干預會激使蘇聯動用核武，於是華盛頓未出動陸戰隊，反倒派出中情局幹員科密特・羅斯福（Kermit Roosevelt Jr.，老羅斯福總統〔Theodore Roosevelt〕的孫子）。科密特・羅斯福花了幾百萬美元找人上街頭示威暴動，最終迫使莫沙德下台；中情局以作風獨裁的大石油公司之友巴勒維（Mohammad Reza Pahlavi）國王，取代下台的民選總理。

誠如《經濟殺手的告白》書裡所探討的，科密特・羅斯福的成功，催生一個全新行業，也就是我後來加入的經濟殺手行業。伊朗帶來一項清楚的啟示：建造帝國可以不必冒戰爭的風險，開銷可以不必那麼大。凡是具有金權統治集團想要資源的地方，中情局的手法都可派上用場。只有一個問題。科密特・羅斯福是中情局職員，他若被抓，後果不堪設想。於是，美國政府決定以民間企業代表取代政府特工。我服務的公司緬恩就是其中一家。

我們經濟殺手很快就發現，不必等他國將油田收歸國有，才順理成章操控那些國家的政局。我們可以把世銀、國際貨幣基金和其他「跨國」機構化為殖民工具。我們替美國企業談定有利可圖的交易，敲定「自由」貿易協定。那些協定大剌剌地為美國出口商的利益服務，犧牲第三世界國家出口商的利益，使他國揹上難以還清的債務。我們在實質上創立了代理政府，這樣的政府表面上代表他們的人民，實際上任我們擺布。伊朗、約旦、沙烏地阿拉伯、科威特、埃及、以色列，就是其中最早的例子。

在經濟殺手為宰制全球政治奮鬥的同時，金權統治集團透過有組織的行動，大力促進石油消費。公關專家，一如毒品販子，散布全球各地，到處鼓吹購買金權統治集團組織販售的商品。這些商品往往是以石油為基礎原料，在第三世界工作環境惡劣的血汗工廠製造出來。

伊朗政變後幾十年間，經濟學家頻頻以經濟快速成長為例，證明貧窮人口已在減少。但一如我們在亞洲所看到的，那些統計數據根本不實。除了忽略社會、環境變差的事實，也未能觸及長期的問題。

科密特・羅斯福勇闖伊朗所掀起的風風雨雨，就相當說明這些「非計畫中的後果」。那場政變或許把對石油公司友善的獨裁者推上台，卻也讓反美運動在中東生根。美國人推翻了深受人民愛戴的伊朗民選總理，這件事伊朗人永遠不會忘記。鄰近國家也將永記在心。政治史學者很想知道，如果當初美國支持莫沙德，鼓勵他用石油收益協助伊朗人民脫貧，世局將會如何發展。其中許多學者斷定，其他國家將起而效尤走上民主，至今一直肆虐這地區的恐怖暴力活動也不致發生。但美國的所作所為讓中東人民認為，這個國家不值得信賴。美國自稱民主捍衛者，其實表裡不一，目的不在幫助第三世界，只想掌控資源。

同一時期，美國國內遭逢嚴重問題。金權統治集團擴大權力基礎的過程，讓美國債台高築。油田，還有生產美國產品的工廠，愈來愈多位在他國。外國債權國要求美國以黃金支付。結果尼克森政府於一九七一年以廢除金本位制回應。

這時，華盛頓又面臨一個全新兩難。如果債權國轉而要求美國以其他貨幣支付，金權統治集團可能不得不以當初這些債務相對於黃金的價值來清還。果真如此，將是一場災難，因為金權統治集團缺乏足夠的資金清還債務。美國不致走上破產之路，全靠能印美鈔並決定美鈔幣值的美國造幣局。因此，讓世人繼續接受美元為標準貨幣，成為美國當務之急。

我在本書前言概述了美國為了保住美元地位，從沙烏地阿拉伯下手的情況。但那是概略的說法。從更長遠的角度來看，還有兩個盟國在不經意中救了美國，而且都在中東。

第三十章——美元稱霸

「美元會怎麼樣？」一九七一年美國作出放棄金本位的重大決定後不久，緬恩公司總裁傑克・道柏（Jake Dauber）這麼問道。雖是質疑的口氣，但他只是在陳述自己的見解。「我認為美元的價值最終很可能由石油決定。」

當時，道柏一家人在前往中東途中在雅加達短暫停留，邀我到印尼洲際飯店和他們共進晚餐。

「尼克森底下有一票很精明的人，季辛吉、舒茲、錢尼。」傑克握緊妻子的手，定定望著她眼睛。「我相信有一天，妳會和我靠坐在沙發上，說我們參與了這場偉大冒險。美國正把世界史推進一個新紀元，而我們走在最前頭。」

傑克希望有一天能和太太重溫光榮的過往，但他未能活到那一天。那趟中東之旅後不久，他就去世了，由他的高徒布諾・詹柏帝（Bruno Zambotti）接任總裁職位。但傑克對美元前途的分析十足精準：尼克森的工作團隊不只精明，而且狡詐。

協助捍衛美元霸權的第一個美國盟友是以色列。大部分人，包括大部分以色列人都深信，一九六七年以色列發動後來所謂的「六日戰爭」，先發制人攻擊陳兵邊界上的埃及、敘利亞、約旦部隊，是為了保護領土。這次攻擊最明顯的結果，就是領土擴大；經過六日血腥戰鬥，以色列領土增加了三倍，東耶路撒冷、約旦河西岸部分地區、埃及的西奈半島、敘利亞戈蘭高地的人民，則淪為難民。但六日戰爭還達到另一個目的。

阿拉伯人因為領土喪失而憤怒、深受屈辱。憤怒的矛頭大都指向美國；他們知道沒有美國的經濟、政治支持，沒有美國支持以色列這近乎明目張膽的威脅，以色列不可能打贏這場戰爭。只有少數阿拉伯人知道華盛頓此舉不只是為了保衛猶太人的家園，還有更自私的居心，白宮打算利用阿拉伯人的憤怒，營造對自己有利的情勢。

尼克森的第二個盟友，一個外界完全料想不到的盟友，乃是整個伊斯蘭中東地區。為收復一九六七年六日戰爭中的失土，埃及、敘利亞於一九七三年十月六日（贖罪日，以色列人最神聖的節日）同時出兵攻擊以色列。埃及總統沙達特（Anwar Sadat）盱衡國際形勢，心知自己力弱，於是施壓沙烏地阿拉伯國王費瑟（Faisal），運用另一種方式，即沙達特所謂的「石油武器」攻擊美國，連帶攻擊以色列。十月十六日，沙烏地阿拉伯等五個波斯灣產油國宣布原油牌價上漲七成；信仰伊斯蘭但不屬阿拉伯民族的伊朗也加入漲價行列，以示伊斯蘭國家的團結。接下來幾天，阿拉伯各國石油部長同意，美國應為支持以色列而受懲，一致同意實施石油禁運。

這是場典型的國際大角力。尼克森總統於十月十九日要求國會撥款二十二億美元援助以色列。隔天，在沙烏地阿拉伯帶頭下，阿拉伯各產油國全面禁止石油運往美國。這時候，只有少數人看出美國這招背後的精明算計：美國這麼做是為了撐起已漸疲軟的美元。

石油漲價影響甚鉅。沙烏地石油的售價屢創新高；一九七四年一月一日，沙國油價飆升到四年前的近七倍之多。媒體警告美國經濟即將崩潰。全國各地加油站，等著加油的車子大排長龍，經濟學家憂心忡忡表示，一九二九年的經濟大蕭條可能重演。確保油源向來是美國的優先考量，一時之間更成為無時無刻令人擔憂的課題。

如今我們知道，油價屢創新高，金權統治集團居功厥偉。政、商界領袖，包括石油公司高層，一副怒不可遏的樣子，其實他們就是幕後黑手。尼克森和他的顧問群心裡明白，撥給以色列二十二億美元的整套援助，將迫使阿拉伯人採取斷然措施。援助以色列，美國政府打造一個利己的情勢，因勢利導達成二十世紀最狡猾、最重要的經濟殺手交易。

美國財政部找上緬恩和其他幫金權統治集團當過打手的其他企業。經濟殺手的任務有二：一是擬出策略，務使美國向石油輸出國家組織購買石油所花的數十億美元回流到美國企業；一是建立新的「石油本位」，取代過去的「金本位」。我們經濟殺手都知道，這類計畫的關鍵在沙烏地阿拉伯，因為沙國石油蘊藏量居世界之冠，也是石油輸出國家組織的龍頭；沙烏地「王」室貪腐，很容易左右。紹德王室，一如中東其他「國王」，深諳殖民主義的政治手法。紹德家族能坐上王位，靠的是英國的賜予。

我協助擬定了名為「沙烏地阿拉伯洗錢案」的行動計畫，我在《經濟殺手的告白》一書已詳細交待。就媒體所知的部分，紹德王室同意三項重要條件：一、同意將一大部分油元用於購買美國公債；二、同意美國財政部運用這些債券的利息雇請美國企業建設沙國，使沙國西化；三、同意讓油價維持在金權統治集團能接受的範圍內。美國政府則承諾讓紹德家族穩坐王位，以為回報。

但是還有一項協議，未得到多數媒體的報導，但對於確保美元作為全球標準貨幣地位的金權統治集團，至關重要。沙烏地阿拉伯承諾石油買賣一律以美元交易。大筆一簽，美元的獨霸地位重新確立。石油取代黃金，成為幣值的衡量標準。

一如我在前言提到的，這還帶來一個額外的好處：華盛頓能繼續向每個債權國徵收變相稅（只有最懂箇中奧妙的經濟學家才看得出這好處）。美元獨大，因而美國人是以賒購方式向他們買進產品和服務。等他們用那筆款子向我們的公司購買石油（或其他產品）時，他們手中的錢因為通貨膨脹，已經貶值；前後的價差則流入金權統治集團口袋，形同不需要收稅員出馬就收到一筆稅款。

道柏預測美元價值將由石油決定，就此應驗。台拉維夫和華盛頓將阿拉伯世界逼到死角，阿拉伯人除了反擊幾無選擇，於是有贖罪日戰爭，有石油輸出國家組織的禁運。阿拉伯人反擊，促使美國財政部採取行動。美國派出經濟殺手，和沙烏地阿拉伯談定讓美元與石油掛鉤的協議，美元就此稱霸，至今屹立不搖。

沙烏地阿拉伯洗錢案改變了地緣政治。讓蘇聯垮台，確立美國成為無人挑戰的超級強權，激怒了奧薩瑪・賓拉登（Osama bin Laden）這位後來策畫了九一一恐怖攻擊的沙烏地富豪。

回顧過往，我對我們那時的厚顏無恥非常驚訝。我常思索命運在人一生中扮演的角色，包括命運本身和我們回應命運的方式。若沒有更早幾年前在黎巴嫩所受的訓練，我絕不可能接下像沙烏地阿拉伯洗錢案這麼複雜的任務。

第三十一章——操縱政府

初次到印尼出任務時，我告訴頂頭上司會照他們的意思編出誇大不實的經濟預測報告。為示獎勵，他們把我升為首席經濟學家（儘管我只有商業管理學士學位，而且那時公司只我一名經濟學家），並且加薪，派我到中東。

那之前我已寫過關於伊朗、科威特、沙烏地阿拉伯的報告，但都在圖書館完成，且訪談對象全是在波士頓為我們工作的僑民。第一趟走訪中東，行程不長，目的在了解伊朗，替伊朗能源部門擬出更深入的分析報告。我在印尼時的專案經理依林沃斯，建議我中途在貝魯特停留個兩天。那時，貝魯特仍是著名的渡假勝地。他告訴我，那是紓解壓力、適應時差、熟悉中東文化的絕佳地方。他在大使館裡有熟人，可帶我四處走走。

二次世界大戰結束後，黎巴嫩享有一段黃金時期。農業和小型企業欣欣向榮。貝魯特發展成國際性格濃厚的富裕城市，成為中東金融、貿易的中心。行前閱讀資料，發現黎巴嫩常被拿來和瑞士、巴黎相提並論，教我大為心動。我原本以為貝魯特是座落在沙漠邊緣的地中海城市，得知貝魯特郊外山區滑雪場林立，我大為驚訝，而且那裡的夜總會、美術館，和巴黎不相上下。

我還讀到黎巴嫩陰暗的一面；那一面存在已久，而且似乎隨著歲月流逝愈顯陰暗。宗教派系間的緊張對立已鬱積數百年。沿海地區由馬龍派天主教徒（Maronite Christians）掌控，南部山區受伊斯蘭德魯茲教派（Druze）支配，正統遜尼派則主掌肥沃的貝卡山谷。馬龍派多半是敘利亞人，因此又增添了阿拉伯地區的緊張對立。雖有這些特性，我發現黎巴嫩堪稱是中東的縮影。

從十字軍時代起，歐洲就一直想將黎巴嫩納入掌控。幾百年來，殖民地的行動不斷。十八世紀末，法軍宣稱受命保護基督徒，派軍入侵黎巴嫩。十九世紀，巴黎扮演帝國強權一貫的宗主角色，幾次派兵前來。一九二六年，法國在此成立黎巴嫩共和國，由法國託管地敘利亞治理。一九四〇年，貝魯特的法國統治者宣誓效忠受納粹掌控的法國維希政權。不久法國被德軍占領，維希政權於一九四一年允許德軍借道敘利亞，將飛機和補給物質運往伊拉克，以利德軍對抗該地的英軍。英國擔心納粹德國藉著施壓軟弱的維希政權，全面掌控黎巴嫩和敘利亞，於是派兵進入敘利亞和黎巴嫩。

二次世界大戰期間，民族主義熱情席捲許多國家。黎巴嫩於一九四四年一月一日全面獨立。兩位最孚眾望的天主教、穆斯林領袖畢夏拉・扈里（Bishara al Khuri）、利雅德・蘇爾（Riyad el Sulh）接受「國民誓約」（National Covenant），將政治權力按比例分配給國內不同族群。根據一九三二年人口普查結果，天主教徒占五成四人口。據此，該誓約規定，總統一職由占人口最多數的馬龍派天主教徒出任，權力居次的總理由遜尼派穆斯林出任，國會議長由什葉派穆斯林擔任；軍隊司令官則是馬龍派天主教教徒。許多阿拉伯人覺得十二年前的人口普查不符現實，穆斯林人口實際上多過天主教徒，因而對這個偏袒黎巴嫩天主教徒和整個西方的安排大為憤慨。

阿拉伯人還懷疑以色列建國一事，不如表面上那麼單純。以色列是聯合國委託他國管理的唯一一個國家，在猶太人慘遭希特勒屠殺後，猶太人獲得這塊他們所謂的「應許之地」，安身立命。阿拉伯人，一如美國人和歐洲人，都被告知猶太人遭受種種暴行，必須讓他們建國。猶太人所受的苦難、他們在法西斯統治下所受的身心創傷，毋庸置疑。世人的確對他們有所虧欠。但為了補償猶太人，數百萬巴勒斯坦人必須放棄自己的家園，一夜之間成為難民，湧進黎巴嫩和每個中東國家。

巴勒斯坦難民大量湧入，確實讓一九三二年黎巴嫩的人口普查結果不符現實；黎巴嫩的穆斯林人口這時無疑已多於天主教徒。穆斯林認定國民誓約被當作政治武器使用，更堅定認為以色列建國背後另有目的，一個更居心叵測的目的—讓以色列成為帝國的鷹犬、二次大戰戰勝國用以掌控中東石油的軍事基地。巴勒斯坦人懷疑西方國家準備扶植黎巴嫩來支持以色列及其盟邦；靠國民誓約讓天主教徒掌權，乃是邪惡陰謀的一環。

黎巴嫩阿拉伯人的憤恨，導致一九五八年穆斯林叛亂。美國政治人物將此歸咎於「共黨恐怖分子」。華盛頓指控莫斯科挑起這場暴動，但其實幕後支持者主要是敘利亞而非蘇聯。美國總統艾森豪派海軍陸戰隊前來平亂。美軍於五月占領黎巴嫩，十月撤出，時間不長，但美軍進駐坐實了阿拉伯人的疑慮：美國決意讓天主教徒掌權。美國總統決定以武力干預，對這地區的穆斯林人心影響深遠。

黎巴嫩的憤怒還出於美國積極干預鄰國伊拉克。一九五〇和六〇年代初，備受人民愛戴的伊拉克總統蓋西姆愈來愈不甩美、英的意見，要求外國石油公司將在伊拉克開採石油的收益與伊國人民共享，揚言若不從就要將這些公司收歸國有。經濟殺手阻止蓋西姆改弦更張失敗，中情局於是雇用一支暗殺隊，其中包括尚未結束學業的年輕人薩達姆・海珊（Saddam Hussein）。暗殺隊開槍攻擊蓋西姆座車，車子彈孔累累，蓋西姆受傷。海珊大腿受槍傷，逃到敘利亞。一九六三年，美國總統甘迺迪作出重大決定，下令中情局與英國M16情報組織合作，聯手完成海珊等刺客未完的任務，以行刑隊槍決蓋西姆，並透過伊拉克電視台公開播出。此後，估計有五千人遭拘捕，被扣上共產黨罪名處死。幾年後，海珊回國，當上國家安全局長；遠房堂兄弟則當上了總統。

同一時期，黎巴嫩的人口組成大幅改變。穆斯林人口成長速度快過天主教徒。一九六〇年代末，穆斯林要求修改國民誓約，遭馬龍派拒絕，馬龍派繼續掌權。黎巴嫩穆斯林擔心美國再次派兵入境支持天主教徒，而美國恢復徵兵，在全球各地增強軍力，更加深了這份憂心。

地緣政治也改變了。一九六七年的六日戰爭，以色列奪占了耶路撒冷、敘利亞、埃及三地部分地區。阿拉伯世界大為憤慨，支持巴勒斯坦好戰分子的氣氛高漲。巴勒斯坦解放組織利用黎巴嫩南部的難民營攻擊以色列。

一九七三年我前往貝魯特時，僅存的穩定表象已開始瓦解。但就和大部分來到中東、不會講阿拉伯語的美國人一樣，我極為天真。我們這些美國人，因為不懂阿拉伯語，只能和在美國或英國學校受過教育的阿拉伯人溝通，或是透過這些人與其他阿拉伯人溝通；他們吃得開，靠的是我們對當地的影響力。透過資料，我了解黎巴嫩等地的陰暗過去；我知道阿拉伯人、基督教徒、猶太人間有難以化解的世仇；但我受過的訓練告訴我資本主義像萬靈藥一樣能解決問題。我不久前才升官。我搭飛機坐頭等艙，住最頂級的飯店，在最高級的餐廳用餐，常有美女為伴。我和所有美國企業家、顧問、政府官員，以及世銀、國際貨幣基金的「專家」一樣，深信我們會讓整個中東地區的民主、經濟都有長足進步。

黎巴嫩將讓我對現實世界有另一番體認。

第三十二章——黎巴嫩：「徹頭徹尾瘋了。」

私家司機載我從貝魯特機場到豪華的洲際腓尼基飯店（Phoenician Intercontinental）。一名年輕侍者熱情歡迎我，接下行李，引我進入大廳。就在我從訂房櫃台轉身離去時，猛然撞上一個人。我往後退，連聲道歉，對方斜眼會意地微笑，熟悉的臉龐，低聲說出「沒事」那教人無法忘懷的聲音，讓我嚇了一跳。

侍者抓住我手臂，把我推到一旁，然後停住。「沒錯，馬龍・白蘭度今晚睡你隔壁。」他說。搖了搖頭，又說：「他脾氣很壞，千萬不要找他簽名。」

走往電梯時，我不由得發呆。馬龍・白蘭度比我上次在電影裡看到的更老，但毫無疑問，我仰慕已久的這位演員就在眼前。他在《岸上風雲》、《慾望街車》裡的演技，好得沒話講。那時我已讀過他最新電影《烽火怪客》（*Burn!*）的相關報導，他宣稱那是他從影以來最滿意的作品。我第一次到中東，就碰到（結結實實地碰到）這位大明星和著名反派角色，我覺得是個好兆頭。幾年後，我終於看了《烽火怪客》，劇中的反諷情節看得我樂不可支：這部電影講的正好是帝國的建立，題材創新，白蘭度演的角色就是經濟殺手的前身。

隔天早上，依林沃斯的朋友開車到飯店接我。他自我介紹叫「微笑先生」，但我不明白他為何取這綽號，因為他天生不是愉快開朗的人，很少表現出他綽號代表的那種表情。後來我發現他不為大使館工作，而是為美國國際開發總署工作了一輩子。他一輩子都待在這機構，到了屆退年齡，要求到黎巴嫩出最後一趟任務；他是傳教士之子，在那裡長大，希望回到他長大的地方度過晚年。但如今他改變了心意。

「太亂了。」我們開車走在壯麗的地中海岸時，他告訴我：「那些可惡的穆斯林愈來愈無法無天，根本不能信任。跟他們談定任何協議，中途都會變卦。」

我聽過不少有關巴勒斯坦難民營的事，請他帶我去部分難民營看看。他起先不願意，後來還是載我去看了其中一個。雖然我不久前在印尼見識過貧窮、落後，但難民營的貧窮、落後仍教我震驚。那處難民營由許多緊挨在一塊的簡陋小屋構成，四周環繞圍籬。住在那裡的人如何不發瘋，我說出了心中的疑問。

「他們早瘋了。」微笑先生以肯定的語氣告訴我：「徹頭徹尾瘋了，所有的人。」

我問了他有關水、污水排放和其他民生基礎設施的事。

他狂笑。「你只需打開窗戶聞一聞，就會了解他們的語彙裡根本沒有『衛生』這個字眼。」他露齒而笑，然後指著一處。「這是另一個星球。」他把視線轉回前方道路。「那些人是豬。跟你講件事情就知道：一年多前黎巴嫩政府和巴勒斯坦解放組織簽了一個叫『開羅協議』的東西，讓巴勒斯坦人享有居住權、勞動權、自治權。那之後，黎巴嫩政府一直努力想把這地方治好。」他嘆口氣。「但那些巴勒斯坦人是典型的阿拉伯穆斯林，容不下任何好東西。巴解組織升高攻勢，而且正在和黎巴嫩共產黨協議。這下真的把敝人在下我、來自美國這可愛國家的我們，還有這裡的政府，全給惹毛了。報復行動就要展開。別懷疑。那些阿拉伯人就要為自己的瘋狂行徑得到教訓。」

那一天我心神很不安。在亞馬遜叢林當和平團義工時，我過著和當地農民一樣的生活，厭惡美國大使館、美國國際開發總署人員的優渥生活，厭惡他們的房子、車子、穿著，以及他們與大多數厄瓜多人的明顯隔閡。但我從沒有從他們哪個人口中聽到微笑先生這樣的話。他的怨恨，他毫無掩飾的偏見，還有與我這樣的陌生人初次見面，就大刺刺談起他的怨恨偏見，教我震驚。他嘲笑伊斯蘭教，拿他所謂的「揮刀先知」（穆罕默德）與基督教的「和平君主」（耶穌基督）比較。我很想告訴他天主教會曾如何挑起戰端，阿拉伯的薩拉丁曾如何仁慈對待十字軍俘虜，歐洲騎士則殘忍殺害穆斯林俘虜。但我被他嚇到；我還是這一行的新人。我按下反駁的衝動，努力把他的惡毒批評當作一時的氣話。我想他活到這把年紀，根本不在乎我或別人怎麼看待他。他就要退休了，原希望安享晚年的地方卻讓他大失所望。他就和許多滿腔怨恨的人，把怨氣發洩在最近、最弱勢的目標——巴勒斯坦人身上。

微笑先生送我回飯店，我表示要請他吃頓晚飯，他說還有事要忙。握手告別時，他緊握我的手說：「希望你不會誤解我的意思。我不是悲觀主義者。我知道最後我們會贏。我們非贏不可。伊斯蘭是個假宗教，沒有良心，沒有靈魂。想想那個與基督同地位的人竟砍下別人的頭！那是什麼宗教？」

一個人在腓尼斯飯店吃晚餐，我想起他最後那句話。在貝魯特待過後，我相信文化衝突，特別是宗教衝突，的確是中東許多問題明顯的原因，卻未必是根源。我知道基督教會發起十字軍東征，是為了對抗該教會所謂的「邪惡伊斯蘭勢力」；但我也知道當時的歐洲飽受戰爭、高失業、黑死病摧殘，下層叛亂一觸即發，貴族階層於是利用十字軍轉移民怨，征服新土地。我赫然想起微笑先生對伊斯蘭的看法與幾個月前我在印尼所聽到的看法，差異何等之大。

到西爪哇山城萬隆出任務時，我和緬恩小組住在招待會館，結識了會館女老闆的年輕兒子拉西（Rasy）。誠如《經濟殺手的告白》一書所描述的，他介紹我認識一堆大學友人。有天晚上，他們陪我去看爪哇的傳統傀儡戲達朗（dalang）。兩個人偶立在一張中東、遠東地圖邊，一人是尼克森，另一人，我想是季辛吉。地圖上每個國家的位置各插了一支鉤子，吊著國家的名牌。尼克森把那些名牌一一拿下，塞進嘴裡。每拿起中東一國，就放進嘴嚐嚐，然後大叫「苦死了！廢物，這東西我們再也用不著！」然後將名牌丟進季辛吉捧著的桶子裡。

看完表演，我和那群學生到當地咖啡館閒聊。他們說，許多印尼人認為美國正發起反伊斯蘭的戰爭。他們告訴我，五〇年代英國史學家湯恩比（Arnold Toynbee）就已預言，下個世紀真正的戰爭，開打的兩方不會是共產黨和資本主義者，而會是基督徒和穆斯林。

一名主修英語的年輕大學生，不厭其煩解釋他們的觀點。她說：「西方，特別是西方龍頭老大美國，一心要掌控全世界，成為史上最大的帝國，而且快要成功。目前有蘇聯擋著它，但蘇聯撐不了多久。蘇聯人沒有宗教、信仰、實質的東西來支撐他們的意識形態。歷史告訴我們，信仰，也就是熱情，相信更高力量的信念，是不可或缺的。我們穆斯林有那東西。我們比世上任何人，甚至比基督教徒，信仰更堅定。所以我們等。我們會壯大。」

她盯著我。「不要再那麼貪婪，那麼自私。要知道這世上除了你們的大房子和時髦商店，還有更重要的東西。有人快餓死，你們卻在擔心自己車子沒油可加。有嬰兒快渴死，你們卻在時尚雜誌上翻找最時髦的款式。像我們這樣的國家已快在貧窮裡沒頂，你們對我們求救的呼聲連聽都沒聽見。有人想把這些事告訴你們，你們卻充耳不聞。你們為他們扣上恐怖分子或共產黨人的帽子。你們要敞開心胸聆聽窮人和受壓迫者的心聲，不要進一步把他們趕進貧窮、奴役的境地。時間所剩不多。你們如果不改變，注定不會有好下場。」

想起那個晚上，想起後來和微笑先生的交談，我不知道這個已讓宗教變成剝削基礎的世界還有沒有希望。為什麼有那麼多人會有如此南轅北轍的宗教觀？為什麼穆罕默德、基督的訓示會被用來合理化戰爭？

那些問題隱含的後果，持續困擾我。頭一次到中東，讓我對宗教、對國際政治的影響有了新的認識。但在埃及，我親身體會到拿宗教當仇恨工具，破壞力有多大。

第三十三章　美國國際開發總署發言

「埃及金字塔象徵性地說明了，我們如果要得到阿拉伯人的心，埃及應該扮演什麼樣的角色。」年已八旬、謎般費解的緬恩公司董事長兼執行長麥克・霍爾（Mac Hall），在波士頓最高樓、緬恩公司高層辦公室所在的保德信大樓頂樓，告訴在高檔「工程師俱樂部」共進午餐的我們。「埃及將構成金字塔又大又牢的基部，我們再把國家一個一個往上疊。」

那是一九七四年，埃及悠久歷史一個關鍵的時期。緬恩公司和我們金權統治集團的客戶決心善用這機會。我們拿到亞歷山卓一個大型考察案的合約，機會之窗就此開啟。美國國際開發總署一名官員已從華盛頓飛來波士頓參加我們的午餐會，簡報埃及的奮鬥史和我們在該地的工作目標。

他理平頭，唇上的髭刮得乾乾淨淨，身穿漿過的襯衫、灰色西裝、有一條紅色斜紋的藍領帶、別著兩只翻領別針，一只為美國國旗狀，一只是一隻黑手握著一隻白手。這身打扮凸顯他政府代表的角色，一副利他主義姿態的新殖民者。這種殖民者以造福他國人民的形象現身，實則在剝削他國人民。他坐在桌邊，身子挺得僵直，說話時不時對霍爾投以尊敬的目光。我知道他來跟我們開會，帶有數重偽裝，包括埃及事務專家、評估我們研究結果然後決定是否支付報酬的人、我們公司未來可能的員工（華盛頓官員總在尋找更好的工作或退休後可坐領高薪的顧問職）。

他描述他在中東的經歷時，口沫橫飛，別人根本插不上嘴；長篇大論還穿插著埃及歷史，強調數百年的外人統治已為二次世界大戰後的情勢奠下基礎。「穆斯林兄弟會（Muslim Brotherhood），」吐出這些字時，他的舌頭彷彿被這些字刺痛，「勢力變得很大。他們要求埃及與歐洲斷絕往來。這個兄弟會與埃及陸軍高級軍官組成的革命團體自由軍官會社（Society of Free Officers）結合，聯手反對國王法魯克（Farouk）。法魯克是阿爾巴尼亞裔，奧圖曼帝國統治時期，他的家族在埃及躋身顯赫地位，後來又得到英國與我們美國的支持，因此備受痛恨。這股聯合勢力推翻了法魯克，令我們大為惱火。接下來的發展，你們清楚得很。中校加瑪爾・阿布德爾・納塞（Gamal Abdel Nasser）於一九五四年宣誓就任總理，一九五六年就任總統。」

納塞宣布脫離西方強權的掌控，要走自己的路。那位美國國際開發總署的仁兄稱這舉動是「魯莽的賭注」。他與蘇聯談定交易，購買蘇聯武器。我們和英國當然撤回替他們在亞斯文蓋水壩的提議。納塞為此很火大，把蘇伊士運河收歸國有。一九五六年，以色列入侵西奈半島，作為回應。你們一定以為我們和這件事有關，沒有錯，但至少在檯面上無關。英、法都宣稱這條運河攸關他們的國家安全。他們轟炸埃及陣地並派兵。結果運河遭關閉。」

美國國際開發總署那位仁兄這時面露不悅。「這樣的發展，我們完全無法忍受。全世界搶著要美國產品和中東石油。走一大圈繞過非洲太花成本。一群企業高階主管上白宮，艾森豪聽取了他們的意見。這位將軍決定管這檔事。」他咧嘴對霍爾笑。「一九五六年十一月宣布停火，聯合國維和部隊抵達，巡邏埃及、以色列邊界。」他停下喝口水，也讓與會其他人有空思索他言談的輕率。「基本上，」他繼續說：「山姆大叔強迫以色列、英國、法國撤軍。就在一年多前，我們才拉下共黨人士莫沙德，讓友人重登伊朗國王之位，讓伊朗恢復正常。如今，我們告訴阿拉伯人，在埃及我們會支持他們。華盛頓成為這地區無可挑戰的獨大強權。」

那天下午，在保德信大樓頂樓私人俱樂部的歷史回顧，使我更想享受那獨大強權

（我祖國）取得的成果，同時也對人性愈來愈懷疑。聆聽那番言論時，我覺得在伊朗、埃及的「勝利」似乎已建立了金權統治集團的霸權，而眼前這位政府官員似乎就是領薪水來吹噓這事的。當時，那些正巧掌控國防工業和美國經濟其他大部分產業的企業高階主管，已迫使美國總統接受他們的要求。如今一九七四年，不到二十年，有個政府機關把修正過的史觀編織進官方言論。這些人的狡詐讓我驚訝。被納入這建立帝國的祕密計畫，讓我感到既光榮又罪惡，因為我漸漸了解到那其實是世上第一個祕密帝國。

我望向窗外下方遠處的查爾斯河；河對岸遠處，牆上爬著常春籐的哈佛大學建築在陽光下閃閃發亮，那一天上白宮晉見總統的企業高層，至少有幾位畢業自該校。我想起艾森豪關於「軍工產業複合體」（military-industrial complex）的談話。這位畢生戎馬的軍人和二次大戰盟軍最高統帥，竟率先公開揭露我們如今稱為「金權統治集團」的東西，似乎十足反諷。韓戰期間，他已見到那些企業高層如何影響美國外交政策。他親眼見到他們操弄報紙和國會，以共黨威脅為藉口，光明正大削弱人民自由。他們賣科技設備給軍方，以便將飛彈導引的核彈頭投射到遠處時，他袖手旁觀。但在埃及，在蘇伊士運河危機期間，他想必開始擔心政府、軍方、企業三者沆瀣一氣。他最終默認這樣的發展，但想必是滿腔怒火。我猜，謹守公私分際的他，選擇等待時機，等待總統任期結束，擲出他的震撼彈。就像一九六〇年代末許許多多反越戰的人士，我把艾森豪一九六一年一月十七日的告別演說文框起來掛在書桌上方。

艾森豪稱美國是個以和平事業為基礎發展經濟的國家。他說：「在我們最近投入的幾場世界性衝突之前，美國沒有軍火工業。美國的犁鏵製造商，只要花時間、有必要，也能造出刀劍。」然後他警告：

在政府各部門，我們必須提防，勿讓軍工複合體取得名不正、言不順的影響力，不論那影響力是主動追求來或不求自來。權柄倒持，落入不該掌握的人手中，將帶來災難。這種事目前可能發生，未來也無法避免。

我們絕不能讓這一複合體的勢力危害我們的自由或民主進程。我們不應把那視為理所當然而不以為意。只有有所警覺、通曉世事的美國公民，才能逼迫龐大的工業、軍事國防體系緊密配合我們的和平手段和目標，使安全和自由並行不悖，一起茁壯。

「納塞個性魯莽急躁。」美國國際開發總署那位仁兄的聲音，把我的注意力喚回工程師俱樂部。「這個魯莽急躁的人自以為鬥得過我們，因此愚蠢地繼續討蘇聯歡心，請他們建造亞斯文大壩。你們的朋友，」他轉向霍爾。「貝泰先生會怎麼想這件事，可想而知。」

霍爾高興大笑。「不只貝泰，還有我們所有人，工程界的每個人。」

「沒錯。」

「但貝泰有關係，受總統看重。」霍爾環視會議桌每個人。「很善於拍馬屁。」

這句話引來哄堂大笑。

國際開發署那位先生喝了口水，繼續說道：「在這同時，穆斯林兄弟會又開始活躍。納塞與無神論的共產黨合作，拒絕建造伊斯蘭政府，他們覺得被出賣了。他們聲稱這一切違背他們與自由軍官會社聯手推翻法魯克時訂下的協議。他們希望總統以《古蘭經》為憲法基礎，遭總統拒絕，於是派出一個小組暗殺總統。不過手法太不高明，引發反效果。納塞民意支持度上升。他下令查禁兄弟會，將四千名成員判刑、關進戰俘營，並處決幾名首腦。逃脫的兄弟會成員轉入地下活動。有些人試圖滲進工會、學校乃至軍隊，未能成功。許多人逃到國外，投奔約旦、沙烏地阿拉伯、蘇丹、敘利亞，還有科威特，這你們清楚不過。你們的人在科威特負責一項大型供電工程，對不對？」他對霍爾點了點頭。「幾年下來，這些逃亡的成員發展成世上最具影響力的親伊斯蘭勢力之一，目標就是把我們，把來自西方所有基督教國家的每個人全趕出中東，推翻埃及、伊朗那樣的世俗領導人，換上伊斯蘭神學士當政。」

我很想問問他我聽到的傳言：穆斯林兄弟會雖然表明要趕走西方勢力，但據謠傳，因為他們反共，得到中情局的資助和訓練。但我知道他的回答只有一種，而問這樣的問題，可能讓我代價慘重，特別是當下。

「有問題嗎？」他環視與會者。「我就快講完了。六〇年代埃及一團混亂。納塞實施經濟改革，走馬克思主義路線，規定所有埃及企業的股權，至少要有百分之五十一歸政府所有。真是一塌糊塗。這麼搞只是把我們惹得更火大。聯合國維和部隊在那兒待到一九六七年，埃及與以色列的軍事衝突斷斷續續打到一九七〇年，蘇伊士運河則一直禁航到今天。納塞在三年多前、一九七〇年去世。副總統沙達特接位。

「我們努力想把沙達特拉回到我們這邊。沒騙你們，我那時在埃及。最初他拒絕，他非常在意納塞當政時和蘇聯談判的條約，希望能談定，根本不把我們放在眼裡。但我們不理會羞辱，堅持下去，終於奏效。沙達特轉向，在一九七二年驅逐蘇聯人。」他嘆口氣。「然後他又把事情搞砸，派兵越過蘇伊士運河，攻擊西奈半島的以色列陣地。同時，敘利亞入侵以色列戈蘭高地。以色列擊退入侵者，接下來的事，你們都知道：一九七三年十月二十四日，贖罪日戰爭以停火結束。如今，沙達特再度猛向我們獻殷勤，想重修舊好，他與以色列談成撤軍協定，積極鼓勵外資，要求美國和世界銀行援助。機會之窗已經開啟……。」

他喝光杯裡的水。「霍爾先生，我非常同意你的主張。」他往下瞄桌上他餐盤旁的一張紙。「埃及金字塔象徵性地說明了，我們如果要得到阿拉伯人的心，埃及應該扮演什麼樣的角色。埃及將構成金字塔又大又牢固的基部，我們再把國家一個一個往上疊。」他朝霍爾微微彎下身子，動作不大，但誰都看得出他在向霍爾致意。「先生，你那番話很令人激賞。很高明的評估，完全反映了我們今日所處的現實狀況。」

吃完午餐，大家四處走動，彼此握手寒暄。我走到窗前，再度遠眺哈佛。突然有人輕拍我肩膀。我轉身，赫然發現喬治・瑞奇（George Rich）飽經風霜的蒼老臉龐親切對我微笑；他被視為緬恩公司第二把交椅，權力僅次於霍爾。我的頂頭上司詹柏蒂告訴過我：「總裁來來去去，只有霍爾、瑞奇不走，負責操控全局。」

剛剛開會時，瑞奇一直與另外兩人坐在附近一張桌子。「風景很美。」他說：「有沒有空？到我辦公室來一下？」

第三十四章——埃及：控制非洲

這麼走運，教我無法置信。先是和麥克・霍爾、一群高階主管共進午餐，現在又得到工程界一個不折不扣當代傳奇人物的邀請。我聽過不少瑞奇在非洲、中東的豐功偉績。他是最早冒險進入偏遠地區，替鄉村開發水力發電站的人士之一。在剛果河仍是約瑟夫・康拉德（Joseph Conrad）《黑暗之心》（*Heart of Darkness*）筆下那樣的蠻荒世界時，他已順流走過那條河。傳說他曾跟「阿拉伯的勞倫斯」一起橫越沙漠。如今，進入老耄之年的他（有人告訴我他八十四歲），受到全球工程界最高的尊敬。我先前就發現，在波哥大、德黑蘭，光是向企業老闆提到他的大名，就會受邀到他們家中，接受他們親手料理的家宴款待（幾乎沒聽過伊朗人會給外人這種禮遇）。他也是烏爾、霍爾、瑞奇（Uhl, Hall and Rich）這家工程公司的創辦合夥人之一。緬恩公司執行長和他最親近的兩位伙伴創立這家公司，用以執行緬恩公司無法完成的工作，至於那些工作，緬恩為何無法自行完成，還沒有人給我過滿意的解釋。有人說，紐約州法律規定要設立這樣的公司。但我的直覺是（純粹是直覺），設立那家公司是為了做較不可告人的事，或者是為了幫該公司三巨頭洗錢，包括他們自己、大戶和政府組織的錢。

我跟著瑞奇走出餐廳，但我們未進入他辦公室，反倒搭電梯下到緬恩高階主管辦公室的樓層，經過走廊，前往董事會的會議室。他拿出鑰匙開門，引我進去。「我改變主意了。」他說，示意我在覆著長絨毛的一張椅子坐下。「我想這地方比起我的辦公室，更不會受人打擾。」

他轉過身，慢慢走向牆上的顯示幕。一張發光的世界地圖上有道拋物線狀的陰影在移動，指明哪個地方白日已盡，黑夜降臨。我曾獲准進入這房間一次。那時候，霍爾的私人祕書替我開了房間，默默地站一旁，看我研究這張地圖，決定當晚什麼時候該叫醒自己，撥電話到曼谷。瑞奇指著非洲大陸頂端。「埃及。」然後轉身面對我。「我知道你剛從國際開發署傢伙的那裡聽到精彩動人但空洞膚淺的說法。現在我要讓你知道實情。我知道你很有見識，很清楚我們在做什麼。你不久就要去埃及，然後到科威特、伊拉克、沙烏地阿拉伯。」他讓我聽清楚他的話，也能體會，我聽到那些國家的名字、知道自己就要去那些國家，一定非常興奮。「當然你也知道，我們工作的內容比表面上看到、合約上載明的還多得多。」他俯身向前，盯著我。「是吧？」

「是的，長官（sir）。我完全明瞭。」

「很好。我沒受封過爵位。我不是sir。叫我喬治。」

我只能微笑，不知道以後還能不能這樣當面叫他。

「是。」我說。

他用指關節輕扣地圖。「你已知道穆斯林兄弟會的事。」

「是。」

「他們很危險，總之一定得把他們爭取過來，不然就破壞、收買，或者摧毀他們，因為他們想幹什麼，擋都擋不住。沙達特同意這事。追捕他們，只會讓他們得到更多支持，火上添油。」他拉了一張椅子到我面前，站在椅後，正對著我。「但那不是你的工作，至少現在不是。」他坐下，近得連膝蓋幾乎要碰到我的膝蓋。「看看那張地圖。」他指著。「看到什麼？」

我不清楚他的用意。「你是說埃及？」

「當然是埃及。但它在哪裡？埃及在哪裡？」他輕拍我的膝蓋。「站起來看個清楚。」

我照做。「在地中海和紅海邊，以色列隔壁。」

他嘆口氣。「在哪個大陸？」

「非洲。」

「沒錯，重點就在這裡！」他把手伸到頭頂上，做出拉線操縱戲偶的動作。「沒錯，非洲。再看一下那張地圖。與大部分美國人的想法相反，埃及是個非洲國家。那它是中東一部分？當然是。中東不是個大陸，是個中間地區，串連起歐、亞兩洲。與一般人的想法相反，埃及把歐、亞兩洲和非洲連在一塊。現在我來問你一個真正的難題。埃及有沒有河？」

「尼羅河。」

「沒錯。從那張地圖上，你看到尼羅河有什麼特色？」

「流經蘇丹……」

「一九五六年前，蘇丹是埃及的一部分，英國人，其實應該說是英國人和埃及人，准許它獨立。但許多埃及人仍對此憤憤不平，認為那一大片土地屬於他們。尼羅河還流經哪裡？」

「嗯，如果把尼羅河兩大支流、坦干伊喀湖及其他較小的湖算進去，就涵蓋了非洲大片地區。」

「很好，歡迎來到李文斯頓博士（Dr. Livingston）的國度。我還有個問題要問你。這問題你如果答對了，就可以回到這裡坐下。尼羅河往哪個方向流？」

「往北。」

「很好，所以，你是說尼羅河流域涵蓋非洲大片土地，尼羅河流入埃及，對不對？好。那麼我們可不可以推測，法老王興建金字塔所在的那片肥沃氾濫平原，含有來自非洲大片地區的泥沙—表土，也可說是精華和精髓？開羅建在非洲土壤上，不只是因為它座落在非洲大陸上，還因為它座落在源自其南方土地的土壤上？你說得很對，請回座。」

我坐下，等他繼續說，但他只是坐在那裡盯著我。我小心措詞，心知這個人能讓我飛黃騰達，也能毀了我的事業。「我知道你的意思。埃及在阿拉伯世界足以扮演重要角色，但它對非洲也有影響。」我回頭望了望那張地圖。「從地理、社會兩個角度來看，埃及都扮演了橋梁的角色。在經濟上、種族上也是。」他仍是盯著我。我還漏掉了什麼。「當然，在宗教上也是。」

「很好。」他站起身，雙手在背後交疊，慢慢走回地圖旁。「埃及、蘇丹、衣索比亞、索馬利亞、肯亞……，全是歷史悠久的地方，彼此在長遠的歷史發展上關係密切，這一點不能忽視。希臘史學家希羅多德在西元前五世紀歌頌過這些國家。傳說衣索比亞皇族，也就是現今的塞拉西（Haile Selassie）國王的家族，是以色列國王索羅門和示巴女王的兒子所創建。這整個地區處處教人驚嘆，不能小看。」他一本正經搖了搖頭。「知道嗎？先生，絕不能小看它們。」他又盯著地圖好一會兒，然後走回我身邊。「你知道嗎？那地區也有許多石油。這點我很肯定。我一生研究地質學，我可以告訴你，在你那一代，非洲會成為爭奪石油的戰場。」他坐下來。「所以放手去幹，記住美國國際開發總署那位先生的話，去埃及，把埃及當作征服中東的踏腳石。還有，要認知今日沒多少人在談的事……。」

「那也是征服非洲的踏腳石。」

「如果你想生小孩，希望他們生活富裕，你最好讓非洲牢牢掌控在我們手中。我們需要中東。沒錯，但我們也要非洲不可。」

走出董事會會議室，我滿心雀躍。短短幾小時內，我和緬恩公司執行長、美國國際開發總署高級官員一同開會，還被喬治・瑞奇挑上單獨面談。我從沒想過埃及不只是中東一部分、也是非洲一部分，從未想過埃及在地緣政治上的角色如此重要。我很肯定沒有多少美國人了解這一點。我覺得自己像個肩負任務的人，獲准加入少數人能加入的俱樂部。

我搭電梯下到一樓，穿過「保德信中心」，朝杭亭頓大街一〇一號、我辦公室所在的西南大樓走去。我想瑞奇最後一段話或許才是重點所在。有一天我會成家。隔著一家高檔服飾店櫥窗，我定睛瞧著穿細條紋西裝的男性人體模型。我決心在這個禮拜結束前，回來買下這套西裝。下這決定讓我心情無比舒坦。我告訴自己，瑞奇這位德高望重的工程師說得沒錯；為了後代子孫，凡是有我們企業所需資源的國家，我們都得掌控在手裡。

我買下那套西裝。幾週後，搭飛機前往埃及。

第三十五章——可鄙的異教徒

在開羅、亞歷山卓期間，由於當地官員不願合作，我愈來愈灰心。我是受美國國際開發總署之聘，前來擬出經濟預測，讓埃及政府向世銀貸款。任務要完成，我需要埃及特定地區的詳細人口統計資料。我知道有這些資料，但碰到的官員全告訴我，那些資料不對一般大眾開放。我一再表明我不是一般大眾，還偷偷告訴他們我是為他們在做事；如果他們希望我擬出一份報告，好讓他們國家申請數十億美元的貸款，就得讓我拿到那些資料。恩威並施在亞洲、拉丁美洲很管用；在埃及，似乎毫無作用。

奉命與我對口、照理應幫我快速完成工作的開羅、亞歷山卓官員，帶我在城裡四處逛。我們去了香料市場和煙霧瀰漫的咖啡館，咖啡館裡有包頭巾的男人在玩骨牌遊戲，吸水煙筒吞雲吐霧；我們沿著尼羅河、地中海岸散步，欣賞古宮殿裡的珍貴珠寶和無價骨董，還喝了不知多少杯茶。但只要我提醒他們我在等他們的人口資料，他們就搬出他們有哪些難處，要我別急。「這裡的人做事都慢慢來。」他們總這麼說。不然就說：「這裡不像美國，我們是非常古老的國家，駱駝走路緩慢。」我主動表示要給他們好處，以高出行情價雇人加班，中間差價歸那些官員。這種辦法完全合法，結果他們只是搖頭，又給我遞上一杯茶。

最後，我沮喪至極，決定越過我的對口官員，找他們上級。這樣做是下猛藥，過去因為擔心觸怒我所倚賴的人，一直避免用這辦法，但眼看情況愈來愈不妙，只好孤注一擲。

我透過關係，和埃及政府某位高層約了見面。那人當過幾個部會的首長，此時是總統沙達特的個人顧問。他的正式名字很長，但別人告訴我，稱他阿西姆（Asim）博士即可。他畢業自哈佛商學院，與世銀、美國國際開發總署這類組織非常熟，以辦事能力強著稱。我自知找他幫忙得花不少錢；我已準備好砸大錢賄賂他。

有人載我到一棟現代化辦公大樓，一名魁梧的衛警陪我進電梯上到頂樓。一名身穿黑西裝、不苟言笑、身材高瘦的埃及男子，帶我們進入擺了兩張長沙發的小房間，用純正英國腔英語告訴我們，稍等一會博士就會接見我。那名衛警不會說英語，在我對面坐下。兩張沙發之間的桌子，擺了一堆雜誌。等候時，我拿起一本過期的《時代》雜誌讀，那名衛警則打起盹。接著我又翻了一本《國家地理》。等了將近兩小時，沒有人奉上茶水。我心裡很清楚這是怎麼回事，阿西姆博士在藉此表明他的重要；從沒有人奉茶這點來看，他還表明他不高興我略過正常管道越級辦事；雖然等得一肚子火，我還是準備送上更大的紅包。

最後，那位高瘦埃及男子再度出現。他沒有道歉，帶我穿過長廊，抵達一座木門。木門很厚實，放在圖坦卡門法老的墓穴，遠比放在眼前這當代風格建築適合得多。他打開木門，房間寬敞得教我嚇了一跳；豪華程度，就連最講究個人派頭的法老都會滿意。房間內的裝飾，結合了古埃及和現代紐約公園大道的風格。古意盎然的莎紙草捲軸與畢卡索裝飾風格的花瓶爭艷。名家設計的現代家具，擺在波斯地毯上。

阿西姆博士坐在龐大的書桌後，俯身向前，身穿深藍色西裝，打金色領帶，臉部豐滿而柔軟，像顆香瓜。他戴著金屬框眼鏡，讓我想起富蘭克林。我進去時，他頭抬也沒抬。高瘦男子鞠躬退出。我站在門邊等，心想阿西姆博士似乎在看文件。最後他終於抬起頭。「坐。」他說，示意書桌前的一張椅子，然後又低頭看他的東西。

我覺得困惑，不受尊重。我或許逾越了規矩，但這樣待人也太過分。難道他忘記我代表一家受聘來協助他國家且素負盛名的顧問公司？

我覺得等了很久，片刻都難捱。終於他坐直身子，視線越過眼鏡上緣，盯著我。我覺得他在打量我，就像盯著快速爬過餐桌的蟲子一般。然後，好似要鼓起所有力氣般，他身子往書桌前傾，伸出手來。我不得不站起來跟他握手。

我的困惑轉為憤怒，但還是強壓下怒氣，擠出笑容。我竭力遵守當地禮儀，大大感謝他願意見我。

我的客氣好禮，他視而不見，也不來埃及那一套寒暄致意的規矩，開門見山就問我要什麼。

毫無疑問，這名深知待客之道的外交官正在羞辱我，而且是公開、毫無掩飾地羞辱。我很想走出房門，但我想起波士頓保德信大樓頂樓的工程師俱樂部，想起在緬恩董事會會議室裡的瑞奇。突然間我釋懷了。我是名經濟殺手，奉派來剝削他和他的國家，基於這點，他眼前的傲慢無禮，我終有報仇之日。他小人得志，我暫且忍下，因為我知道最後勝利在我這一方；眼前就讓他得逞，反正贏得戰爭的會是我。我寬心靠坐在椅上，發自內心地微笑。「人口資料。」

「對不起，請再說一遍。」

「我需要人口資料。」我用最簡單的話解釋我的困難，不跟他囉嗦。最後我說：

「所以你知道，你們的人如果不跟我合作，你們國家就得不到你們總統所要的錢。」

他揮起拳頭往書桌猛然一擊，站起身。他的腰圍和他辦公室的大小倒很相稱。他的椅子直往後滑，撞上後面的牆壁。「我才不鳥你們的幾十億美元。」他說，動作很大，聲音卻出奇地低且自制。「年輕人，你年紀絕對大不過我的么兒，你憑什麼大搖大擺走進來，要求這要求那？」他揮動海綿般的手，搶先制止我答話。「讓我好好教教你。我在你們國家住過。你們的漂亮城市、汽車、住宅，我清楚得很。我知道你們怎麼看待我們。」他雙手放在書桌上，身體前傾越過書桌，瞪著我。「你知道嗎？在哈佛時有多人問我是否騎駱駝？在哈佛耶！你們真是愚蠢得可以。你們國家目光太短淺。我們埃及人已有數千年、數萬年歷史。你們全回歸塵土時，我們還會活得好好的。」他拉回椅子坐下，同時大聲嘆口氣，再度低頭專注於桌上的文件。

我坐在那裡盯著他看，不由得想起在董事會會議室裡的情景，還回想起我在印尼時開會的場景。當地政府官員用印尼話痛罵我，同時一臉客氣微笑，遞上他們上好的茶。他們不知道我懂印尼話，不知道自己洩了底。我不屈服，我要以其人之道還治其人之身。

最後他隔著眼鏡上緣看著我，揮手打發我。「走。」

「但……」

他再一次揮拳重擊桌面。這一次他坐著不動。「切記，」他帶著那令人迷惑的冷靜，「你是個可鄙的異教徒。」他緊盯著我，毫不退縮，表現出我想是哈佛薰陶出來的特質。「可鄙的異教徒。」他講這幾個字時慢得教人無法忍受「現在，你走。如果沙達特、阿拉願意，你會得到你要的人口資料。」

幾天後我收到了資料。資料送來的方式很馬虎，裝在髒污的馬尼拉紙袋裡，由一名信差騎摩托車穿過滿是灰塵、廢氣的市區交給我。紙袋裡沒附紙條，完全沒說明資料是從哪送來、為何送來，但我所要的東西，一樣不漏，全在裡面。而我沒為此付一毛錢。

翻閱這數十頁布滿無聊數據的文件，我在想埃及人為什麼把這事看得那麼嚴重。遲遲不肯給我這些統計數據，是否有什麼正當理由？我唯一能想到的理由，就是埃及人怕以色列空襲。但我搞不懂人口預測數據對以色列人有什麼用處。我深信以色列人已擁有引導飛機、飛彈攻擊所需的所有資料；丟炸彈時哪管某個郊區接下來二十年會增加十萬還是十一萬人口。我想起阿西姆博士的話。

我是個可鄙的異教徒。埃及人知道內情，只有少數美國人知道的內情：我們美國人用我手上這類資料來打造帝國。經濟殺手的經濟報告，殺傷力比十字軍的劍要強得多。

以色列的炸彈滿足以色列的目的，製造大破壞，引發恐懼，迫使政府官員屈服。但像我這樣的人才真正危險。我們利用大破壞從中牟利，傳播恐懼，想方設法讓那些屈服的人信守他們投降的承諾，讓他們學乖，不再挑釁，以免再遭炸彈攻擊。我們是老大，所以最後必須順我們的意。阿西姆博士這些人，除了屈服就是丟官，別無選擇。他痛恨我，原因在此。

第三十六章 伊朗：高速公路和要塞

那時候我跑了世界許多地方。阿西姆博士的話縈繞我腦海，我的心情由防衛轉為憤怒。然後我理解到，他是個自負的人，來自一個他引以為傲的文化，心知自己得和克麗奧佩特拉女王的朝臣一樣臣服於凱撒，憤憤不已。易地而處，我說不定會更無禮。

我想起在今日埃及人眼中，美國的角色可能就如當年對埃及頤指氣使的羅馬，教我深覺諷刺，但美國國內也有自己的騷亂。我是在全民自省的年代長大。我們經歷了一連串深深影響我這一代的事件：瓦茨暴動和底特律暴動、傷膝村（Wounded Knee）的僵局、墨西哥裔美國人塞薩爾・查維斯（César Chávez）率領聯合農場工人組織（United Farm Workers）發起的示威遊行，以及其他許許多多在美國境內發生、但較少人知道的少數民族反抗運動。我的先民在英國殖民統治下，曾遭受類似壓迫起而反抗。在我眼中，他們的反抗就和那些少數民族沒有兩樣，全是義憤填膺、揭竿起義。黑人、印第安人、西班牙裔全被金權統治集團扣上顛覆分子的帽子，而我的祖先則是大英帝國建造者眼中的「叛國賊」；但現在，年輕人把那些少數民族領袖當作英雄，而那些捍衛自己權益、抵抗帝國壓迫的男男女女，則成為我們的建國先賢。

於是，我掙扎於兩個世界之間，一個世界要我同情自由鬥士，另一個要我為帝國的首腦效命。彷彿為突顯自己的人生困境，我多次前往伊朗，為伊朗國王效力。

經過大流士、亞歷山大大帝的統治，西元前三世紀伊朗曾有段光輝盛世。在我們經濟殺手眼中，那位伊朗國王是個決心復興盛世的統治者，準備運用國內龐大的石油蘊藏，加上緬恩這類公司的專業協助，實現其泱泱大國之夢。不知為什麼，我們認為經過這番改頭換面，伊朗會成為人人平等的民主社會。

我們欲以伊朗政府為例，向世人證明，除了俄羅斯、利比亞、中國、北韓、古巴、巴拿馬、尼加拉瓜和一些國家的瘋狂反美之路，還有別的路子可走。為此，我們鎖定以下所謂的「事實」，證明伊朗足堪作其他國家的表率：一九六二年這位伊朗國王分割大地主持有的土地，分發給小農民，然後和我們創造了白色革命，開啟所謂的全面社會經濟改革。如今回想，我愀然顫慄，因為我知道，那時候我們心裡很清楚，這一切其實是掛羊頭賣狗肉的革命。那位伊朗國王以此為幌子，行擴權之實。表面上，伊朗是基督教徒與穆斯林合作的典範，事實上，伊朗是美國霸權在中東的代理人。那正是阿西姆博士擔心會在埃及發生的事，也是瑞奇先生主張為了美國後代子孫著想應控制中東、非洲時，心裡想要的結果。

緬恩公司在伊朗承接的案子，一九七四年後大幅增加。爭奪石油已到發狂地步。於是有人大剌剌地說了：把石油輸出國家組織拉進我們陣營，要它們聽「帝國」使喚。

我的工作很關鍵。企畫人員和工程師要靠我提出的地區發展預測報告，設計電力系統，滿足推動工業、商業、軍事成長所需的大量電力，進而讓那些富有的伊朗人相信他們會更發達。伊朗國王王位要坐得穩，石油供應要穩定，關鍵就在那些有錢的伊朗人滿不滿意。

「你要從德黑蘭飛到克曼（Kerman）。」我在緬恩公司的直屬上司詹柏蒂告訴我：「那是個綠洲，位在著名的盧特沙漠（Dasht-e Lut），亞歷山大曾揮軍走過那塊高原沙漠，完成歷史性壯舉。那綠洲有著不為人知的樂趣。你會從那裡開車經過世上最壯觀的沙漠之一，抵達阿巴斯港（Bandar-e Abbas）。那現在是個沉靜的漁村，未來則會成為媲美蔚藍海岸的地方。」那時候我已經知道詹柏蒂說話容易誇大，但我的確無法想像……。

我和兩名緬恩公司的工程師，從德黑蘭搭小飛機到克曼。那時是仲夏，雖然已近傍晚，仍熱得教人喘不過氣。那個鎮似乎被時間遺忘，除了一些小孩和老人在陰涼處閒晃，空空蕩蕩。如果說塵灰和骯髒掩蓋了那些不為人知的樂趣，那我的確無福消受，或者無法想像那會是什麼樣的樂趣。我們大汗直流，住進鎮上最好的旅館。大廳小而昏暗，而且幾乎沒家具。接待櫃台後面那名年輕男子高興地告訴我們，中庭酒吧供應冰啤酒。我們三人各住一間房，教人驚喜的是，「附有衛浴」，三人約好三十分鐘後在酒吧碰面。

房間裡空蕩蕩一如伊朗大部分旅館，但乾淨宜人。房裡裝了窗型冷氣，教我鬆一口氣，雖然吵，但管用。房裡確有衛浴，但我發現馬桶不能沖水。馬桶旁邊伸出兩個水龍頭：較高的那個控制我頭頂上一個小出水口，我想是用來淋浴的；較低的則可注滿一個生銹的桶子，用來沖馬桶。

我站在馬桶與牆壁間的狹窄空間淋浴；沒有浴簾，打開水龍頭時，小得可憐的水花沒噴在我身上，反倒噴濕了馬桶。只有往馬桶上方彎身，才能弄濕身體，抹肥皂。浴室裡唯一另一個讓我認定這是淋浴設備的跡象，是浴室另一頭地板上的排水孔。我在想詹柏蒂最後一次來這「綠洲」不知是什麼時候。

淋浴過後，出奇清爽，我一路走到中庭酒吧。四張銹跡斑斑的鐵桌子和十幾張椅子擺在露台上，從露台可飽覽附近沙漠的風光。工程師法蘭克已坐在那裡，桌上擺了三杯滿滿的啤酒。

「只有一種牌子。」他說：「我想你會點來喝。」

我們等了十五分鐘，不見另一個同伴，判定他一定在小睡。我們舉杯祝明日行程順利，一飲而盡。放下酒杯時，詹姆斯姍姍來遲，拖著腳走過露台，看來一身濕漉漉，手裡拿著他搭機時穿的襯衫。襯衫很濕，還在滴水。他把襯衫往桌上一甩，一屁股坐進椅子，喝光他那杯啤酒。

「怎麼了？」法蘭克問。

「我撇了條。」詹姆斯回答：「結果馬桶不能沖水。我看到那個鬼水桶，就打開水龍頭，結果開錯水龍頭，噴得我一身濕。」

我們笑得人仰馬翻，然後法蘭克說：「沙漠的風很快就會把襯衫吹乾。」「我是這麼想。」詹姆斯說：「否則才不會帶這東西到這高級酒吧。」

隔天早上，兩名伊朗人開吉普車來接我們，一個是政府工程師兼翻譯，一個是司機。他們坐前座，我們三人擠後座，最年輕的我坐中間，兩腳跨在突起的驅動軸兩側。

車子離開中央高原沙漠，循一條簡陋的道路往下走，目標是波斯灣岸。途中，那位伊朗工程師向我們解釋，我們正走在古老的商隊路線上。

「一直以來，這沙漠既是福也是禍。」他說，伸長脖子看著我們。「它保護我的先民免遭敵人入侵，也使我的先民幾乎無法橫越自己的國家。如今，它變得更重要。你們也知道，盧特沙漠將歐洲、非洲、你們所謂的中東與亞洲隔開，還為蘇聯提供一條直通波斯灣的通道。看看地圖。大家都知道俄國人想占領我們。我們走的這條路，今日雖然簡陋，日後卻會成為蘇聯軍隊的高速公路。就在這沿線，」他指著。「他們會建造一條龐大的輸油管。我們今晚要下榻的小鎮阿巴斯港，將成為共黨要塞。噴射機、飛彈、核子潛艇、航空母艦，將掌控世上最重要的石油路線。」

法蘭克、詹姆斯和我前後來回看。「我想這是實情。」詹姆斯說：「我們未來任務艱鉅。但兩位老兄，別覺得壓力大；我們的任務是拯救世界免遭共黨毒手。」

「關鍵在於，」那位伊朗人繼續說：「你們美國人和我們波斯人搶得機先。我們得建造那條軍事高速公路，得將阿巴斯港打造成我們的要塞。」

「那就是我們來這裡的原因。」法蘭克說。

「切記，」那位工程師有感而發。「伊朗人不是阿拉伯人。我們是波斯人、亞利安人。我們是穆斯林，但飽受阿拉伯人威脅。我們百分之百站在你們那邊。」

這片沙漠不是彼得・奧圖（Peter O'Toole）在電影《阿拉伯勞倫斯》裡奮力穿過的那片起伏不盡的沙地。放眼望去，紅、紫、黃褐色沙丘無邊無際，一點也不單調。在我眼中，那真的是美麗絕倫，壯觀一如詹柏蒂信誓旦旦告訴我的，而且環境險惡，很難想像由數百人和駱駝組成的商隊如何穿越這沙漠。

吉普車裡有冷氣，但逼人的熱浪仍教人難以消受。我們沿途停下多次，讓工程師檢測土壤和其他會影響輸電線、油管、高速公路運行的環境因素。下了車，最初覺得車外似乎還更涼爽，不久就感受到無所不在的太陽威力。我們在一個小村落停下休息，喝茶，吃椰棗。那村落的確是名副其實的沙漠綠洲，猶如險惡大海裡的寧靜小島。

離開椰棗樹綠洲不久，車裡瀰漫可怕的氣味。

「有東西燒了起來！」法蘭克大叫。

駕駛把車開到路邊，猛然踩下煞車。「每個人都下車。」那位伊朗工程師以命令口吻叫道。

車門猛然打開，除了我，其他人全跳出車外。我的腳抬不起來，好像沒了知覺。

「快點！」詹姆斯叫道：「你在搞什麼？」

我腦中一片空白。我使盡力氣，但雙腳就是不聽使喚。我手忙腳亂把腳抽出鞋帶沒繫緊的帆船鞋。好在這時雙腳有了反應。我使勁爬出門，跌在沙地上。

法蘭克小心翼翼往車裡瞧，然後大笑。「你鞋子的橡膠底融化了，」他轉身告訴我：「黏在驅動軸的地毯上。我碰過引擎過熱，但沒碰過這麼厲害的！」

費了一番工夫，終於把我那雙帆船鞋拔離發燙的地毯，一夥人繼續上路，當太陽開始落到地平線時，我們抵達阿巴斯港。

第三十七章　以色列：美國的步兵

阿巴斯港位在荷姆茲海峽，與阿拉伯聯合大公國、阿曼、巴林、卡達（一九七一年英國撤出後創立的諸多國家）所在的阿拉伯半島突出部分隔海相望，控制世上最重要的海上通道之一，戰略位置顯要。過去，劫掠從波斯灣航向阿拉伯海船隻的海盜，便以阿巴斯港為巢穴；如今，全世界的石油有一大部分必須經過附近海岸，輸出全世界。

我們抵達時，那還是個貧窮小村落，有棟現代化大飯店座落灣岸。欲吸引形形色色的顧問來此，將這地方改造成最先進的軍事、工業中心，這樣的飯店是先決條件。我們五人是這家飯店第一批房客。到餐廳用餐時，我們發現偌大的餐廳空空蕩蕩，就只有我們五人和三名服務生。

「五年後再來，」那位伊朗工程師說：「你會認不出這地方。總之它會改變，不是你們來改變，就是俄國人來改變。」

各自活動後，我拿了根雪茄，一人走到漆黑的外面。往水邊走。一個新建的碼頭從岸邊往淺淺的海灣延伸，伸入海面大概有八百公尺遠。不見月亮，但夜空中星光燦爛。我慢慢走上碼頭。一陣微風把海灣吹得水波蕩漾。雖然點了雪茄，死魚臭味仍處處可聞。往幽暗水面的另一頭望去，不知道那一邊情況如何。我知道我對沙烏地阿拉伯周邊的國家幾乎一無所知。

順著碼頭往海的方向走了約四分之三路程，我停下腳步，一股恐懼讓我裹足不前。一道詭異的紅光升起，然後呈低緩的弧線落在碼頭盡頭。我站著不動，盯著這景象，心想該跑回飯店，但執拗的好奇心教我停下來一探究竟。我往前一步。適應黑暗後，我看到一個鬼魅似的男人身影。我舉起雪茄；那點紅光也跟著我做同樣的動作。他也在抽菸，而且似乎在學我的動作。我放下雪茄，他跟著做。觀察他愈久，我愈是好奇。我不再害怕。絕不會有小偷跑到碼頭盡頭來搜尋獵物。那人是誰？我立刻想到俄國人。但俄國人在這夜晚時分，跑來這裡做什麼？

我繼續前移，刻意加快腳步，想讓對方感受我很果斷、不好惹。走到離他約十五公尺處，我想起他可能也對我心懷疑慮，便慢下腳步。

他咳嗽。

我停下。

他開口說話。用法西語（Farsi）或阿拉伯語，我不是很確定。

「我聽不懂。」我說得慢。

「美國人。」他回應：「你是美國人，對不對？從你走路的方式和腔調就猜得出來。我英語說得很好。」

「沒錯，我是美國人。」

「我是土耳其人。」他說：「和你一樣，外地人，住那間飯店。一起聊聊。」

我走上前和他握手。他名叫奈西姆（Nesim），抽的是香菸，不是雪茄

「我在大學教歷史。」他說：「在寫一本談古商路的書，出來蒐集資料。我從伊斯坦堡出發，走過幾段古商路，最後來到這裡。」

我們談了一會對伊朗的印象。他毫不隱瞞說出他對現任伊朗國王的厭惡，稱他是「獨裁國王」。在那之前，我還沒聽過這國家有哪人批評伊朗國王。當然我知道有地下團體想推翻他，但我認識的伊朗人，全是替國王政府部門工作。眼前這個人不一樣。他顯然懂很多，且大方說出他的看法。我想他應該很高興有人當他的聽眾；在這碼頭碰上一個願意聽他講話的美國人，想必他也料想不到。或許是因為這夜色，因為這地方，或

純粹因為旅途勞頓，我不知不覺專注聆聽起奈西姆的觀點。

「你們全給那個獨裁的國王騙了。」他說：「好吧，不是所有人。我確信你們總統知道真相，管理你們國家的其他人也知道。畢竟那是他們的專長：欺騙。你們領導人物隱瞞帝國主義作風，或者想方設法隱瞞，不讓人知道他們賺的錢藏在哪、為了腐化人民幹了什麼事。他們吹噓要拯救受壓迫者，卻隱瞞他們保護富人的事實。」他長長吸了一口菸。「你們國家很假。」

好幾次我覺得該打斷他，替自己的國家說話，也為自己的所作所為辯白，但最後我只是聽他說。他提到一九七三年的贖罪日戰爭，問道：「埃及、敘利亞為什麼攻打以色列？他們覺得別無選擇。你們的人根本不了解以色列對阿拉伯人犯了什麼滔天惡行、帶來什麼威脅。或者說，那根本是場美國人的戰爭，以色列只是你們的步兵。你們搶了巴勒斯坦人口中的「穆斯林永久領地」（Dar al-Islam）巴勒斯坦，交給猶太人。你們竟然還不滿足，繼續掠奪，運用你們的財富，使猶太人相信你們在替他們建造家園。你們猛揭穆斯林不光彩的歷史，大唱民主高調。但在伊朗這裡，你們的中情局推翻莫沙德時，我們就看清什麼是你們眼中的民主。唉，建立以色列無關民主，無關乎保護受希特勒荼毒的民族。為了石油，你們曲解、說謊、偷搶。」

他把拿香菸的那隻手，右手，放在自己胸膛上。「我同情以色列的猶太人。真的。我不是巴勒斯坦人，所以可以同情他們。但如果必須開戰，你們膽敢逼土耳其接受你們所定的國界，我想我會殺了他們，但我還是同情他們。他們就像被趕在軍隊前面的綿羊，當人肉盾牌。你們美國人才是罪魁禍首。你們鼓勵猶太人為家人犧牲，同時你們的企業猛抽石油。猶太人是你們的看門狗。你們給他們核彈頭，把我們穆斯林吃得死死的。你們資助他們的軍隊。巴勒斯坦人卻沒有軍隊，只有一些愛國志士。他們沒有政府，沒有可棲身的土地。

「對你們而言，扶植以色列的目的就是支配、掌控石油。對猶太人而言，那是個夢想，一個最終會破滅的夢想。對巴勒斯坦人而言，那是他們的家，他們被迫離開的家。對阿拉伯人而言，那是建在阿拉伯人土地上的敵人要塞。對各地的穆斯林來說，那是侮辱、羞辱，也是讓我們痛恨你們的理由。」

第三十八章　兩伊戰爭：經濟殺手又一次得手

三十年後奈西姆來找我。二〇〇四年六月某個晚上，我正搭機飛過中東，到卡達轉機前往我的目的地尼泊爾、西藏。卡達與阿巴斯港隔著波斯灣相望，當經濟殺手時，我幾乎沒聽過這個國家。隔著窗子，我看到夕陽餘暉灑在希臘、土耳其、敘利亞、伊拉克、伊朗的土地上。我想起在漫長的冬夜裡，聽祖母講《奧德賽》、《一千零一夜》、《聖經》的故事。飛機越過荷馬筆下冒險家曾踏足的島嶼，飛向諾亞建造方舟所在的山巒，進入神奇國度上空。在那神奇國度，曾座落巴比倫的空中花園、人類最早的城市和農田，還有最早的文字；在我腳下的大地，乃是輪子與現代數學的誕生地。我想起獅心理查（Richard the Lionhearted）攻打薩拉丁防守的要塞，這一系列故事一直讓我深深著迷。然後，奈西姆占據我腦海。

他的預言，不久就在漫長歷史的一瞬間應驗了。那時，我已寫了一本書揭露他談到的騙人行徑。他口中的伊朗獨裁國王已下台，換上激進的穆斯林神學士；以色列變得更富侵略性，任何作為美國一概支持；巴勒斯坦人苦難不止，讓賓拉登等人了解到人肉炸彈能引爆的威力；美國已在無數地方，巴拿馬、海地、蘇丹，知名和不知名的，展示這種殘暴手段。然後，九一一事件爆發，美國揮兵入侵阿富汗、伊拉克。經過這麼多年，人類仍未能擺脫征服、屠殺同胞的衝動。殘忍的十字軍不只是在過去才有。

我覺得很疲憊，整個人被深深的挫折感攫住。十年後，美國隱形轟炸機再度入侵伊拉克，全世界看著美國發起穆斯林眼中的「新十字軍東征」。驚恐情緒使令人髮指的軍事暴力上升到前所未見的程度，但在我眼中，華盛頓早計畫要掌控擁有全世界最大石油蘊藏的中東各國，可想而知下一步是入侵伊拉克。這時回顧起來，控制或摧毀海珊，似乎是我在沙烏地阿拉伯圓滿達成經濟殺手的任務後，必然的結果。

整個一九八〇年代，華盛頓在兩伊戰爭支持伊拉克海珊，不只是因為可藉海珊之手，報復罷黜伊朗國王、攻進美國使館、羞辱美國人質、驅逐美國石油公司的伊朗什葉派穆斯林領袖，還因為海珊掌控了全球第二大的石油蘊藏量。經濟殺手在他身上下功夫。我們給了他數十億美元。貝泰公司替他建了化學廠；那些化學廠生產沙林、芥子毒氣，供他殺害伊朗人、庫德族、什葉派叛軍，這些我們都很清楚。我們提供他戰鬥機、坦克、飛彈，教他的軍隊操作這些武器。我們對沙烏地、科威特施壓，貸款五百億美元給他。

看著伊拉克境內發生的事，我常想起陪我和兩位緬恩職員從克曼到阿巴斯港那位伊朗工程師所說的話。「伊朗人不是阿拉伯人，我們是波斯人、亞利安人。我們是穆斯林，但飽受阿拉伯人威脅。我們百分之百站在你們那邊。」突然間敵我形勢逆轉。伊朗人變成了壞蛋，那個叫海珊的阿拉伯人則成為我們的盟友。

八年兩伊戰爭是近代史上打得最久、花費最大、死傷最慘重的戰爭之一。一九八八年停戰時，有一百多萬人死亡。兩國的村莊、農田、經濟狀況滿目瘡痍。但金權統治集團喜滋滋地拿到另一場勝利。武器供應商和承包商狠狠賺了一筆。油價上漲。期間，經濟殺手一直想說服海珊接受類似沙烏地阿拉伯洗錢案的協議，也就是我協助促成與紹德王室談成的協議。經濟殺手希望他加入這帝國。

但海珊一直抗拒。如果他像紹德家族一樣照辦，會得到更多美援的化學廠、武器，還會被納入我們的保護傘之下。看出他堅持要走自己的路，華盛頓便派出了豺狼。暗殺海珊之類人物，通常得收買他的保鑣。就我所知，厄瓜多羅爾多斯和巴拿馬杜里荷的例子，在美國所設的美洲學校受過訓的保鑣肯定接受了美國人的賄賂，在主子的座機上動了手腳，讓座機失事墜毀。海珊深知豺狼和他們慣用的手法。他在六〇年代受中情局雇用暗殺蓋西姆，八〇年代也從我們這些盟友學到不少。他嚴格篩選身邊的人，還找了幾名長相跟他非常近似的人當分身。他的保鑣從不清楚保護的人是本尊還是分身。

豺狼未能得手。於是，一九九一年，華盛頓選擇最後手段。老布希總統派出美軍。這時候，白宮不想除掉海珊。他是他們中意的那種領袖，是對內能控制人民、對外又能遏制伊朗勢力坐大的強人。五角大廈認定毀掉他的部隊，已經給了他教訓，接下來他會回心轉意。九〇年代，經濟殺手回去說服他，希望他接受他們所提的方案，但他不買帳。豺狼一樣無功而返。小布希於是調動大軍對付他。海珊被拉下台、判刑處死。

美軍第二次入侵伊拉克，讓伊斯蘭好戰分子對美國的企圖有了再清楚不過的體認。他們知道九一一事件只是藉口，那些劫機者與海珊或伊拉克無關。他們也知道，基督教右派對美國政局影響力很大，與以色列的遊說團體站在同一陣營，一心要征服中東，掌控全球石油的供應和運輸路線。

阿拉伯人的反應可想而知。從英格蘭國王獅心理查的時代到美國小布希總統的時代，阿拉伯人已釐清兩件事：一是他們要歐洲人（和今日的美國人）滾出中東；二是他們的政體大體上必須以伊斯蘭律法為基礎，而非世俗的民主政治原則。

歐洲人任憑己意將部族土地分割，扶植與遙遠歐洲政權友善的「國王」當政，這段史實中東人從未原諒。中世紀就滋生的怨恨，幾世紀來有增無減。許多阿拉伯人深信二次大戰後美國領導的新帝國，懷著類似十字軍的居心。他們之中的有識之士，例如奈西姆，從一開始就懷疑，讓以色列建國不只是為了讓多災多難的猶太人有個安全的棲身之地。一九四八年五月十四日，大衛・本古里安（David Ben-Gurion）宣布這個新國家誕生時，埃及、敘利亞、約旦、伊拉克、黎巴嫩立即出兵攻擊。接下來幾年，以色列透過一連串戰爭從穆斯林手中奪取愈來愈多土地，美國則堅定不移地支持這個國家，穆斯林會不信任美國也是理所當然。我們經濟殺手與沙烏地阿拉伯談定的協議，還有這個擁有伊斯蘭兩大聖地的國家接下來的西化，讓穆斯林怒火中燒。一九九一年入侵伊拉克和那之後美國大剌剌地駐軍，使他們相信西方正在延續中世紀歐洲狂熱分子開啟的傳統。對中東的穆斯林而言，第二次入侵伊拉克是無可容忍的公然侮辱；使阿拉伯好戰分子有了新的合法性；在全球許多人眼中，他們在一夜之間由「恐怖分子」變成了「自由鬥士」，而持此觀點者並不限於穆斯林世界。

想起中東武器威力升級，以及這對中東的影響，我就更加絕望。今日世界武器的充斥，前所未見。在以製造軍火為基礎的經濟裡，金權統治集團如魚得水。美國軍火公司是全球最賺錢的公司之一。加上英、法、俄、巴西的軍火工業，一年的軍火銷售額達到九千億美元。如今的化武、核武、生物性武器，以及較傳統的武器，或許可提振經濟，但也帶來大量的殺害。軍火消費已達到全球上癮的程度；一國的政治地位往往以其軍力強弱來衡量。金權統治集團已將販賣殺人武器的行業和國際外交掛勾。例子之一：以色列、埃及每年各從華盛頓得到數十億美元的援助，因為這兩個國家都簽訂了一九七八年的「大衛營和平協議」；根據這項協議，他們得將金援的一大部分用來購買美國軍火。

飛機外面一片漆黑，我想到我與法蘭克、詹姆斯一同踏上的克曼—阿巴斯港之旅，自那之後全球地緣政治起的變化。我們在越戰近尾聲時，順著沙漠裡那條古老的商路往下走。接著，中東成為軍火工業最主要的測試場和市場。再之後，冷戰結束，伊斯蘭革命分子取代共黨分子，成為升級「戰爭機器」的藉口。只要對歷史有粗淺的理解，就能看清這一切用意和背後的商業動機。我在想會有多少「受過教育」的人會輕易受騙，相信目前美國的作為是為了捍衛崇高的理想。經濟殺手和媒體大亨善於提供假消息，把貪婪、支配說成自由、民主。他們是金權統治集團的得力鷹犬。

飛機降落卡達時，我已飛了將近二十四小時，既累又有時差，絕對還沒有心理準備面對我將碰上的那個人。

第三十九章

卡達和杜拜：伊斯蘭國度的拉斯維加斯

我下機進入卡達航站大廈，一陣迷亂。環顧四周，我驚訝地發現這裡像個現代大賣場，而不像我當經濟殺手時的中東機場。只有人還讓人聯想到過去，至少有一部分人是如此。一群群男子穿著傳統的長袍和男用頭巾，女人戴著女用頭巾。

排隊買冰淇淋時，我和一名穿牛仔褲、polo衫、運動外套的男子聊了起來。他是洛杉磯的房地產開發商。聽到我讚嘆這機場非常新穎，他說：「大部分人只注意到中東的暴力，其實還有另一面。在這棟建築裡就看得到。但比起杜拜，這根本算不了什麼。那些暴力活動有一大部分資金，來自波斯灣南岸的國家，來自億萬富豪俱樂部。十足資本主義式的拜金主義。十足貪婪。」他咧嘴而笑。「跟我們沒有兩樣。穆斯林其實和世上其他人差不多。他們愛鑽石和黃金，愛勞力士和賓士。這些阿拉伯人可能長篇大論，講生活該節制欲望，該遵守阿拉的指示，借錢不該收利息，女人該戴面紗之類的，但看看這四周。他們根本光說不練。」

我們抵達收銀台。他堅持要幫我付錢。我們穿過一大片桌海，找到位子坐下。在美國各地的高級大賣場用餐區，也可見到像這樣的大片桌海。他談興很濃。「杜拜就是『這樣』的地方，而且在眾多類似的地方之中，它是第一把交椅。」他邊說，邊用舌頭舔冰淇淋甜筒邊緣。「世界上再沒有像杜拜這樣的地方。阿拉伯人正扮演無所不能的阿拉，引進數十萬工人和大得嚇人的推土機，挖地、抽乾水、築堤、疏浚海洋。杜拜擴張的速度之快、規模之大、往空中發展之高，地球上沒一個城市比得上。這裡已有一座八十公尺高的室內滑雪坡，世上最高的飯店，不久還會有世上最高的建築。」這時他開始大口咬起冰淇淋甜筒，彷彿這番話讓他激動得想找東西猛咬發洩。「想想這樣的場景：杜拜把整個『世界』搬到它家裡，有數百座人工島，每座島各代表現實世界裡的一個國家或地區，整個『世界』長、寬各五英哩，突出於原是波斯灣的海面上。那是房地產開發商夢寐以求的東西！」他吃完冰淇淋，雙手在牛仔褲上擦一擦。「你以為阿拉的子民不喜歡醇酒女人？再想想。在杜拜，什麼都來：頂級蘇格蘭威士忌、賭博、女人、毒品、賣淫。有錢，什麼都買得到，沒有什麼到不了手。」

飛機離開卡達時，波斯灣上空星光點點，就和我在阿巴斯港看到的夜空差不多；我在想，我和奈西姆相遇的那座長碼頭是否還在，如果在，就在我搭的飛機下方某處。我向窗外望去，一片漆黑，什麼都看不到。我想起當年我洗手不幹經濟殺手時，卡特總統的政治生命已取決於伊朗危機的處理成敗。奈西姆痛恨的國王當時已垮台，伊朗美國大使館被占領，五十二名美國人質成為世人矚目焦點。卡特宣布好戰分子膽敢掌控波斯灣，就等於攻擊美國，想藉此挽回他日益下滑的民意支持度。他宣稱好戰分子若敢輕舉妄動，必要時，美國將以武力擊退。

卡特放話並非隨便說說唬人。他派出三角洲特種部隊前去解救人質，結果失敗，還賠上援救人員的性命。但這時候，我了解到美國的整個中東政策，特別是美國對以色列的支持，與沙烏地阿拉伯、科威特、埃及這三個關鍵阿拉伯政府達成的協議，已完成對金權統治集團而言更重要的一項任務。美國宣諸於外的伊朗、伊拉克政策，看來是一敗塗地，但美國已用外人較難察覺的手法，將阿拉伯世界再度拉攏到自己陣營。在杜拜，我們已經把「世界」賣給他們。中東，一如中國，已採行我們的拜金主義之路。

飛機突然側身轉彎。一小片燈海出現在我窗子下方。阿巴斯港！我尋覓那個碼頭，發現那叢燈光緊貼著漆黑波斯灣的南岸。那不是阿巴斯港，而是杜拜。上次我來這地區時，晚上從飛機上根本看不到杜拜。杜拜原本也是個沉靜的村落，如今成為全世界最富麗堂皇的大賣場、滑雪勝地、賭場、娛樂休閒中心的所在地。

我伸長脖子想把它看個清楚，想了解這充滿矛盾的地方。那是信奉伊斯蘭傳統信仰的阿拉伯人的心血結晶。他們在此建造了新麥加，嘲弄原來的麥加。在我腳下，是一個極盡所能追求高大富麗，讓克麗奧佩特拉、圖坦卡門法老王都可能心動的地方。但奧薩瑪・賓拉登呢？

我想起緬恩總裁道柏和他太太邀我到印尼洲際飯店共進晚餐時，他說的那番話。他說石油將成為美元確立獨霸地位的新基準，後來發展確是如此。那時候，他轉身對太太說：「美國正把世界史推進一個新紀元……。」後來的發展也應驗了這句話。但二十五年後的今天，那新紀元已漸漸步入尾聲；全然不同的時期正在興起。

第四十章——陷入深淵

許多年來，在緬恩總裁道柏之類企業人士眼中，金權統治集團的政策一直很成功。但後來亞洲、拉丁美洲發生的事，證明那些政策不可行：亞洲陷入一九九七年金融危機，中國躋身全球大國之列，仿自美國漫無節制追求物質享受的貪婪之風在中國大行其道，拉大亞洲的貧富差距。在拉丁美洲，美國的作為使數百萬人淪為赤貧，積極進取的中產階級漸漸崩解，最後助長原住民和民族主義者暴動，進而促成新一波反金權統治集團的領導者掌權。

但華盛頓認為這些失敗罪不在己。報紙、雜誌、電視上充斥一些說法，將這些問題歸咎於腐敗的外國政府官員、宗教狂熱主義、左派獨裁者。金權統治集團及其代理人，被描繪成一心促進民主的大好人。很少有報導提到，我們就是腐化那些官員的人，我們的壓迫性政策助長了狂熱分子的勢力，而在我們看來是「獨裁者」的第三世界領導人，有許多是不折不扣民選出來，且得票率往往比美國總統還要高。透過政治人物、企業高層、狼狽為奸的媒體相互唱和，美國外交政策的失敗，至少亞洲、拉丁美洲政策的失敗，受到了掩蓋，大部分美國人看不到。

但是中東政策的失敗則清楚得無法掩蓋。即使在入侵伊拉克之前，大家都已看清金權統治集團管不住中東了，經濟殺手的手段也引來反效果。暴力猖獗，反美主張旗幟鮮明。一九七九年，好戰民族主義者拉下伊朗國王，科密特・羅斯福的計謀到頭來反受其害。美國對以色列的支持，使數百萬巴勒斯坦人無家可歸，引發無休無止的戰火，激怒全球各地的穆斯林。將沙烏地阿拉伯改造成西方文化的迷你翻版，保守穆斯林因此怒不可遏。在牛津、哈佛留過學的阿拉伯人，看穿這些計謀的真實用意：掠奪他們的石油。

二〇〇一年九月十一日，金權統治集團欲透過伊斯蘭代理人和以色列代理軍隊的合作以掌控石油的夢想，炸成一場火光熊熊的夢魘。

華盛頓的反應一仍舊貫，使美國陷入更嚴重的危機。美軍入侵阿富汗，把原本同情我們的世界打到我們的對立面。入侵伊拉克則傳遞出一個訊息：比起逮到賓拉登，華盛頓對穩固油源更感興趣。從更長遠的角度來看，此舉讓原本就非常憤怒的穆斯林更怒不可遏，激發數百萬人加入恐怖分子組織，突顯了美軍的罩門，使美國墜入形同破產的境地。九一一之後的政策，其實只是一連串錯誤中最後且最鮮明的一個。舉凡扶植伊朗國王、紹德王室、科威特與約旦的統治家族、埃及親美獨裁者，以及以色列的窮兵黷武，金權統治集團都宣稱是成功作為，但這些所謂成功的作為，同時帶來相對的損失，例如伊斯蘭神學士的興起、「基地組織」大受歡迎、溫和派政權遭激進派取代、對殉教自殺炸彈客的英雄式崇拜、狂熱主義升高。

然後黎巴嫩再度捲入戰爭，就和我第一次去黎巴嫩不久、當地就捲入戰爭的情形差不多。這場動亂的導火線是二〇〇五年二月，前總理拉菲克・哈里里（Rafik Hariri）在貝魯特遭汽車炸彈炸死，引發憤怒失控的情緒和大規模街頭抗議。以民主程序選出的新政府，似乎無力控制國內最大的派系真主黨。這個政黨屬伊斯蘭什葉派組織，領導人被華盛頓列為恐怖分子。

二〇〇六年夏，以色列對黎巴嫩發動大規模空襲，摧毀貝魯特部分地區，殺害無辜平民，切斷黎國通往敘利亞的主要幹道。多國領導人譴責這次入侵，認為這是試圖剷除黎巴嫩政府的鹵莽舉動，但華盛頓替以色列的行動辯護。美國再度遭批評，將石油、商業利益看得比全球和平、中東穩定更重要。

美國決策者的冥頑如故，不懂記取前車之鑑，令今日政治學家大呼不可思議，特別是美國在越戰時已犯過類似的錯誤。北越讓美國人領教，科技最先進、資金最充沛的軍隊，並非所向無敵。但為何二十五年後，美國白宮、國會、五角大廈仍難參透這點？為何仍有那麼多閱歷豐富的領導人犯下如此不可原諒的大錯？

或許問題的癥結就在於，儘管一再失策，金權統治集團仍然獲利良多；或許也正如某些人所認為的，就因為一再失策，他們才能從中獲取龐大利益。這部「戰爭機器」即使在軍事上落敗，經濟上仍大發戰爭財；美國承包商在越南、阿富汗、伊拉克，還有其他數十個飽受戰火摧殘的地方，收割意料之外的暴利。對於戰死者的家庭和整個美國而言，這些戰爭的代價實在高得讓人無法接受，但對金權統治集團而言，報酬非常可觀。

出兵伊拉克的失策，對美國日後的影響遠比越戰對美國的影響嚴重得多。越戰時，華盛頓試圖讓我們相信骨牌效應會危及全球，不得不預先防範，但越戰基本上是區域性衝突。相對地，伊拉克戰爭，還有整個地區的反美情緒，乃是意識形態的衝突，不但使基督教、猶太教和伊斯蘭形成對抗之勢，還是針對消費性拜金主義意涵本身的公民複決。

情勢顯示，在杜拜這種地方，金權統治集團或許正要贏得這場公民複決，但我們必須轉換電視頻道，看看來自伊朗、伊拉克、埃及、黎巴嫩、以色列、敘利亞的新聞報導，了解杜拜只是個異數，是沙漠海市蜃樓裡的綠洲。在二十一世紀頭十年過了三分之二的此刻，我們不得不說，金權統治集團已把我們美國人帶進史上少見的深淵。

說到深淵，再沒有比非洲更深的深淵。

第四部

非洲

第四十一章——現代征服者

「如果你想生小孩，希望他們生活富裕，你最好讓非洲牢牢掌控在我們手中。」瑞奇的告誡助我心安理得地去幹經濟殺手的勾當，也讓我一九七四年夏天住亞歷山卓時，容忍同住一棟豪宅的美國顧問。瑞奇的影子跟著我從開羅到加薩的金字塔群；這時，則徘徊在一名埃及官員身後。這官員站在雪松桌的主位。雪松桌很大，放在我們租來的房子的高雅餐廳內，幾可說是大而不當。大得驚人的豪宅讓人想起已消逝的年代。建造者是個英國商人，他將古墓偷來的非洲象牙、木乃伊、珠寶運到歐洲圖書館，藉此積聚了可觀的財富。

「歷史證明，非洲若是隻狗，埃及就是狗頭。」那位官員說，得意咧嘴而笑。他雙眼掃過圍桌而坐的每個人。我們一共十個人，都是美國人，為開發水力、污水排放和其他基礎設施來到埃及。他以拳頭重擊桌面。「讓我們的總統，可敬的安華爾·沙達特，安心地擁抱美國。這樣非洲就會跟進。資本主義支配全世界！」他停頓一下，示意侍者可以上菜。

「我們就像及時趕到、拯救這要塞的騎兵。」科羅拉多的土木工程師低聲說。

「希望我們不是卡斯特。」有人說出心裡的想法，引來哄堂大笑。

每天晚上，我們總要說服自己，埃及是開發非洲大陸其他地區的火車頭。我們這些美籍顧問相當驕傲，因為我們經驗老到，擁有量化的本事，能將複雜的問題簡化為用圖表表示的統計資料。其中幾人擁有不只一個博士學位，其他人也有各種高等學位，唯獨我只有個搬不上檯面的大學文憑，因此在這個問題上，我很有自知之明保持沉默。我們是標準的開發專家，卻花上過多的時間說服自己，我們在亞歷山卓的工作將使非洲大陸邁入新紀元，到了二十一世紀，非洲最嚴重的問題將成為昨日黃花。

這小組大多數人，一如大部分美國人，認為這易如反掌。這些現代征服者以之前的各個帝國為榜樣，簽約受雇，欲將頑固難馴的社會改造成他們社會的翻版。只要異教徒肯改信基督教，或者用當代術語來說，肯改信民主，肯乖乖接受某皇帝、某國王或美國總統的英明領導，就可以得到拯救。

我努力想接受這套說法，卻愈來愈覺得悲觀。不管是在印尼、伊朗、哥倫比亞或埃及聽到這些論點，我都覺得話中帶有宗教性的弦外之音，很像我從小接受的喀爾文教義，我從中聽到了早期新英格蘭地區卡頓・馬瑟（Cotton Mather）宣揚的清教徒訓示。但地獄之火真會吞沒任何與蘇聯站在同一陣線的人？聖彼得真的微笑站在天堂門口，張開雙臂迎接資本主義者？即使有人能說服我，讓我回答「是」，我們就能免遭地獄之火的紋身？要發揮多大的想像力，才能將「美式價值觀」想成是自由市場資本主義？我的所見所聞，無不指明小鎮企業主即將滅頂，即將由身居食物鏈頂端的掠食者——大企業所取代。我們似乎一心要返回十九世紀末托拉斯壟斷的時代？而且這一次是全球性的壟斷。

所以我在幹什麼？每天晚上我捫心自問。我想起第一次到中東時，想起在貝魯特短暫停留的幾日，想起馬龍・白蘭度，想起「微笑先生」帶我去參觀難民營，想起那時所見到、所聞到、所摸到、所嚐到、所聽到的東西。那不過是三年多前的事，我卻覺得過了一輩子。那時候，用完晚餐，我常散步到地中海邊，那裡距我們的豪宅只隔幾條街。黑色海浪拍打海堤，讓我想起過去，想起安東尼與克麗奧佩特拉、法老、建造金字塔的那些國王、女王、摩西……。我望向海水另一頭的義大利，視線往東移到希臘，再往東來到腓尼基人的國度，也就是今日的黎巴嫩。

想起這些古代帝國，我的心情變得出奇安適。歷史交織著征服與殘暴，我們人類糊里糊塗熬了過去。海潮聲撫平我痛楚的心靈。在緬恩公司董事會辦公室，瑞奇站在我前面，指著那面用光打出來的地圖；我唯一念茲在茲的，是後代子孫的幸福。為了後代，我們得控制非洲和中東。我認定後代子孫的幸福取決於此，因而一往直前做下去。除此之外，當然我還過著如假包換的冒險生活，親身踏足過去只能神遊的世界，而且有高額的公帳可任我揮霍。

到地中海岸散步的那些夜晚，有時我會回頭望向燈火輝煌的亞歷山卓，以及那後面遼闊的非洲。我想像那是康拉德小說《黑暗之心》裡描述的可怕地方，一個邪惡、險惡、人與人用下流透頂的方式對待彼此的地方。在我眼裡，非洲的暴力凶殘、非洲的恐怖，比起其他大陸，更為駭人。

我雖在亞馬遜住過，剛果給我的感覺卻大大不同，而且不同之處正是非洲整體的特色。我年輕時喜歡讀有關泰山的書；他棲居的叢林是我心目中的樂園。後來，當上經濟殺手，四處出任務，我漸漸了解近代史的真相，泰山的家園在我心目中不復美好。奴隸販子來到非洲時，巴勒斯（Edgar Rice Burroughs，撰寫泰山故事的作家）筆下的主人公在哪裡？亞馬遜成為生機勃勃雨林的象徵，剛果則代表險惡的沼澤。

我去過拉丁美洲、亞洲、中東的貧民窟，曾被利馬宗教裁判所博物館（Museum of Inquisition）的展示品和鑄在美軍地牢牆上的阿帕契戰士照片嚇得往後縮；我知道蘇哈托的軍隊和伊朗國王的祕密警察「國家安全情報組織」（SAVAK）的暴行；但在我心中，都不如非洲殘暴。我自行揣想我未目睹的景象，包括無辜的男女、小孩身中陷阱，被網住，尖叫著被拖上奴隸船，一個疊一個堆上去，嘔吐、拉尿、腐臭，運往拍賣台，流汗，流血，奄奄一息，而在非洲故鄉，他們的土地、人民、動物、叢林遭到「文明」歐洲人蹂躪。因為這些惡行，我那些先民得以穿著棉質的寬大長袍，昂首闊步。

我常想起這些事。有天下午，我遇到一對剛從蘇丹家鄉逃出來的男女。聽到他們駭人的經歷，我不得不承認，我正在重複當年那些奴隸販子的罪行。

第四十二章　坐在美國大腿上

他們兩人走上來站在我身旁時，我正倚著海堤，看漁民卸下漁貨。其中一人說：「哈囉，你好！講英語？」那時候，這樣的搭訕一點也不稀奇。常有人因為好奇，為了練英語，主動向我攀談，隨便聊聊。

「對。」我答：「我是美國人。我叫約翰。兩位呢？」

「我的英文名字是森米（Sammy），這是我妹妹莎曼莎（Samantha）。」

我邀他們到咖啡館坐坐，聊了幾小時。從他們口中，我得知他們來自南蘇丹。

「北部是穆斯林的地盤。」森米解釋：「我們住的南方大不相同。」他不願細談有何不同，但我知道那裡是部落的天下。」

「你們是穆斯林？」我問。

「我們奉行穆斯林儀禮。」他答。

當時我未再追問，但接下來幾天，他們陪我四處參觀亞歷山卓景點時，偷偷告訴我，他們族人膜拜「大地眾靈」。他們是在父親遭人殺害、母親被北方人擄去性奴隸市場賣掉後，才來到亞歷山卓。

「那時候我們去提水。」森米描述：「聽到媽媽尖叫，趕緊躲在石頭後面。」

「我很害怕。」莎曼莎說，靜靜地以雙手掩面。

他們找到父母藏的一小筆錢，來到亞歷山卓。據他們說，這裡比開羅安全，而且有遠親提供棲身之所。他們改信伊斯蘭，但坦承仍在拜祖先的自然神。透過親戚，他們結識一對經營小型孤兒學校的英國夫婦。英國夫婦給他們吃、住、上課，他們則在學校裡打雜。

初次相遇後，我們共度了不少時光。接近傍晚他們下班後，我和他們碰面。請他們喝咖啡，有時請吃晚餐。他們帶我逛旅遊指南上列出的市場、博物館、美術館，還帶我去蘇丹餐廳和亞歷山卓市內少有外國人去的地方。雖然吃了不少苦，他們個性熱情開朗。

我那些顧問同僚不顧別人感受的戲謔談笑，讓我心情鬱悶，森米和莎曼莎適時出現，則讓我悶氣全消，心情大好。因為工作性質，我必須與當地人往來，收集資料，用於我最後必須完成的報告，因此只要我想，隨時可以和他們混在一塊。過了一陣子，我發覺自己愛上莎曼莎，幻想娶這位非洲美女，帶他們兩人回美國。我想像，當我攬著一個年輕女蘇丹黑人出現在父母面前時，他們會有的反應，愈想愈得意。我跟森米提起到美國定居的想法，以為他會感激又興奮，沒想到他一臉苦惱。

「我們是非洲人。」他說：「我們得回蘇丹拯救我們族人。」

「你們要怎麼做？」

「為獨立而戰。」

「但蘇丹在一九五六年就贏得獨立了。」

「蘇丹不存在。我們是兩個國家，不是英國人、埃及人創立的那個國家。」

「穆斯林是北部，南部呢？」

「沒錯，北部是中東一部分，南部則屬於非洲。」

這觀點我倒是第一次聽到，甚至不同於瑞奇的觀點。埃及是一回事，蘇丹是另一回事。我很驚訝自己從未如此思考。「埃及呢？」我問：「它是屬於中東還是非洲？」

「都不是。」

「然後呢？」

「你可知道自西元前四世紀左右涅克塔涅博（Nectanebo）法老王死後，這個國家一直到現在、到這世紀，都不曾有出身埃及本土的領導人？」

我承認我很震驚。「那現在埃及屬於哪裡？」

「過去埃及常和歐洲連在一塊。」

「現在？」

「她坐在美國大腿上。」

第四十三章　一頭豺狼誕生

一九七一年我第一次去貝魯特時，傑克・科賓（Jack Corbin）還是個少年。約四年後我來到亞歷山卓，他變得焦躁不安，十九歲的年紀就想離開家人和家鄉。在那之前，他大半人生都憧憬著非洲。決心追隨夢想，將使他的人生永遠改觀。他將成為豺狼，接到許多任務，其中包括暗殺非洲大陸極具戰略價值的國家的總統。也因為這些任務，我們結為朋友，友誼維持了數年。

傑克是美國企業高階主管的兒子，在充滿暴力的環境長大。他和他的死黨坐在可俯瞰貝魯特某區的郊區圍牆上，看著下方遠處上演的人生百態，度過了許多下午。與其他男孩平日會見到的景象不同，那裡上演的有時是活生生的殺人情節。有天下午，他們透過高倍雙筒望遠鏡，看到三名男子毆打一名男子，然後把他軟趴趴的身體搬上小貨車後面。又有一次，他們親眼見到一位母親在自己嬰兒面前遭強暴。事後，一名男子爬出灌叢，扶這對母子到附近人家。

停火協議生效後，傑克和一名友人大膽進城看電影。離開戲院時，突然傳來槍聲。停火協議結束。一輛黑色賓士疾駛而過，停下，倒退，再停下。三名男人跳下車，揮舞著AK-47步槍。

他們用槍戳傑克和他朋友，用阿拉伯語大聲叫罵，推他們進黑色大賓士後座，指控他們替以色列偵察，用手槍毆打他們，口口聲聲說要在日落前把他們殺掉。賓士車急速駛回小巷，通過阿拉伯貧民區，傑克這些人通常不准進入這區。他們被送到一名男子面前。男子坐在書桌後面，神情冷靜。

「謝天謝地他是巴解成員，不是激進民兵。」傑克告訴我：「我把戲院票根給他看。我不知道為什麼會留著這東西，但就是塞在口袋裡。那男子責罵那些手下，說他們是飯桶，然後要他們護送我們出去。」

那次經歷使傑克決心離開貝魯特。但他投入了戰爭，而非遠離戰爭。「我知道自己能應付暴力。」他向我吐露：「那些綁匪沒嚇到我，反倒惹火我，讓我腎上腺素上升。」他搭機前往非洲。

「那塊大陸是個火藥桶，像我這種人可以發大財、找樂子。」傑克和我坐在南佛羅里達某家愛爾蘭餐廳中庭，時為二〇〇五年。那些時日和地方似乎很遙遠了，但他剛從伊拉克回來，完成一項美軍無法親自執行的任務。我們這番交談也因此更具時代意義。「我一直掌握情勢，與來自貝魯特的傭兵談，讀我爸爸的《時代》雜誌。我知道當下的情勢。一九七四年，葡萄牙人做了一件事，改變非洲的歷史，打開一道大門，而我走過了那道大門。」

葡萄牙人民暴動、推翻親美獨裁政權後不久，我去了西班牙。先是葡萄牙在非洲的殖民地發起獨立戰爭，使葡國經濟、軍力受損。勾結金權統治集團的長期獨裁者安東尼奧・薩拉查（António de Oliveira Salazar）因病日趨衰弱，接著軍中異議分子發動政變，罷黜薩拉查的繼任者馬塞洛・卡埃塔諾（Marcelo Caetano）。經過這些事，葡萄牙不再是我們盟邦，改走社會主義路線。經濟殺手這次任務失敗，引發嚴重關切，我也因此踏上查明真相之路。

「經過『康乃馨革命』，」傑克扭曲著臉一臉厭惡說道：「里斯本立即解放非洲的殖民地。全部解放，而且是突然之間解放，事先毫無跡象。部隊調回國。在那些殖民地住了數代的數十萬葡萄牙人，失去土地、事業，失去一切。為了保命，他們得逃離，大部分前往南非、羅德西亞、巴西，或回葡萄牙。這些古老殖民地如願以償獨立，但接下來的重重困難讓它們不知如何是好。蘇聯理所當然趁虛而入，填補權力真空。不過幾天，重要的石油、天然氣資源就落入共黨手中。在那之後，推翻羅德西亞伊恩・史密斯（Ian Smith）政權的解放戰爭，紅紅火火地展開。」

那時，我和傑克一樣，把危機當作個人事業更上層樓的機會。他走的是豺狼之路，我則是經濟殺手。我想起建造帝國的大業，在印尼、伊朗、拉丁美洲大部分地區，進行得何其順利，但在美軍與南越軍隊節節敗退的越南，還有赤棉、巴特寮（Pathet Lao）漸居上風的柬埔寨、寮國，卻嚴重受挫。一九七四年之前，非洲一直是塊未知大陸。獨立運動風起雲湧，但該向誰求援，往往陷入分裂對立。許多獨立運動領導人不願擁抱共產主義，與西方為敵。那時，我們經濟殺手已開始針對可能的選擇方案權衡利弊得失，不擇手段謀取比對手更有權勢的位置。緬恩公司在薩伊、賴比瑞亞、查德、埃及、南非已站穩腳跟（但在南非，由於反種族隔離情緒日益高漲，我們保持低調）。我們的代理人努力對奈及利亞、肯亞下功夫。我在那不久前完成了一項調查，確認在剛果河建造一座大壩，可替整個中非地區的採礦、工業園區提供電力。

里斯本突然決定解放殖民地，卻使情勢全然改觀，改變了均勢，讓美國五角大廈（即國防部）、國務院（相當於外交部）陷入一片混亂。兩個機構激烈辯論因應方案，造成兩邊高層衝突，特別是內閣閣員間的衝突：前後任國務卿羅傑斯（William Rogers，一九六九—一九七三）、季辛吉（Henry Kissinger，一九七四—一九七七）和前後四任國防部長萊爾德（Melvin Laird，一九六九—一九七三）、里察森（Elliot Richardson，一九七三）、史萊辛格（James Schlesinger，一九七三—一九七五）、倫斯斐（Donald Rumsfeld，一九七五—一九七七）。身陷水門案醜聞的尼克森總統和自動遞補（而非透過選舉）當上總統的福特，在職期間均無法發揮強勢領導，使決策情形更為混亂。要如何因應，華盛頓無法獲致共識。

對非洲人而言，這情勢前所未見、混亂至極。歐洲人在非洲爭奪霸權數百年，留給非洲人一個個由上而下強行建造的國家，畫分國界時只考量外國強權的利益而不顧文化差異。而殖民地的統治者，完全未協助非洲人建立可長可久的政府、商業部門，因此獨立後的治國重任，非洲人無力扛下，結果給了有能力迅速填補權力真空的人剝削圖利的大好機會。

「我們放任蘇聯人大舉入侵。」傑克露出嫌惡的表情。「就連中國都勝我們一籌。受莫斯科資助的莫三比克是馬克思恐怖主義的溫床，訓練了數千名辛巴威非洲民族解放軍的新兵，一批批派去殺羅德西亞的農場主，包括白人、黑人。尚比亞轉而支持毛澤東，把自己打造成襲擊羅德西亞的大本營。在我眼中，那個小國家處於劣勢，需要援手，於是我去羅德西亞，加入當地軍隊。」

傑克一直認為，羅德西亞「未倡導愚蠢的種族隔離政策」，與南非不同。他主張他加入的戰爭不是白人對抗黑人的戰爭，而是一場生存戰爭，是羅德西亞與落入蘇聯之手的鄰邦之間的戰爭。

一到那裡，他發現他在貝魯特遭巴解綁架後得到的結論沒錯。「我發現自己天生是當兵的料。我加入羅德西亞輕步兵突擊隊，後來通過甄選進入特種航空隊SAS，萬中選一的菁英部隊。訓練很苦，執行任務更苦。有一次，炸掉一些橋後，為躲避數千敵軍的追擊，我們得奔逃整整三星期保命。我們在山區一天跑二十哩（三十二公里），伏擊他們，再移動。那段期間我們完全沒有後援，差點渴死。」

他想起他第一次殺人。「一個外國佬從一叢樹後面竄出向我開槍。我開了一槍，射爆他的臉。那天晚上我替他的家人擔心。但下一次，我眼裡只有敵人，想殺我的人。跟做其他事一樣，殺愈多就愈上手。」

在羅德西亞軍隊服完役，傑克當上傭兵。「機會到處都是。一九七九年時，至少有六個非洲國家捲入『解放鬥爭』；南非、安哥拉、西南非、尚比亞、莫三比克、羅德西亞。」

他前往南非，受一名豺狼之聘，從事暗殺任務。那是他這輩子從事過最危險的任務之一，大大曝露了美國政府從事但少有美國人知道的非法勾當。他的暗殺對象是個總統，一個與華盛頓、倫敦當局為敵的總統。

第四十四章 狄戈加西亞島上「不存在的人」

一九七〇年代初石油輸出國家組織發動禁運，加上美國在東南亞用兵大敗，使掌控非洲資源有了新的急迫性。企業高層和其說客湧向華盛頓。他們趁著尼克森、福特政府的混亂，以及卡特政府專注處理伊朗問題無暇他顧之際，要求制定有利於他們的國際法，以便名正言順、肆無忌憚地剝削非洲資源（特別是石油）。這些企業高層，還堅持美國派出超強軍力進駐，以確立美國霸權，保護航運路線，給那些與金權統治集團勾結、不顧民意的非洲領導人當靠山。

蘇聯、中國在非洲的成功，讓那些主張美國以強勢軍力回應的人更振振有詞。報紙報導，共產勢力入侵非洲，以及莫斯科、北京試圖結集祕密部隊入侵美國盟邦，將造成何等嚴重的後果，藉此煽動輿論。電視台播出叢林戰經驗豐富的古巴游擊隊訓練非洲「恐怖分子」的畫面。謠傳卡斯楚已派出惡名昭彰的格瓦拉，去大規模攻擊美國的採礦活動。

華盛頓受到龐大壓力。蘇伊士運河關閉和超級油輪問世，使得油輪離開中東港口後，必須穿過紅海或波斯灣，進入阿拉伯海，再進入印度洋，沿著長長的非洲東海岸線往南，繞過好望角，進入大西洋。因此，建置「要塞」保護這些航運路線的主張得到了支持。政治人物看準民意所向，跟著大肆鼓吹。社會福利計畫遭擱置，經費流向五角大廈。美國政府決定在非洲東岸外海的阿爾達布拉島（Aldabra Island，位於馬達加斯加北方）建造一座要塞，一個配備核子彈頭的空軍基地。

「這將加強好望角附近南非海軍基地西蒙斯敦（Simon's Town）的威力。」傑克解釋道：「美軍核子潛艇在不受監視的西蒙斯敦整補，再回到南大西洋、印度洋執行孤單、漫長的巡邏任務。在馬達加斯加北方設一座空軍基地，補強西蒙斯敦，再理想不過。」

但這計畫一開始草擬，規畫人員就發現阿爾達布拉島是稀有巨龜的繁殖地。華盛頓擔心日益壯大的生態運動組織公開反對，便將目標轉向附近的狄戈加西亞（Diego Garcia）島。狄戈加西亞是模里西斯查哥斯（Chagos）群島最大的環礁，當時屬英國所有。狄戈加西亞島上沒有瀕危的巨龜，卻有一千八百名居民，大部分是黑奴後裔。

「預定成為美國先進軍事基地的環礁，怎能有人居住。」傑克告訴我。

一九七〇年，在經濟殺手居中撮合，英、美情報機構參與之下，達成一項協議，倫敦強迫狄戈加西亞的居民遷離家園。全程極力保密。據英國廣播公司報導：

英國政治人物、外交官、公務員展開一項運動，套句他們的話，是為了「維持（島上）沒有永久居民的假象」。這至關重要，因為有居民，就表示有人的「民主權利必須捍衛」……。這些居民因此成為不存在的人。

島上居民有許多被趕到一水之隔的鄰邦塞昔爾（Seychelles）。然後英國將「無人居住」的狄戈加西亞租給美國政府，美國則針對北極星（Polaris）潛艦技術提供一千一百萬美元的補助，作為回報。島民的搬遷補償費則是一人約六百美元。

五角大廈開始趕工建造軍事基地。這個基地可停放B-52和日後具躲避雷達功能的B2轟炸機，作為突襲非洲和中東、印度、阿富汗的軍隊集結待命區，在打造美利堅帝國上將扮演舉足輕重的角色。

儘管戰略位置顯要，狄戈加西亞一直避免引來注目。相較於其他美軍駐地，這個東非外海的美軍基地很少有人知道。為了保護這基地，中情局支持的豺狼發動了一場肆無忌憚的暗殺行動，而且鮮為人知。

一九七六年六月二十九日塞昔爾宣布獨立後，詹姆斯・曼恰姆（James Mancham）當選為第一任總統。他與華盛頓、倫敦的接觸，主要透過南非這個堅定支持金權統治集團的國家。曼恰姆透過南非表明，他支持狄戈加西亞協議，並主動表示願意悄悄接收島民，心知他和他的親信將從附近這個軍事基地得到不少好處。在這過程中，他也激怒了國內許多人民。

塞昔爾人民極看重他們新得到的民族主義。這股民族自尊使曼恰姆遭到強烈反對。塞昔爾群島居民除了痛恨他唯美、英馬首是瞻，還痛惡自己的政府成為迫使鄰島居民搬離家園的幫凶，大大不滿這些人湧入可能讓自己飯碗不保、破壞社會既有的運作模式。曼恰姆訪問倫敦時，總理法蘭斯亞貝特・赫內（France-Albert Rene）決定動手。一九七七年他發動不流血政變，推翻總統，展開英國廣播公司譽為「旨在讓窮人享受到國家較多財富」的大計畫，還宣布讓狄戈加西亞島民回到家園，公開反對美國在非洲後院設置軍事基地。

華盛頓勃然大怒，選民大眾看不到的大怒。傑克・科賓正在羅德西亞磨練個人本事之時，金權統治集團已密謀除掉赫內。

我奉命以經濟殺手身分和傑克搭檔，加入這計畫，只要我們的領導人決定採取哪個辦法：用計或暗殺，我們就動手。後來我和傑克都未接到命令對赫內動手，但根據私底下得知的談話，我知道美國政府為了保住軍事基地會不擇手段。

第四十五章——暗殺一名總統

傑克・科賓從羅德西亞觀察塞昔爾的動亂。屬於艾森豪所謂軍工產業複合體的查爾斯・諾伯將軍及其友人，則從華盛頓觀察塞國情勢。

「赫內說要幫助窮人的話都是鬼扯。」查爾斯說。他曾在越南擔任美國陸軍工程司令部司令，在緬恩公司爬得很快，短短兩年左右，就從專案經理升為副總裁，再擢升為執行長麥克・霍爾的當然接班人。我雖曾藉著加入和平團逃避兵役，他卻對我照顧有加。我想他一定見過國家安全局有關我的徵兵檔案；他當我是忠貞的經濟殺手，很器重我。只要和他同行到華盛頓，他總邀我到外人無法進入的陸海軍俱樂部下榻。其中一次，我聽到他上述講話。當時，我們在正式的用餐室和兩位退休陸軍將領和一位退休海軍將領共進晚餐，他們都是為聽命於金權統治集團的企業工作。

「赫內是蘇聯傀儡。」諾伯繼續說：「他接到一項任務，就是把我們趕出狄戈加西亞，把那地方轉交俄國人。然後他會邀古巴人加入莫斯科人。不久，這整個大陸都會赤化。」

這四位退休將領問了我許多如何在印尼、沙烏地阿拉伯等地不用暴力就達成任務的事。他們實事求是，不打高空，教我佩服。與許多政治人物不同，他們似乎希望盡可能避免戰爭。七〇年代末，政變、暗殺作為對付左派領導人的手段，普遍為人所接受，但這時的軍方高階將領似乎比國會、白宮的高層更執著於法治。或許他們已從親身經歷學到，暴力只會引來更多暴力；或許他們擔心，容忍這類行動在其他國家出現，可能導致類似手法在自己國家重現，反受其害；也或許在良知深處，他們想起自己發過捍衛民主的誓言。

那位海軍將領說道，赫內似乎「決意追隨阿葉德、普拉特的腳步。」

三位陸軍將領立即板起臉孔瞧了他一眼。「現在不談那個。」其中一人低聲說。話題回到用什麼辦法可把赫內拉回我們陣營。他們告訴我要有心理準備，接獲通知得馬上飛到塞昔爾。

其中一位陸軍將領，指派一名年輕帥氣的門生，想辦法接近塞昔爾某外交高層的妻子。這位將軍在幾場雞尾酒會中觀察到，年約三十五歲的她似乎很厭煩年紀幾乎大她一倍的丈夫。動用美色做情報，並不只限於我在雅加達見到的藝妓那樣專業的人士。根據我的經驗，有形形色色的男女以美色為工具，為建立美利堅帝國而效命，且成果斐然。愛得發狂時，不小心就會說出祕密。經濟殺手的慣用伎倆乃是以愛（或性）為藉口，懇請對方提供內幕消息，幫助自己升官。經濟殺手會說：「我只需要一些情報就能升官。」或者語氣更迫切，「如果我沒辦法幫頂頭上司打聽到東西，一丁點有關……的消息，我恐怕飯碗不保。」當這些都不管用時，恐嚇勒索通常管用；對方或許沒辦法拿到足夠的錢打發掉勒索者，但幾乎都能提供內幕消息。

與這幾位海陸將領初次開會後，我們在華盛頓、波士頓又開了幾次會。與會者或有個別變動，但背景都一樣：退休後進入企業擔任要職的軍方有力人士，或是代理人。諾伯參加了其中幾場，但往往交由我獨力主持。

那個有年輕帥氣門生的將領，與狄戈加西亞島淵源久遠，我這些會有許多是他提議召開的。他回報說，他的門生有所進展，但不如他預期的快。「他說她和發情的貓一樣騷，但要他保證他『愛』她。」那位將軍得意對我笑。「我想，在這方面，女經濟殺手比你們男的更厲害，至少就我的經驗來說。我從不要求對方愛我，只想進入女人的內褲。我想這就是男女的差異。媽的，為了搞上女人，我會交出五角大廈的鑰匙。」

最後，那位門生終於得到將軍口中「我們一直在等待的突破」。那女人開始跟他透露祕密。最後他回報了我們一點不想聽到的消息：赫內不會被收買。更糟糕的是，他正打算將狄戈加西亞居民被偷偷趕走的事公諸於世。「那女人說他是個意志很堅定的人，甚至是個理想主義者。」這位將軍嘆口氣。「赫內談到一個『陰謀』——他似乎就是用『陰謀』這字眼。倫敦和華盛頓為了掩飾那地方住有約兩千名黑奴後代所玩的小把戲，將因他這陰謀而曝光。這教我們忍無可忍。」

這情報上傳到指揮系統多高層？還有多少人涉及賄賂塞昔爾總統？我不得而知。那時，上級考慮要我加入塞昔爾任務，而我正為了把巴拿馬的杜里荷和厄瓜多的羅爾多斯拉回我們陣營，忙得不可開交。這兩位拉丁美洲領導人因為不肯聽話，在一九八一年中以前陸續死於中情局幕後主導的墜機事件。同年十一月，經濟殺手奉命退出塞昔爾任務。我們每個人都不想聽到的命令下來了。傑克·科賓和一群精銳傭兵被派去暗殺總統赫內。

第四十六章 劫持印度航空七〇七班機

「我們在南非德爾班組成一支約四十人的隊伍，成員都是身手一流的豺狼。」傑克說：「我們化身為『愛喝啤酒人古老會社』（Ancient Order of the Froth Blowers），一個愛打英式橄欖球、愛喝啤酒、送聖誕玩具給塞昔爾孩童的慈善組織，而塞昔爾境內正好以天主教徒居多。計畫訂得很清楚。我們化整為零進入史瓦濟蘭，在該地重新會合，搭史瓦濟蘭皇家航空班機到馬埃島（Mahe）上塞昔爾的首都維多利亞，然後到飯店與先遣隊會合。先遣隊裡有一些特別挑選、向較高層人士套取重要情報的女隊員。

「我們的武器和裝備事先在島上藏好了。不管在史瓦濟蘭或馬埃，都不必擔心通關時被捕。這對我們這些人很重要。有人告知我們，那裡有個塞昔爾運動組織，成員大多是當地警察，很願意幫忙解決困難，充當嚮導。但動刀動槍的事，全看我們自己。

「主要的阻力將來自赫內引進、駐紮在機場附近的七百名坦尚尼亞軍隊。我們在羅德西亞打過仗，知道坦尚尼亞人很能打，吃苦耐勞又頑強，絕對不能小看，特別是他們的人數是我們的五、六倍。在準備動手的那天凌晨，我們會有四人趁他們熟睡時，偷偷摸進兵營，用機關槍把他們解決掉一部分。機槍聲一傳出，就代表我們可以動手。接著，我們會同時攻占電台和總統府，播出曼恰姆預錄好的聲明，宣布他重新掌權。他會呼籲人民待在屋內，保持冷靜。

「肯亞軍方要一架載著傘兵的飛機在奈洛比待命，一旦電台發布起義消息，就會起飛，在天剛亮不久抵達，讓外界以為這是非洲人的政變，所有傷害由非洲人一肩扛下。我們會在媒體抵達前悄悄消失，搭民航機回南非。」

結果，這支豺狼隊連總統府的影子都未能看到。在馬埃機場，一名豺狼藏在行李裡的突擊步槍遭安全人員查獲，計畫因此失敗。動身前最後一刻，上級要他們部分人攜帶武器，但這個人打包行李為何這麼不小心，不得而知，後來幾年還引來種種揣測。

激烈槍戰隨之爆發。傑克說那是他這輩子最難得的經驗之一。他當時覺得可能無法活著逃出，事後想起，餘悸猶存。「我們在機場遭到包圍時，只有一些彈匣可用。在機場接應的同夥那裡有一些，還從機場安全人員那裡搶來一、兩個。我們伏擊正跑回機場另一頭兵營的部隊，從他們身上搶到更多武器和彈藥。有些組員攻擊了坦尚尼亞兵營，結果失敗。整晚槍聲頻傳，更多坦尚尼亞兵進來，情勢岌岌可危。」

然後指揮塔台上的一名豺狼隊員，聽到一架印度航空公司的民航機要求允許降落，同時詢問跑道燈為何沒開。那些傭兵立即打開跑道燈，允許飛機降落，並解釋跑道燈是因為「技術問題」熄掉，但「現已解決」。

「我們和塞昔爾當局透過電話談判。他們說只要我們肯搭上那班飛機，離開這島，就同意停火。我們大部分人同意搭上那架該死的飛機；距天亮只剩一小時，受到包圍，而且聽說俄羅斯戰艦已經進港或正在趕來途中，我看不出還有別的選擇。最後我們決定走人。我們替那架波音七〇七客機補足燃料，將遇害的一名隊員遺體和大部分個人裝備搬進貨艙。有幾人決定留下，不願冒搭飛機成為活靶的危險。我們其他人登上機；起飛時，坦尚尼亞人和塞昔爾人猛開槍想把我們打下來，天上滿是四處亂竄替我們送行的曳光彈。下一站是南非德爾班。情勢底定時，我們死了一人，失蹤、被俘的有七人，包括在機場接應的一名女同夥。」

飛機一降落德爾班，就遭南非安全部隊包圍。我們透過無線電與他們溝通，安全部隊隊長立即發現劫機者是他的弟兄，所有隊員都投降了。經過短暫關押，傑克悄悄獲釋。塞昔爾政府逮捕他們在機場抓到的七個人，撤銷對那名女同夥的控訴。四名男隊員被判死刑，兩名男隊員分別被判處十、二十年刑期。南非政府立即出面斡旋，希望塞國放人。最後，據報導，南非政府支付塞昔爾三百萬美元、也就是每人五十萬美元的代價，這些豺狼才獲釋。

塞昔爾任務表面上失敗，對金權統治集團而言卻是成功的。媒體大幅報導這次劫機和接下來的審判，但美國、英國設法避開大部分爭議；外界的批評落在南非頭上。原來構成嚴重威脅的赫內變得比較願意合作，對狄戈加西亞、華盛頓、倫敦、普勒托利亞（Pretoria）的政策也轉趨溫和；他繼續當政三十年，直到曾擔任他副總統的詹姆斯・米歇爾（James Michel）於二〇〇四年贏得五年一任的總統大選。那個美國軍事基地，則繼續在非、亞、中東扮演舉足輕重的角色。

豺狼圈則從此流傳著一則笑話，清楚標明他們身價的笑話：大約是狄戈加西亞島民身價的一千倍。

第四十七章——環保人士遭處決

塞昔爾事件是暗殺國家元首未遂的戲劇性例子，因涉及一批人數不少的傭兵，最後以劫持民航機收場，特別引人注目。這起事件也突顯一個事實：這類手法通常只有在經濟殺手不管用時，才會動用。

在非洲，經濟殺手失敗的例子不少，因此非洲大陸的政壇很倚重暗殺。大部分暗殺確是祕密執行，但也有一些暗殺假合法處決的形式執行。在這方面，最著名的例子或許非肯・薩羅威瓦（Ken Saro-Wiwa）莫屬。

薩羅威瓦是奈及利亞環保人士，屬奧戈尼族（Ogoni）。他帶頭反對石油公司剝削他的族人家園。一九九四年，他接受紐約太平洋廣播網WBAI電台艾米・古德曼的訪問：

肯・薩羅威瓦：（殼牌石油公司）決定時時盯著我，不管我去哪裡。他們時時跟蹤我，確保我不會騷擾殼牌公司。我覺得我受到監視……。今年年初，確實時間是一月二日，我和所有家人被整整軟禁了三天，只為了阻撓一場針對殼牌的抗議活動。根據計畫，會有三十萬奧戈尼人走上街頭，抗議殼牌和其他跨國石油公司摧殘環境……。他們的作法就是直接請軍方到我家，拔掉電話線，沒收我的手機，關我三天，其間連吃的都不給。

那年稍後，薩羅威瓦再度被捕。薩尼・阿巴查（Sani Abacha）這個支持金權統治集團的獨裁者的政府把他送上法庭。在許多觀察家眼中，那個審判根本不符正常法律程序。一九九五年十一月十日，薩羅威瓦和他八名環保同志被吊死。

二〇〇五年，這位遭處決的環保領袖的兒子肯・威瓦（Ken Wiwa），愛邀上古德曼的「現在就民主！」節目：

肯・威瓦：「我父親沒有怨恨；怨恨不符我家人或族人的本性。我們深信殼牌是這問題的一部分。要解決這個問題，就必須解決這個部分。我們仍然覺得，靠某種尊嚴和對社會正義的堅持，情勢仍有可能挽回。但從我父親被處死到現在，已過了將近十年……。奈及利亞軍隊入侵奧戈尼省，非法殺人，強暴少女、婦女，全為了壓制我們組織的反抗聲浪，讓石油恢復生產。而軍方，沒有一個人遭逮捕，一個都沒有……。」

暗殺，不管是由傑克・科賓之類的豺狼執行或透過獨裁政權的法庭執行，都大大削弱了社會、環保運動的力量。害怕遭逮捕、折磨、處死，還有對家人、族人的影響，使得許多改革者退出改革運動。金權統治集團當然注意到這個效應。

如今，就在我寫下這句話之際，傑克和參加塞昔爾任務的隊員正在伊拉克執行他們的豺狼工作。從事的活動表面上在「捍衛民主」，實際上是為了保護那些大發橫財的美國企業的設施。他們與經濟殺手類似，為受雇於美國國務院、國防部的民間企業服務，或透過情報圈裡「黑名單」的某個帳戶，替情報機關工作。他們根據合約提供「安全服務」和「管理諮商」。

那些被迫失去家園的狄戈加西亞島民，悲慘的遭遇仍未結束。二十世紀最後幾年，他們發起返回家園的運動，聲稱三十年的貧困、剝奪、流離失所讓他們身心受創，要求歸還他們的土地並賠償損失。

他們的律師其中一位是英女王王室法律顧問悉尼・肯崔吉（Sidney Kentridge）爵

士。他稱那個原始協議是「英國歷史上非常令人遺憾、絕談不上光彩的一頁」。英國廣播公司則斥之為醜聞，「涉及來自美國的『賄賂』、高階文官的種族歧視心態、欺騙國會和聯合國的英國政府。」

二〇〇〇年，某倫敦法院「裁決，驅離島民的作為不合法……。但政府不想讓島民重回狄戈加西亞，因為狄戈加西亞可作為美國攻擊伊拉克的基地。」

塞昔爾的未遂政變和狄戈加西亞遭劫掠，想來令人極度不安，特別是想到這些行動都是披著捍衛民主的外衣執行。雖然讓人悲痛，比起發生在這大陸其他許多地方且至今尚未結束的罪行，只能算是小兒科。

第四十八章——最不為人理解的大陸

《經濟殺手的告白》一書出版後，我和許多豺狼、經濟殺手見過面，傑克是其中之一。他們替金權統治集團幹過的壞事遍布各大陸，但我常不解與他們的談話為何如此頻頻轉向非洲。

這些人，有男有女，親身參與過去四十年世界史的塑造，而他們似乎於對非洲大陸上的活動很感興趣：美國在剛果總理派崔斯・盧蒙巴遭暗殺一事所扮演的角色，美國支持安哥拉的喬納斯・薩溫比（Jonas Savimbi）、剛果的莫布圖・塞塞・塞科（Mobutu Sese Seko）、洛朗・卡比拉（Laurent Kabila）、奈及利亞的阿巴查、奧盧塞貢・奧巴桑喬（Olusegun Obasanjo）、賴比瑞亞的撒繆爾・杜伊（Samuel Doe）之類的獨裁者，以及最近在盧安達、蘇丹、賴比瑞亞發生的慘劇。向我告白的人之中，有些對柯林頓政府「非洲復興」的失敗很痛心，而大部分都同意，這計畫其實是個不甚高明的手段，目的在支持一個又一個殘酷的強人統治者。最後，我們談到近期美國試圖免除許多國家債務的舉動，還談到小布希政府決意用這個看似慷慨的作為，作為最新、最高明的經濟殺手伎倆，進一步鞏固金權統治集團。

這些人是讀了我的書之後前來找我，因為他們也被欺騙了。他們在商學院、法學院念書時被教導，為了進步，有時得採取看似違背民主、但為達目的不得不採取的手段；另一方面，他們也是有著一身本事需要找份工作的戰士。他們曾相信公司的經營方針；之所以相信，若非受了哄騙，就是本身就認同那樣做對自己最有利，或者兩者兼而有之。如今，這些人和我一樣，滿心苦惱，良心不安，於是想說出來，想告白，想找個深有同感的人聽聽他們做過的事，或許還想做點什麼補償自己的罪過。

這些人非常清楚，美國人民一直受到矇騙，他們自己則是金權統治集團矇騙人民的工具。政治人物說得天花亂墜，但今日的非洲大陸，比起我住在亞歷山卓時，比起傑克前往羅德西亞時，比起其他許多人在三十年前投入經濟殺手或豺狼一行時，更為貧困。如今，非洲五十三個國家中，有四十三個身陷長期飢餓、低水平生活的困境；大片地區定期遭受饑荒、乾旱的蹂躪；礦物資源遭外國企業剝削，那些外國企業利用寬鬆法規和貪污官員，使獲利不必投資於當地，當地經濟因此永遠不振，政府永遠無能；人民身不由己捲入暴力、種族衝突、內戰；每年有三百萬孩童死於飢餓和與飢餓有關的疾病；非洲人的平均預期壽命是四十六，約略只到一九〇〇年美國的水平；四成五的人口年紀不到十五歲，但因為飢餓、霍亂、黃熱病、瘧疾、結核病、小兒麻痺症、HIV／愛滋病、戰爭，他們永遠無法發揮自己的生產潛力。將近三千萬非洲人染上HIV，數百萬孩童因父母死於愛滋而淪為孤兒。

非洲現今面臨的種種難題，絕非最近才出現；那些難題的根由，源自於隨大探險時代而來的殖民行徑，一直延續到二十世紀上半葉。

「我不知道自己來自何處。」在世界銀行擔任中階主管的詹姆斯在二〇〇五年如此告訴我，話中點出一個象徵整個非洲大陸困境的兩難局面。「我曾曾祖父母被人強行帶離家鄉，到這裡當奴隸。和住在美國的拉丁美洲裔、亞裔、中東裔不一樣，我很難說明自己的出身背景，甚至不知道我的祖先講什麼語言。」

奴隸買賣堪稱是人類漫長的殘暴史上，最駭人、破壞最深最廣的人類相殘行為。因為奴隸買賣，因為原住民文化遭到無情壓迫，因為文學、藝術、電影常將土著描繪成不是人的野蠻人，因為形形色色的殖民強權湧入非洲，加上分割、征服、剝削的赤裸裸企圖，我不由得要說，非洲是今日地球上遭到最徹底摧殘又最不為人理解的地區。

亞洲、拉丁美洲、中東的國家，由共通的絲線交錯編織在一塊。非洲則是一團糾纏的結。非洲的歷史、地理、文化、宗教、政治、農作物、自然資源，錯亂而荒腔走板，給人與外界隔離、甚至孤立的感覺，進而有利於來自外部和來自內部的剝削。許多非洲國家雖已脫離殖民，但改變的只是統治者由過去的殖民主子，也就是有權有勢的歐洲人，換成有權有勢的非洲人。這些非洲權貴沿續歐洲殖民者的統治方式，與外國企業高層狼狽為奸，讓外國企業肆無忌憚剝削自己的土地和人民。

看清歷史趨勢或許有助找出未來可走的路，但將現今的不公平歸咎於過去，只是不去找出解決辦法的藉口。向我告白的那些經濟殺手和豺狼，全都清楚知道，現今的普遍貧窮，罪魁禍首在二次世界大戰後那些帝國建造者。他們也知道，應該透過言語、文字讓世人認識非洲，我們現在應該肩負起讓世人了解非洲、要求非洲改變的重任。

非洲是最不為人理解的大陸，因此也是最易受忽略、最易遭掠奪的大陸。在我的講座上，我問與會者是否了解玻利維亞、委內瑞拉、越南、印尼或中東任何國家，大部分人都舉手了。但問及是否了解安哥拉、加彭或奈及利亞，舉手的寥寥可數。這並非因為非洲國家對我們不重要。奈及利亞是美國第五大石油供應國，安哥拉是第六大，加彭是第十大。奈及利亞的人口在全球排名第九，高於日本（第十）、墨西哥（第十一）。

美國漠視非洲的心態深植於美國的教育體系，包括主流媒體，而且是蓄意的漠視。我們不了解，就不在乎。我們不在乎，這些國家就成為任人宰割的地方，待遇甚至比我們矚目的國家還不如。我們對玻利維亞有所了解，因此官方得花一番功夫才能讓我們相信，莫拉雷斯是個種古柯的激進社會主義者，而非多數有民族意識的玻利維亞農民選出的總統。但沒有人需要費力說服我們非洲國家領袖是怎樣的人；那些領袖，基本上不存在於我們視線裡，就像狄戈加西亞島民屬於不存在的人。不存在於我們眼中的人，就可以恣意驅離、監禁、處決。

「每次到非洲，我都為自己身為美國人覺得丟臉。」詹姆斯坦承：「非洲人問我，我的美國同胞是否了解他們？是否知道已有數百萬孩童死於戰火？知道有那些孤兒和遭截肢者？知道蝗蟲入侵？知道水災和旱災？我不忍據實以告。那些事我們都不知道。大部分美國人根本不在乎，包括非裔美國人。」他舉起雙手擦擦眼睛。「你知道這裡面有件很糟糕的事？照理應該幫助他們的機構，竟是助紂為虐的幫凶。不只是世界銀行。騙人的，還包括一些非營利組織、非政府組織。」

第四十九章 非政府組織：導致非洲不能脫貧的幫凶

「我們受到利用？」珍妮・威廉斯（Jenny Williams）提及她在非洲替非政府組織服務的工作時，問道：「援助、開發的構想，只是西方軍火庫裡的武器，西方動用這武器不是為了慈善救助，而是為了控制？」

我是在《經濟殺手的告白》一書的編輯過程中認識珍妮。她在出版該書的伯瑞特－凱勒（Berrett-Koehler）出版社實習，給了我寶貴的意見，然後前往非洲各地遊歷，替一個在烏干達、蘇丹進行急難救助計畫和開發計畫的非營利性組織工作。

「我受夠了西方的偽善，不想再當個紙上談兵的批評者。」她說：「我要實地去走走，有所作為，親自看看那些援助的款項用到哪裡去。」

我覺得她的觀點特別引人興趣，因為她在聖地牙哥長大，二〇〇四年從加州大學柏克萊分校畢業，原本一直相信媒體提倡的大量消費觀念，相信外援幫助窮人的看法。她和我女兒潔西卡一樣，代表將引領我們走向未來的一代年輕人。

她在二〇〇六年九月從烏干達寄來的電子郵件裡，繼續寫道：

非洲西化的跡象時時可見且非常鮮明：在旱災遍地的北肯亞，「可口可樂」海報張貼在路邊書報亭上；美國饒舌、嘻哈風格配件普見於貧窮的非洲年輕人身上；人們飲用進口的即溶咖啡，而非非洲生產的咖啡豆，因為「味道比較好」，但其實是因為金權統治集團強加的關稅和其他稅，讓非洲自產的咖啡較貴。

我想企業一定會認為非洲很快就會步入消費性社會，但非政府組織是維繫西化於不墜的體系中的一環。從領導風格到外籍員工薪資，非政府組織處處按照西方的文化、社會、經濟標準行事，從而在援助工作者和他們所欲援助的人之間製造一道鴻溝，而非洲人，藉由模仿外國人，不斷想縮小這鴻溝。西方價值觀推翻當地傳統觀念，擾亂當地經濟體系。

另一個兩難局面：在北烏干達，在飽受叛軍戰火二十年蹂躪、造成上千萬死亡、將近兩百萬人流離失所的地區，非政府組織遭指控因為駐在當地，反倒使衝突拖得更久。只要情勢被認定「緊急」，捐款人就會繼續資助非政府組織；這些組織就會繼續湧到當地，照顧在骯髒難民營裡過著非人生活的人。（有家烏干達電台開玩笑道：「非政府組織比博達博達還多。」博達博達是充斥該國每個城市街道的計程摩托車。）

那些生活在難民營的烏干達人有些已住了十年或更久，若沒有非政府組織替他們鑿井，提供衛生、教育設施和糧食援助，死亡人數無疑會增加。但因為非政府組織存在，烏干達政府和西方就可以推卸停止戰事、讓整個地區恢復發展的責任。現在，二〇〇六年夏天正在舉行的和談，其實早就該開始談了。

「我們就像亞當拿來遮羞的無花果葉，當西方諸國政府找不出外交或政治解決辦法或不想透過外交或政治解決時，就躲在後面。」有位非政府組織工作者告訴我：「只要有衝突，有危機，誰第一個抵達？當然是援助組織，因此西方可以說：『你看，我們有在做事。』即使他們根本不想徹底解決真正的問題。」

最後，問題不只在於西方冷漠或無心解決衝突，還在於讓非洲貧窮下去，有利於西方。西方國家的人民，慈善之心發自肺腑，相信援助的確能改善非洲人處境，但西方諸國政府和跨國大企業，從非洲國家無休無止的動盪、赤貧當中得到龐大好處。要能順利操控廉價勞工和農產品，走私資源，販賣軍火，有賴於當地貪腐政客、久拖不停的戰事、公民意識不足而無力挺身捍衛自己權益的社會。剛果若真步入和平、透明的社會，外國企業就很難、甚至不可能開採礦物資源；如果沒有叛軍團體或部族衝突，小型武器就沒有銷路。

貧窮、暴力的造成，並非全與西方的不良居心有直接關係。非洲各國領導人的貪腐和部族間潛在的緊張，是造成政府無能、非洲人民不團結的一大原因。但我深信，如果西方真的希望見到非洲穩定、發展，非洲會步上坦途。但事實上，經過西方數十年的涉入和數十億美元的援助，情勢卻更糟。

我完全相信，大部分援助工作者清廉、勤奮，想協助開發中國家弱勢的邊緣人。他們，也包括我們，正面對一個難以理解而更難對付的體制。但，關鍵就在這裡。我們必須改變那體制。

珍妮決心理解情勢，著手改變，而有這決心的不只她一人。全美各地大學生和剛畢業的年輕人，似乎比父母一輩更清楚了解他們這一代面臨的問題。出國旅行時，他們往往避開巴黎、羅馬、雅典那些熱門去處，反倒前往非洲、亞洲、拉丁美洲。他們參加群眾大會和大型專題會議（例如全球社會論壇），與當地人為伍，彈音樂、跳舞、喝啤酒、戀愛。但最重要的，他們討論全球政局，交流彼此看法，擬定計畫。

但就連他們那一代最富環保意識、社會責任的人，都未必意會到，他們普遍接受的東西，如手機和電腦科技，正摧毀數百萬人的性命。

第五十章　手提電腦、手機、汽車

一九九八年迄今，在美其名稱作「剛果民主共和國」（前薩伊）的這個國家，已有四百萬人遇害。他們的死，讓較有錢的人能買到便宜的電腦和手機。這個國家於一九六〇年脫離比利時獨立，但不久就受到華盛頓的掌控。《時代》雜誌在二〇〇六年的封面故事〈世上造成最多死亡的戰爭〉中，直言不諱表示，剛果「第一任民選總理（盧蒙巴）因為和蘇聯愈走愈近，遭比利時、美國支持的反對派殺害。」

盧蒙巴遭暗殺後，最終由陸軍將領莫布圖・塞塞・塞科掌權。套句《時代》的報導：「莫布圖是冷戰時期美國中意的人選，掌管了這個非洲歷史上最腐化的政權之一。」

莫布圖的漫長統治殘暴、腐敗，鄰國深受其擾。一九九六、九七年，盧安達、烏干達派兵進入剛果，推翻莫布圖，扶植叛軍領袖卡比拉繼任總統。但在卡比拉治下，社會、經濟情勢急速惡化。烏干達、盧安達於一九九八年再度入侵。另有六個國家，眼見可趁機掠奪剛果的豐富資源，也加入這場後來所謂的「非洲第一次世界大戰」。

種族、文化、部族間的衝突是這場戰爭的原因，但最大動機是爭奪資源。據《時代》報導，剛果「境內富含鑽石、黃金、銅、鉭（當地人稱作coltan，用於手機、手提電腦之類的電子裝置）及鈾」。這國家面積遼闊，約有阿拉斯加的一倍半大，境內許多地方是蓊鬱的熱帶森林和肥沃農地。一如我調查該地區時所發現，剛果河的水力發電資源能為非洲許多地方提供電力。

沒有剛果的鉭，我們就不可能享有大量以電腦為基礎的產品（例如有次鉭短缺，造成二〇〇〇年聖誕節季期間新力PlayStation 2缺貨）。來自盧安達、烏干達的民兵，或許可以拿保護自己人民免遭叛軍傷害為理由，辯護他們的入侵之舉，但是他們在襲擊期間搜刮鉭，偷運出境，賺了數十億美元。

來自美、英、南非的經濟殺手、豺狼、政府官員，不斷煽動戰火。賣武器給交戰各方，可大發其財。戰爭讓企業規避人權、環保團體的檢查，而且不必付關稅或其他稅。

除了剛果，還有許多地方也上演類似情事。美國女國會議員辛席亞・麥金尼（Cynthia McKinney，民主黨籍喬治亞州代表），在二〇〇一年四月十六日主持聽證會時，大大揭露了這個「英語國家的陰謀」。她在開場白時提出下列控訴：

> 今天你們將在此聽到的事情，有許多未經大眾媒體大篇幅報導。幾股強大力量想方設法不讓這些事情曝光。
>
> 調查西方政府和西方企業人士在後殖民非洲從事的活動，清楚證實西方長久以來殘暴、貪婪、狡詐的習性。西方國家在非洲的不當行徑，並非因為一時的失察、個人的缺陷或人性共通的脆弱，反倒是這些行徑本身就是長期的政策，目的在犧牲非洲人民利益，利用、掠奪非洲的財富。
>
> ……非洲苦難的最根本原因，在於西方，特別是美國，意欲取得非洲的鑽石、石油、天然氣和其他珍貴資源……。西方，特別是美國，已啟動一項政策，旨在壓迫、破壞穩定，其指導原則不是道德，而是利用非洲驚人的財富滿足自己殘忍的欲望……。西方諸國在政局穩定的非洲國家煽動人民造反……，甚至積極參與暗殺合法民選的國家元首，換上腐敗、聽話的官員。

聯合國已承諾遏制剛果的流血衝突（二〇〇六年夏全球最大一支聯合國部隊派駐當地），但是美國和八大工業國其他成員並不配合。《時代》報導：

……全世界一直眼睜睜看著剛果人民流血死傷。二〇〇〇年起，聯合國已投注數十億美元在剛果的維和任務……。二月，聯合國和在剛果工作的援助團體要求六億八千兩百萬美元的人道援助。目前為止，他們只收到九千四百萬美元，也就是每個亟待援助的人只拿到九．四美元。

暴力不限於剛果國內。鄰國蘇丹的達富爾（Dafur）地區，正上演類似的慘劇，肆虐該地區二十年的戰爭已造成兩百萬人死亡。引發這場戰爭的部分原因是石油這個最受覬覦的資源。衝突固然肇始於宗教、種族間的宿仇舊怨，並於一九八〇、九〇年代升高，但經濟殺手和豺狼為了掩飾奪占油田的活動，利用雙方衝突，也讓情勢惡化。戰爭和社會動盪還助長了人口走私。最近幾年，約有二十五萬蘇丹人被擄為奴隸，許多人的下場，如同我在亞歷山卓的朋友森米、莎曼莎的母親，被押到性奴隸市場販賣。許多身在「文明」世界的人深信奴隸買賣在十九世紀就消失無蹤，其實不然。

外界如此吝於援助蘇丹人，理由之一是蘇丹是著名的恐怖分子培訓場。賓拉登於一九九二年被逐出沙烏地阿拉伯後，曾到蘇丹避難。蘇丹被認為是基地組織的發祥地，媒體自然而然將蘇丹視作「邪惡軸心」的盟邦，不予重視。

剛果、蘇丹都是國家身不由己捲入資源爭奪戰的例子。戰爭和貧窮，讓剝削國家資源和廉價勞力、同時腐化當地政治人物的體制，繼續運行不輟。

另一個非洲國家的案例，說明珍妮・威廉斯在肯亞和烏干達親眼所見、透過非政府組織的帝國建造手法，有多難察覺。就某方面來看，為了幫助非洲人加入和平團的兩個美國年輕人的經歷，比珍妮的經歷更駭人，揭露了在某些人眼中，美國決策者、外國政府、非政府組織、大型農企業共同參與的一項陰謀。

第五十一章——前和平團義工帶來希望

非洲西北部的內陸國家馬利乍看之下沒有異狀，似乎是個乏人聞問的國家，甚至帝國建造者都不把它看在眼裡。但那是不實的表象，在那表象背後，藏著理解金權統治集團非洲策略的關鍵。

馬利於一九六〇年脫離法國獨立，如今屬共和體制；一千兩百萬的人口約有三分之一住在首都巴馬科（Bamako）；八成勞動人口務農；九成是穆斯林，百分之九是信仰泛靈論的原住民，百分之一是基督教徒；境內有金礦、鈾礦、鋁礬土和其他礦物。前總統阿爾法・科納黑（Alpha Konar）採行世銀計畫，施行重振經濟的措施（主要透過棉花、黃金生產）。他還尊重憲法規定，當兩任總統即不再連任。二〇〇二年，阿瑪杜・杜黑（Amadou Tour）以六成五得票率當選總統。

我問觀眾席裡有多少人了解馬利，大多數時候不見人舉手。但有次我去佛蒙特州多佛鎮（Dover，我新英格蘭住家附近的小鎮），替該鎮某公共圖書館的募款餐會致詞，遇見了一對在馬利住過的年輕夫婦。他們非常喜愛馬利和那片土地上的人民。會後，我和他們通信，還邀他們到家中作客，在可俯瞰伯克夏（Berkshire）山的露台上聊天。葛瑞格和辛蒂告訴我的故事不只令人感動，還充分反映了今日非洲的美麗、悲慘和希望。他們把美國人的看法帶進這個在大多數美國人眼中模糊不清、令人困惑的國家和大陸。他們對未來，包括他們自己和馬利友人的未來所奉獻的心力，令人振奮。

一九九七至九九年，葛瑞格・佛拉特（Greg Flatt）以和平團義工的身分被派到馬利服務。二〇〇〇年，他自行回到馬利，與幾名馬利音樂家合錄專輯《祖和摩克塔「醬汁」》（a Sauce by Zou Et Moctar。專輯裡的歌曲在馬利拿下排行榜冠軍，葛瑞格成為馬利全國知名人物。）辛蒂・海爾曼（Cindy Hellmann）於一九九九到二〇〇一年擔任和平團義工，葛瑞格在馬利錄製專輯時，與她結識。

「我怎麼可能不看見他？」她笑著說：「每個人都認得他。他們在街上攔下他，跳起舞，彈起空氣吉他。小孩子跟著他，像跟著花衣魔笛手。」三年後兩人結婚。

他們兩人在不同時間加入和平團，但加入的動機類似，想在步入社會前，了解其他國家和文化。他們都懷抱貢獻世界的理想，也就是約翰・甘迺迪創立和平團時揭櫫的理想，儘管當時兩人都還未出世。兩人都希望將來結婚生子，希望下一代有更美好的未來，而他們知道必須擁抱世界，才能擁有這美好的未來。

此外，兩人長久以來都對農業感興趣。辛蒂在印第安納自家經營大農場長大，葛瑞格喜歡照料媽媽的菜園。他們告訴我，透過和平團的解說，他們覺得到馬利教當地人農耕，他們可以勝任。「我們實在太天真，竟相信他們。」葛瑞格繃起臉。

我一見到這對年輕夫婦，就覺得一見如故。透過他們的見證，不難看出這個現代帝國為何擴張如此迅速，如此神不知鬼不覺。辛蒂和葛瑞格都是懷抱崇高的動機加入和平團，自認有一技之長可貢獻，認為投身美國官方機構和世銀之類的國際組織，可以幫忙改善非洲人民的生活，結果發現實際上不是這麼一回事。他們被利用了，為新式帝國的擴張鋪路，為另一波剝削打基礎。他們發現，他們奉派到馬利傳授的東西，當地人其實比他們還懂。這時，他們第一次感到受騙。

「我們服務的馬利人是農民。」葛瑞格說：「像和平團這樣的美國機構，竟派一群小伙子去教那些經驗老到的農民如何耕種自己的土地，你想這有多扯？馬利人會怎麼想？」

雖覺得愧疚、困惑，兩人都承認，和平團義工之旅讓他們獲益良多。他們從中了解習俗、語言、音樂，了解了他們原要去那裡教授別人的東西：農耕。

「二〇〇五年，辛蒂和我決定跟著另一個開發組織重返馬利。我們擔任國際職業工業化中心（Occupational Industrialization Centers International）的農業服務非洲計畫（Farm Serve Africa program）的顧問。這是個受美國國際開發總署資助的組織，專門派遣志願獻出時間和技能的美國農民，前去非洲教導鄉下農民改善農耕技術。」

「我想，」辛蒂說：「這會和和平團不一樣，因為那時候我自己已是農民，有專業技能。我了解馬利。但我還是失望了。我仍是扮演由上而下指導的角色。我覺得自己在跟馬利人爭利，讓他們來教同樣的東西，效果會更好，還能賺得不錯的工資。我算什麼？他們懂得市場，非常懂。「農業服務（非洲計畫）」花大筆錢把我們送到那裡，包括機票、陸上交通費、醫療保險、生活開銷。要我們去當所謂的農業專家、顧問。但坐在我先前派去過的村子裡，我很沮喪，問自己到底在幹什麼。把我弄到那裡做那事所花的錢，足夠馬利一戶鄉下人家幾年的開銷。」

他們漸漸了解基因改造生物造成的傷害，了解美國機構與生產、行銷基改生物的大企業狼狽為奸，疑慮隨之加深。數百年來都靠土地過活的農家，原都是存下自家種子供下次播種用。這時卻漸漸倚賴肥料、殺蟲劑，以及得透過外國公司才能買到的種子。

「有天晚上，一大群當地人圍坐在村中的電視機前，也邀葛瑞格和我一起坐下來看。電視上出現反基改生物會議的廣告，裡面有馬利農民上街抗議引進基改作物（主要是棉花）的畫面。我們相對而望，知道該去參加那場會議，隔天就前往。那很不得了，長達一星期的大型會議，主題是基改作物、棉花補助、非洲農業傳統。參加者是來自馬利、幾內亞、布吉納法索、多哥、貝寧、甘比亞的農民代表，以及學術界、科學界、社運界、政治界人士。公民權被剝奪的無數農民，描述不公平的貿易政策帶給他們的傷害。現場還講授基改作物會帶給經濟、環境、文化、政治哪些危險。許多討論鎖定美國國際開發總署和孟山都公司（Monsanto）正合力修改馬利法規一事。某位在美國國際開發總署馬利分部工作的人士，給了我們第一手消息：這個美國官方機構正與孟山都合作，意圖修改馬利憲法，使基改作物得以引進、銷售、取得專利權。

「在這場會議上，」辛蒂繼續說：「我們還更深入了解美國補貼自家棉花的政策，是如何嚴重傷害了馬利農民。我們政府讓美國農民以人為壓低的價格銷售棉花，藉此削弱非洲棉農在全球市場的銷路。非洲農民常不得不將自家棉花存放一年到一年以上，最後迫不得已以最低價格售出，甚至根本賣不出。更糟糕的是，我們的『專家』還勸馬利農民棄種糧食作物，改種棉花這種商品作物。為提高產量，農民貸款購買種子、殺蟲劑、除草劑、較新的犁、肥料，結果欠馬利紡織品開發公司（Compagnie Malienne pour le Development des Textiles）的債務更為加重。這家公司由馬利政府和法國的法國紡織品開發公司（Compagnie Français pour le Development des Textiles）合組的『合夥公司』，幾乎壟斷馬利境內的棉花生產和行銷；法國合夥人擁有該公司六成股份。」

「因此，不只美國人如此。」葛瑞格露出微微笑意。「畢竟，在我們美國還是英格蘭一部分的時候，法國人已在做這種事了。但如今，說來丟臉，我們國家是這方面的老大。會場上，與會者痛罵美國政府和跨國公司透過不正當手段操控他國。教人揪心刺骨的痛惡和憤怒瀰漫會場，空氣中都感覺得到，讓我毛骨悚然。

「辛蒂和我最後斷定，馬利的經濟發展是企業集團在推動。開發組織表面上仁心仁意，把自己說成是致力改善當地生活的援助組織。但大張旗鼓的廣告宣傳，只為了掩飾他們真正的意圖，即控制天然、人力資源，宰制市場。馬利的經濟發展是企業所推動，因而過程不民主。絕大部分計畫並非馬利人要求、倡議、管理或掌控，往往造成巨大的破壞，馬利的經濟、社會情勢跟著惡化。此外，開發業引進大批高薪外國人。他們生活豪奢，與他們服務的當地人沒有往來。」

「另一方面，」辛蒂補充說：「開發迷思在美國大行其道，把非洲和其他『第三世界』國家的人民，描繪成無知、落後、無助、愚蠢、無力打理自己生活。這觀念衍生出優越感和支配心態，以及非我族類、他們與我們不同的心理。」

葛瑞格和辛蒂告訴我，他們想創立一個基金會，讓馬利走上真正參與、民主、永續性的發展，並著重有機農業、合作社、公平貿易。但只有確信那是個尊重馬利人知識和智慧的合夥性組織，他們才會付諸實行。

「這樣的組織，」辛蒂強調：「將出錢雇用非洲人，讓他們教導自己同胞。馬利人的年均收入約四百美元。我們認為，支付一個和平團義工受訓、出差、醫療保險、薪水的開銷，就足夠讓數十個當地人享有非常優渥的工資，而且工作成效還更好。」

我們談到非政府組織有兩種，不能混為一談。一種旨在維繫既有體制，一種則是真心誠意想改變那體制。「整體來講，」葛瑞格說：「好的非政府組織，與服務的對象—平民老百姓直接互動。員工講當地語言，生活如當地人。」

我指出，最好的非政府組織，包括本書下一個篇章會討論到的那些，往往矢志透過改變公司內部章程和營運政策，將企業轉化為「好公民」，同時致力讓人們了解當前生活方式的潛在後果，以及必須採取正面作為的責任。

我們同意，「壞」的非政府組織為這帝國服務，「好」的非政府組織讓人對後代擁有更美好的未來，懷抱希望。

第五十二章——決心扭轉局面

書中談到的非洲每個故事，都離不開欺騙。從埃及、馬利到狄戈加西亞，詭計和否認都是美利堅帝國遂行其政策的手段。這個帝國和歷史上任何帝國一樣無情。它奴役的人、它的政策和作為奪走的人命，比起羅馬、西班牙、葡萄牙、法國、英格蘭、荷蘭的帝制政權下，或史達林、希特勒的統治下造成的都還要多，而且它的罪行，以冠冕堂皇的言詞作掩飾，世人幾未察覺。我們的教育體制和媒體積極參與這個謊話連篇的陰謀。因此，當亞洲讓我們了解國際貨幣基金與世界銀行政策的陷阱，當拉丁美洲指明通往民主的道路，當中東揭露新殖民主義江河日下的程度，非洲提供了最重要的啟示。朝西面對著美洲，非洲將雙手放在嘴邊，也就是尼日河三角洲與幾內亞灣交會之處，朝外窩成杯狀，大叫道：小心！要提防，堅持不懈，採取行動。

結束對這現代帝國歷史的探討，著手擬定一個撥亂反正、扭轉全局的計畫，再適切不過了。比起其他地方，非洲更能突顯事態的急迫。她是礦坑裡已死的金絲雀。

那礦坑是個待不得的地方。我們得自救；為了讓下一代在永續而穩定的世界裡生存，我們必須打造有利的環境。為此，必須傾聽非洲的聲音，張耳聆聽從大西洋彼岸向我們尖聲吶喊的聲音。那聲音說，你生活在一個小星球上，一個小社區裡。為了保住你的孩子，你也必須幫我保住我的孩子；他們都是孩子；我們是一家人。

非洲告訴我們，讓印第安納州農民發財的同時，讓馬利農民陷入貧困，這樣的作法不再合宜。對印第安納農民或許曾經合宜，但如今物換星移。同樣的道理，也適用在許許多多看似讓生活更為便利的事物上。「國家利益」的時代已經過去。後代子孫的幸福取決於「全球利益」，也就是讓全人類、甚至地球上所有生物都得利。我們同是一種人，生活在同一個星球上。在這個家庭，「烏干達屠夫」阿敏（Idi Amin）、安哥拉的薩溫比、剛果的莫布圖與卡比拉、奈及利亞的阿巴查和奧巴桑喬，或賴比瑞亞的杜伊，都不得恣意妄為，就像德國的希特勒的所作所為，不會有人袖手旁觀。加州的石油不容外溢，奈及利亞的石油也是一樣。維吉尼亞的種植園不該有奴隸，蘇丹也不該有。這樣的訊息正慢慢傳到世界各地。二〇〇六年秋，紐約全市的地鐵站出現了這樣一張海報：「達富爾，今天有五百個家庭成員遇害，而且每天如此：兄弟／祖母／媽媽／姊妹／女兒／表兄弟／侄子／兒子／丈夫／爸爸／妻子／侄女／叔伯／姑姨／祖父。」

非洲是這些問題的集大成。從某方面來說，非洲是最後一個可公然剝削的地區，而非洲得到這一不要也罷的殊榮，是因為我們任由自己被洗腦，陷入自我欺騙的麻木不仁狀態。我們明知可能有問題，仍接受電視上那些推銷廉價鑽石和金子的廣告。我們得意地宣傳手提電腦和手機價格下降。我們使用石油不知珍惜，油價上漲時抱怨連連。我們眼裡只有物欲貪婪，看不見鑽石礦工、金礦工的臉孔，和遭石油外溢毒害的孩童面孔。

我們忘記自己的下一代會承繼這種不知人間疾苦的心態。未來會有人要求他們揚棄這種心態，而不得不收拾我們留下的爛攤子。

非洲窩起雙手，向我們叫喊。改變的時機確已到來。所幸，想要改變我們一手造成的世局，所需的工具我們全部具備。同心協力，我們可以揚棄那心態，清理掉爛攤子，留給後代子孫一個乾淨清明的家園。

第五部

改變世界

第五十三章——四道基本問題

二〇〇六年十月十七日，在麻塞諸塞州西部的家裡，鬧鐘大清早把我叫醒。我得趕早班飛機到舊金山。雨林行動聯盟（Rainforest Action Network, RAN）在舊金山辦募款餐會，邀我前去致詞。那是個非營利性組織，已說服一部分全球最具影響力的企業改變它們對伐樹議題的政策。我翻身下床，跌跌撞撞走下樓梯，煮開水泡咖啡。透過洗滌槽上方的小窗，我瞧了一眼遠山上方初升的太陽，黎明時分，新英格蘭壯麗的秋日，那是我這輩子見過最亮麗的黎明之一。我把水壺放在爐上加熱，抖掉睡意，緩緩走進餐廳，隔著更大的餐廳窗子，遠眺亮麗山巒底下起伏的原野、深紅色的旭日、火紅的林葉。某座覆霜圓丘上有點動靜，引起我的注意。一群野火雞小心翼翼走在山脊上，我猜應該有百隻。牠們輪廓鮮明的黑色身形一伸一伸地往前，動作緩慢而古怪，幾乎不像是活生生的野火雞，反倒像卡通裡滑稽的史前鳥。

我看了一下書櫃上的鐘，察覺自己閒晃太久，趕緊去沖澡。經過收音機旁，我打開收音機，轉到公共廣播電台的地方台。在浴室調整水溫時，我想著在募款餐會上要講的話。我想特別強調該組織會長吉姆·科林（Jim Collin）常常闡述的觀點：我們必須和企業合作，不該把他們當敵人；我們的目標不在終結資本主義，而在提升資本主義的境界。然後，電台播報員的話引起我的注意。

「再不到一百年，」她說：「麻州人將再也見不到楓樹和楓紅。根據最近一項科學研究，全球暖化將使我們這裡的氣候變得跟北卡羅萊納類似。因此，」她嘆口氣。「好好享受今年的楓紅。這樣的場景，以後大概不多了。」

我站著凝視浴室窗外。外面，屋旁那株紅葉老楓樹在風中彎著身子，樹枝刮擦牆壁。那熟悉的聲音這時聽來滿是不祥之感，像是臨終時喉間發出的呼嚕聲。我覺得十足無力。

那天稍後，飛往西岸途中，我不斷在想新英格蘭的秋天成為絕響的機率有多大。我體認到秋天見不到紅葉不是「可能」而已，而是科學上料想得到的事。對於靜靜看著北極冰融化的愛斯基摩人，對於我在西藏遇到的那些悲嘆冰川後退的喜馬拉雅山牧民，我首次真正體會他們的心情。幾年來我的理智接受了全球暖化的觀念，但想到秋天的紅葉即將不復得見，我的心情大受打擊，因為紅葉是我童年回憶的一部分，象徵我個人最懷念的那段時光。

然後我想到，科學上料想得到的事未必會發生，至少人為造成的不一定要發生。我們有能力遏止。我想起自己演講時多次提到的觀念：要改變世界，就要改變金權統治集團；絕不能再讓那少數人左右地球的命運。我們要制止他們繼續破壞冰帽、冰川、壯麗秋色，遺害子孫。

隔著飛機窗戶俯瞰美國，俯瞰我數代先民為之吃苦、奮鬥過的大陸，我突然想起亞洲、拉丁美洲、中東、非洲那些經濟殺手和豺狼講述的事蹟，不過就是一些故事罷了。或許令人驕傲、憤怒、高興或難過，但除非我們決定將它們化為更重要的東西，從中得到啟示、採取行動，不然最終也只是說明過去的故事而已。

那一天對我至為關鍵。當時我已著手撰寫一本激勵人們改變世界的書，也就是各位現在正在看的這一本。我完成了大部分篇章的草稿，只剩下最後這至為重要的一篇尚未動筆。那天之前，我有所疑慮，遲未動筆。我很清楚自己想說什麼，但不清楚該用什麼方式表達。我自問要怎樣才能說服那些過得舒服自在的人，讓這些人在了解經濟殺手和豺狼的所作所為，了解一味追求自己的生活舒適將付出慘重代價之後，願意改變提供他們舒適生活的體制？我要如何措詞，才能激勵他們挺身反抗金權統治集團的勢力？怎樣才能讓他們起而行，鞭策企業的所作所為以民意為依歸？

那天，從東岸飛往西岸途中，我讀著隨身攜帶的文章和手稿，領悟到這些問題不是今日才有。古往今來，凡是挺身對抗壓迫、追求正義的人，都問過類似問題。接下來幾年，我與老朋友見面，又結識了一些支持雨林行動聯盟和姊妹組織的新朋友。我從中理解到，只要解答另外四個問題，上述問題也就一併解決。

我們必須處理的第一個問題是信心問題，也就是我們達成目標的可能性。以我們所處的位置，我們真能寄望改變？假設我們深信有理由樂觀以對，接下來就是第二個問題：我們確信自己真的希望改變？經濟殺手、豺狼、全球各地苦難的故事觸及我們的痛處，但現在必須證明我們能夠化悲憤為力量，促成改變。第三個問題是：世上是否有統貫一切的原則，讓我們的行動師出有名？我們希望讓世人理解，我們無意把自己的道德、宗教或哲學觀念強加在他人身上，只是想讓全球人真正且長久地共蒙其利。最後一道問題：我們個人能做什麼？每個人都該評估自己的才能和熱情。自己有什麼選項和欲求？這些選項和欲求如何與更崇高的目標並行不悖？

接下來幾章會深入探索這些問題。我們會根據世人普遍的因應方式，包括過去和現在的因應方式，來解答這些問題。我們會與今日的先驅者討論；他們問過同樣的問題，獲得了答案，目前正採取行動協助我們作出決定。我們會檢視在過去奏效的辦法以及在今日證明管用的辦法。在這樣的時刻，我們應該達觀，探究我們所作所為對道德、價值觀的影響，但我們採取的辦法要切實可行，能促成具體而持久的改變。

第五十四章——改變並非不可能

我們必須告訴自己改變並非不可能，才能下定決心採取行動，承受風險。我們可有理由如此樂觀？

我在本書多次提及美國獨立革命。我並非隨意拿來比較。我們今日生活在金權統治集團的錯誤引導下，處境和當年北美早期殖民者面臨的難題，有許多相似之處。一如當時，如今有愈來愈多人相信該改變金權統治。但當年的美國獨立革命成功，是因為殖民者相信勝利可期。

一七五五年法國人、印第安人戰爭期間，北美十三州人民在又名荒野戰役（Battle of the Wilderness）的莫農迦海拉戰役（Battle of the Monongahela）中，首次見到大英帝國並非堅不可破。在英國將領愛德華・布拉多克（Edward Braddock）麾下任職的喬治・華盛頓，親身經歷了英國史上難得一見的慘敗，對他衝擊極大。布拉多克戰死，華盛頓崛起成為英雄，十三州人民對自己本土的領袖從此刮目相看，對之前一直公認天下無敵的英國軍隊不再那麼尊崇。但撇開效忠英國的親英分子不說，北美十三州人民大部分還不願作出任何決定。

然後，獨立戰爭開打。一七七五年的邦克丘之役（Battle of Bunker Hill），美軍經過一番激戰，擊退第一次來犯的英軍，後因彈藥告罄而陣地失守，讓英軍拿下勝利，卻也讓英軍付出將近一半死傷的代價。一七七六年聖誕節晚上，華盛頓率軍渡過德拉瓦河，隔天在特倫頓（Trenton）大敗令人聞之色變的黑森傭兵，使北美十三州民心大振，約八千名新兵因此加入大陸軍。不到一年後，殖民地軍隊在薩拉托加（Saratoga）獲勝，戰場上主客形勢易位。英國經此一役，認識到保全自身利益的最佳辦法或許是接受改變；法國也因為這關鍵性的轉變，轉而站在美國這一方。

在我個人生命裡，相當於莫農迦海拉之役的事，發生在九〇年代末和二十一世紀初。那期間，我幾次率領「夢想改變」團員深入亞馬遜。每次搭機飛越叢林，都見到那裡受到的摧殘更為嚴重。舒阿爾人一再提醒我，這是失敗的徵兆，是目光短淺的徵兆，也代表金權統治集團可能像法國人、印第安人戰爭期間的英軍一樣犯錯。我漸漸了解到改變路線不只是企盼達成的目標，還是人類存亡絕續的先決條件。

歷史告訴我們，帝國崩潰總導致動亂、戰爭，然後由新帝國取而代之。在現今時空下，動亂、戰爭的結果，如我們所知，很可能是生靈的滅絕。南美叢林讓我深切體會到這點。離開那片叢林時，我理解到我們得找出替代的解決辦法。但我問自己，那可能嗎？我需要證據。

除了帶隊團前往亞馬遜雨林，我還開了一些講習班，協助企業高階主管找到解決問題的新辦法。「這些學生」來自埃克森美孚、通用、福特、哈雷機車、殼牌、耐吉、惠普，乃至世界銀行，等於是世上最有影響力公司的縮影。

當時暢銷的幾本書和電影指出，法人企業和活人一樣，享有憲法第十四修正案明定的「人人享有平等受法律保護的權利」。這一觀念，在一八八六年聯邦最高法院審理「聖克拉拉郡對南太平洋鐵路公司」一案時，得到該法院的支持，至今一直是法律事實（fact of law）。我向那些高階主管強調，個人理應承擔的責任，法人企業也應該承受；法人也應該是好公民，做堂堂正正、謹守道德規範的社會一分子。而跨國大企業應該扮演國際社會裡這樣的一分子。

就實然面來說，法人企業的所作所為與好公民正好相反。它們向政治人物行賄，制定可讓它們瞞天過海欺騙社會大眾的法律。這些法律最主要的作用，就是讓企業免去支付執行業務時產生的許多實質成本。企業決定產品價格時，未將經濟學家所謂的「外部成本」（externality）納入計算。外部成本，包括：破壞有價資源帶來的社會及環境成本；污染；工人受傷或生病未受到妥善醫療照顧而造成的社會負擔；還有企業在獲准銷售危險產品、將廢棄物傾倒河海、支付工人不足以溫飽的工資、提供不符標準的工作環境、以低於市價從公有土地上擷取自然資源時，得到的間接資助。此外，大部分企業的經營，仰賴官方補助、免稅、大規模廣告和遊說活動，以及用納稅人的錢建造的複雜運輸、通訊系統；它們的高階主管領有高得嚇人的薪資及額外補貼，公司要他們走人時，還能得到極優渥、可免稅的資遣費。

照合理計算，這些「外部成本」全該納入生產成本。於是，真正「乾淨環保」的商品和服務，也會是最便宜的商品和服務。欲購買傷害環境、社會的產品，則要付出較高的價錢；其中多付的錢，用來修補環境、社會所受的傷害。在真正「自由」的市場經濟，這些實質成本全會「內部化」，也就是納入生產成本。但實際上並未如此，為什麼？因為會計事務所沒有義務完全照應有的會計法則行事；只需要遵守法律規定的事項，而制定法律者，乃是仰賴金權統治集團鼻息的政治人物。

現代企業擁有個人擁有的一切權利，卻完全不必承擔個人承擔的義務。事實上，等於是拿到了官方許可、公然偷搶。從經濟觀點來看，只能說，企業劫掠窮人和下一代，以使有錢人更有錢。

主持講習班，更深入思索這些問題後，我有了一點體悟：認知到務必讓企業有根本的改變，是一回事；讓人相信我們做得到，又是另一回事。當今之世，什麼東西能發揮像邦克丘之役、特倫頓之役、薩拉托加之役那樣的作用？讓我們感到樂觀的轉捩點在哪裡？

就在得知新英格蘭的紅葉可能成為絕響的十月那天，我在搭機飛往舊金山途中，從帶上機閱讀的一袋雜誌文章裡找到了答案。那一天如此關鍵，理由有好幾個。

第五十五章——現代民兵

「環保戰士。」

「康科德橋邊的民兵。」

「綠色游擊隊。」

這些都是外界對邀我前去演講的非營利性組織—雨林行動聯盟的美稱。這個組織專門拯救瀕危森林，但我在飛機上讀到的文章，讓我想起約五年前思索過、這時已忘得差不多的一件事：雨林行動聯盟可作更宏大公益行動的榜樣。我翻閱的雜誌，有企業界必讀的刊物《財星》（*Fortune*）雜誌，也有《三世輪迴：佛教評論》（*Tricycle: The Buddhist Review*），形形色色，非常多樣。裡面的文章詳細探討，義工是如何透過公民不服從、街頭行動劇、非暴力抗議，實行言論自由權。雨林行動聯盟的人在企業總部外示威遊行，揮舞標語，甚至爬上大樓，垂下橫幅標語，公開企業最肆無忌憚的違法行為。他們買下報紙全版廣告，寫信給主編。但他們很小心，絕不在抗議過程中傷害到人或物，而且主動表示願意協助企業高階主管，找出讓雙方都得益的雙贏策略。他們的成功，表明「我們一般人」能促使企業改變。雨林行動聯盟證明，再強大的力量，我們都能降服。改變能讓整個社會和企業本身各蒙其利。

這些文章使我想起該組織在一九九〇年代中發起、欲說服三菱改變企業方針的行動。當時，三菱被視為全球熱帶森林最大的破壞者。該公司管理階層拒絕雨林行動聯盟最初的提議且拒絕協商，該組織於是決定與高層直接對話。三菱高層與該組織創辦人暨執行長當面會談，激烈交鋒，不時出現言語上的人身攻擊。

最後，雨林行動聯盟獲勝。一九九七年十一月十二日，三菱汽車和三菱電器美國公司與該組織簽署一項歷史性協議，承諾奉行「生態永續和社會責任」，此外還保證履行旨在實現該承諾的十四項具體作法。

該協議簽署幾個月後，我到加州海岸地區參加一項會議。前去時我滿懷興奮期待，因為行前得知，三十餘位與會者之中包括了雨林行動聯盟創辦人暨執行長蘭迪・海斯（Randy Hayes），屆時將可親炙這位挺身迎向重大挑戰且漸占上風的了不起人物。在我眼中，他是踵武湯瑪斯・潘恩、哈莉特・塔布曼、馬丁・路德・金恩、塞薩爾・查維斯、瑞秋・卡森等先賢腳步的現代英雄。他和那些人一樣，激發我們改變看待自己、對待世界的方式。

會議中心高踞太平洋邊的丘陵上。行前我已決定，在這漫長的週末，要搭帳篷過夜，不想住進主辦單位替與會人士預訂的房間。我在陡坡上的窄小空地搭好帳篷，空地下方不遠，有緊挨臨海峭壁頂端生長的一叢冷杉。在這裡搭帳篷，得睡在斜坡上，但打開帳篷門簾，可俯瞰岩石點點的壯麗海岸。況且天氣晴朗，溫度舒適宜人，帳篷不必搭得太完美，很快就搭好了。我往後躺下，欣賞慢慢沒入地平線的夕陽。冷杉的香味夾雜海風氣味，令人陶醉……

然後我猛然坐起，看了看錶，發覺自己已打盹將近半個小時，趕緊爬起身，奔往下方的雞尾酒歡迎會。我實在捨不得離開如此恬靜宜人的地方，但想到可見到雨林行動聯盟的執行長，我不覺又加快腳步。

我不知道蘭迪的死對頭、三菱公司某高階主管，那時也正在前往這雞尾酒會的路上。

我從攝影記者群中一眼就認出蘭迪。我向他自我介紹，表達我相當欣賞他的成就，並恭喜他打贏最近這場對抗企業的戰爭。我們聊了我在亞馬遜的經歷，然後他眼神瞥往門口，臉上突然露出驚訝的神情，接著欠身告辭，慢步走向一個剛進會場的人士。他們兩人握手，交談幾句話，然後大會宣布會議開始，請大家就座。坐我旁邊的女子低聲說道，剛剛進來那人就是三菱的高階主管。他和蘭迪彼此寒暄後，似乎都在刻意避開對方。

隔天我們展開密集的分組會議。用晚餐時，我邀蘭迪一道去邊泡熱水澡邊喝啤酒，繼續昨天未完的話題。我們抵達矗立在太平洋岸的峭壁頂端，沿著狹窄小徑走去。快到浴池時，我們發現已有人在裡面。那位三菱高階主管看到我們，神情似乎和我們一樣驚愕，但很快就恢復正常，從滿是泡沫的浴池裡笑著起身，舉起啤酒罐說道：「夕陽真美，一道下來泡吧。」

脫掉衣服、跨進熱水裡，我感到焦慮不安。在這山上，在不久前還誓不兩立的兩人中間，就只有我一人。我們聊了下午發生的事，檢討這次大會，談了共同認識的其他與會者，但小心翼翼不觸及最近的衝突。

太陽落到水平線以下，天色由粉紅變成洋紅再轉為紫色。我們又各開了一罐啤酒，舉罐相碰。蘭迪和我都拿到嘴邊喝了一口，那位三菱主管卻仍高舉酒罐。「我有重要的事想跟你說，蘭迪。」

蘭迪直直看著我。我知道他和我一樣狐疑。

「我得謝謝你。」對方繼續說：「在雨林行動聯盟提出要求的許久以前，我和一些三菱經理人就想改變方針，但我們不敢違抗董事會，擔心丟掉飯碗。你們的抗議者和廣告使這問題浮上檯面。這事很棘手，因為你們，我們很難堪。但是因為你們，我們終於開會商討。有人指出我們不該只對今日的股東負責，還應對股東的小孩及我們自己的小孩負責。雨林行動聯盟給了我們一個機會，說服自己、說服公司、做該做的事。」他彎身靠向蘭迪；兩人舉罐互碰，我也跟著加入。「謝謝。」他說。

那晚稍後，暴風雨進逼太平洋岸。我醒了過來，聆聽咚咚打在帳篷上的雨聲，想起傍晚發生的事。那位三菱高階主管的話讓我覺得未來有望。他和公司其他高階主管，一如幹經濟殺手時候的我，早就認知必須為了讓世界更美好盡點力，但受縛於體制，他們無法照良心行事。

我回想起，即使過去深深覺得自己許多作為根本不對，但種種外力使我相信那並無不妥。商學院、國際組織、備受敬重的經濟學家都說，建造大規模基礎設施對發展是不可或缺，是脫貧的法門。我照這套理念辦事，因此受到獎賞；我獲得升遷、調薪、更多人力支援、權力、性、公司股票、合夥人身分、保險……等社會視為事業有成的東西。

我受邀到世上最負威望的幾所大學演講，也接受國家元首美酒佳餚的款待。

那位三菱主管和他身邊所有人走過的路都與我類似。他們在工作崗位上兢兢業業，只想著讓公司賺錢，賺短期就可見到的白花花銀子。升遷、福利、小孩的健康照護，全看公司每季盈收報表。他們全被訓練透過董事會會議室的紫紅色玻璃看世界，直到雨林行動聯盟進來攪局……

風勢漸大，呼呼吹向帳篷，好似在表明大自然決心讓世界回復正軌。我想起某位印地斯山薩滿的話。「世界不需要人拯救。」她說：「世界沒有陷入危險。陷入危險的是我們、我們人類。我們再不改弦易轍，地母會像抖掉無數跳蚤一樣把我們甩掉。」眼前，大自然已然開始甩動。而那晚的情景似乎正象徵大自然透過更大的動作—洪水、乾旱、猖獗的疫病、融化的冰川，發洩不滿。

突然傳來扯裂的聲音。水從帳篷頂上嘩啦嘩啦瀉下。撥雨外篷被扯掉了！我咒罵自己搭帳篷時太馬虎，趕緊收好隨身行李，打開手電筒，衝進滂沱大雨，奔往會場所在的那棟房子。

我找到一張擺有毯子和墊子的長沙發，鬆了一口氣，彷彿有人刻意留了那沙發給我。我脫掉濕漉漉的衣物躺下。屋外風狂雨驟拍擊下方的峭壁，我沉沉睡去。

第五十六章——改變迷思

我早早就醒來，看著窗外。太陽剛升起，萬里無雲。天氣好得沒話說，我卻心事重重。想到在亞馬遜混過的自己竟保不住帳篷，實在顏面無光。我套上濕答答的衣服，悄悄走到門外。

我小心翼翼走回那塊小空地，只有清涼的微風讓人想起昨晚的暴風雨。抵達時，我驚得呆住了。帳篷已經不見蹤影。

我呆立著，心想自己是不是在哪裡轉錯了彎。我看到遭暴風雨夷平的大片綠草中有圈黃草，研判應沒走錯。或許有人先我一步把帳棚拆走了。但會是誰呢？為什麼？下方遠處的海岸線吸引我的注意。暴風雨掀起巨浪，兩個不怕死的衝浪者忽上忽下穿梭於浪花間。然後我注意到峭壁邊附近的冷杉叢裡有個球狀的尼龍製物體，顏色就和我帳篷顏色一樣。

我跑上前去。帳棚倒向一側，但仍固定在支架上沒有變形，完好如初。我又驚又喜，小心翼翼把帳棚拉出樹叢，拖上斜坡。除了一根鋁桿有點彎，沾了不少泥，漂泊一夜的帳篷似乎沒什麼損傷。我重新搭好，這一次我搭得更細心，特別留意撥雨外篷。接著回屋子裡找到一只桶子。很慶幸沒碰到其他人，我裝滿水，把水桶吃力地提到帳篷邊，擦洗掉泥土。

洗完後，我循著峭壁頂上的小徑信步而走。下雨後，冷杉氣味更濃。我走到木質長椅邊，背對太陽、面朝海洋坐下。我想到了脆弱。先是想起自己的脆弱。我忽略紮營的基本法則，未預想到最壞的情況，未預想到暴風雨可能來襲。幹經濟殺手時，我就察覺自己一樣會輕易忽略我職業迷思背後的事實。因為迷思作祟，我以為當經濟殺手是在打造一個更理智、更安全、更慈悲為懷的地方，在解決貧窮問題，但事實上卻是在打造帝國、為金權統治集團服務。

接著我想起那位三菱高階主管的脆弱。他和許多人一樣，原不肯設想風暴可能來臨，不肯設想摧毀雨林最終會葬送下一代的未來。我想他那時一定認為，終有一天有個善於發明創造的人，會找到像太陽能、風力、油電混合車、水栽農耕之類的辦法，讓那長期的苦難延後降臨。他和我們大多數人一樣，總能找到藉口。

看著下方遠處海浪一波波拍打海灘，我想起「夢想改變」講習班的學員或我們亞馬遜旅行團的團員，大都想當然耳認為，再怎麼好的企業高階主管，眼中都沒有道德，最壞的則是萬惡不赦，況且企業勢力那麼大，沒辦法要它們改邪歸正。這種看法也過於扭曲，藉否認現實來逃避我們應負的責任；如果企業無所不能，企業領導人萬惡不赦，那麼我們就只能相信他們的廣告，相信自己真的需要更多他們的產品。

雨林行動聯盟和他們的義工正在改變這個迷思。他們試圖告訴企業高階主管明智運用他們善於發明創造的頭腦，同時以行動讓我們了解，企業高階主管既非沒有道德，也非萬惡不赦。企業不是無所不能，我們也非一無所能。包括企業高階主管和其他每個人，我們必須為自己的生活、為傳承給下一代的世界，善盡責任。

從長椅上起身時，我備受鼓舞。浴池那場相遇讓我看到新的可能。那一天和隔天，在會場上，我專找為大企業工作的人交談。當經濟殺手時，我已了解這些人，我自己就曾是他們的一分子，後來我也為這些人開過講習班，跟他們參加過研討會和雞尾酒會。他們出現在眼前這場會議上，表明他們願意接受另一種經營方法，但我心裡有一組更具體的疑問必須找出答案。我想另闢蹊徑研究他們，想驗證一道假設：他們大多是正派人士，希望留一個更美好的世界給後代，且歡迎雨林行動聯盟這類組織的「干預」。如果那道假設證實無誤，情勢將大為改觀。

我繼續測試我的假設。除了和企業經理人談，我還研讀他人的研究結果。我斷定，企業高階主管之中確有病態人格者，只在乎一己之利，不在乎別人死活和苦樂，但這種人為數不多，大概就和整個社會的比例相當。大部分高階主管關心自己作為帶來的後果，關心他們留給後代子孫的世界。或許出於企業文化，他們害怕像蘭迪之類的人物，但內心深處，他們其實很歡迎。雨林行動聯盟這樣的組織在企業總部大樓牆上掛上橫幅大標語時，這些高階主管心裡其實是如釋重負。

獲致這些結論後不久，我遭逢家庭變故：家人患病，父親去世。我把外務減到最少。除了老早就已排好帶團前往亞馬遜和開講習班授課，其他工作一概推掉。然後發生了九一一恐怖攻擊。走訪世貿廢墟後，我專心撰寫《經濟殺手的告白》一書；因為熱賣，我四處巡迴演講辦簽書會。直到二〇〇六年搭機去參加雨林行動聯盟那場募款餐會，我才再度思索該組織對抗三菱和金權統治集團許多基地所代表的更深層意涵。

在那班飛機上，我領悟到，如果要改變由金權統治集團宰制的世界，就必須改變企業。我愈是深入思索，愈是深信蘭迪和他的伙伴及義工已找到一個了不起的解決辦法。抗議時負責勸導企業員工加入抗議行列的糾察隊和橫幅標語，角色就如同當年波士頓茶葉黨事件被丟入波士頓港的一箱箱茶葉。得丟掉茶葉，才有日後薩拉托加之役的勝利。

第五十七章——新資本主義

雨林行動聯盟怎麼看都不像是能嚇到全球最有權有勢企業的組織。二〇〇六年，該組織成員不到四十人，經費不到四百萬美元，就工作內容而言，人力、資金實在少得驚人。我第一次應邀前往演講之後，又去了舊金山幾次，見了他們許多人。

我問該組織理事長吉姆・戈林（Jim Gollin），企業的罩門在哪裡。他回答：「禁不住施壓。我們一再看到，他們可以被說服，大大改變方針。」講得一口流利日語的吉姆，曾在野村證券公司（當時世上最大的證券公司）服務，也是最早在該公司服務的西方人之一。後來他為摩根・史坦利公司周遊世界各地，然後自行開設投資公司。他非常了解企業界。

「要說服他們改變，手腕要靈活，要能隨機應變。」吉姆舉家得寶（Home Depot）家具建材零售商為例。「他們是世上最大的成材零售商，不想理我們。因此，我們在他們的商店和股東大會外示威，漸漸加壓。一名熟知內情的友人，向我們透露他店裡內部通話系統的安全密碼，最後發現他們每一家店的密碼都一樣。有天，我們的義工按下這組密碼，向店內廣播：『家得寶的顧客請注意！第十走道有木頭減價便宜賣。那木頭是從亞馬遜砍來的，地板上可能會有濺出的血，請小心。砍這木頭導致當地原住民部族失去家園、土壤退化、地球受摧殘。』我們把學生聯盟組織好，一天可以襲擊一百六十二家店。可想而知，亞特蘭大的家得寶總部電話響個不停。然後，他們想跟我們談，同意不再販售來自瀕危原始森林的老樹木材和木頭，其他大型成材零售商如Lowe's，也決定跟進。

「我是個資本主義者。」吉姆坦承：「企業是今日世上最有力的實體。他們勢力龐大，有力量促成改變。要讓改變成真，責任在我們身上。我相信行動是基本的準則。」

《財星》雜誌稱雨林行動聯盟是「帳篷裡的蚊子」，因為該組織從未被他們目標的龐然身軀給嚇到。屈服於該組織要求的公司，還有Kinko、Staples、Boise Cascade、花旗、美國銀行、摩根大通銀行、麥當勞、高盛。

二〇〇三年，蘭迪·海斯將雨林行動聯盟的日常管理重任轉交麥克·布倫（Mike Brune），但這位創辦人繼續擔任理事長之職，仍舊非常活躍。新任執行長麥克擔任活動主任時，已在籌謀畫策上展現過人的本事。他向我解釋，外界無法理解一個只有四百萬美元經費的組織，怎能讓營業額一千億美元的企業改變走向。「我們屬於規模更大的全球性公義運動。」麥克說：「我們是一支非暴力突擊部隊，為一個鬆散組成的團體服務，包括環保組織聯盟、具有社會責任心的投資人、開明的慈善家、認同我們理念的企業內部人士。與我們『合夥』的組織，包括森林道德（Forest Ethics）、銀行監察組織（BankTrack）、世界野生動物基金會（World Wildlife Fund）、地球之友（Friends of the Earth）、亞馬遜觀察（Amazon Watch）、帕恰瑪瑪聯盟、騷動協會（Ruckus Society）、綠色和平、全球交流（Global Exchange）、西耶拉學生聯盟（Sierra Student Coalition）、學生環境行動聯盟（Student Environment Action Coalition）、雨林行動團體（Rainforest Action Group）和其他多個組織。我們很樂觀，我們真的能改變『形同一家超級大企業的美國』（corporate America）。」說完露出微笑。

我問他為什麼這麼有信心。

「有四個理由。第一，我們站在對的一方。全球經濟，乃至所有生命的品質，都有賴於穩定的氣候、欣欣向榮的生物多樣性、乾淨空氣和水。這些全是基本人權。就像汽車保險桿貼紙上所說的：地球死了，什麼工作都沒了。第二，企業高階主管和執行者認同這點。儘管緩慢，但他們之中許多人開始理解，自己是解決辦法的一部分，而非問題的一部分。第三，我們把企業看成潛在的盟友，與他們合作，找出共蒙其利的辦法；我們提供他們建言，透過政策解決問題，並表彰他們負責任的領導方式。最後，我們不會放棄。大部分民眾支持環保，而雨林行動聯盟這些團體會讓這些企業成為負責任的企業。」

關鍵之一在於理解高階主管的心態。雨林行動聯盟全球金融運動主任伊莉絲・霍格（Ilyse Hogue）的父親是個證券經紀人。她告訴我：「大家都忘了，企業是由人組成，那些人許多有小孩。他們非常關心未來。」

二〇〇六年展開的「為福特緊急充電」（Jumpstart Ford）計畫，使雨林行動聯盟的辦法有了新的意義。該計畫目標是改變一家大體上和破壞森林無關的企業。誠如該行動計畫主任珍妮佛・克里爾（Jennifer Krill）所指出：「汽車用到石油。有不少石油開採自雨林。此外，石油是導致氣候改變的禍首，而氣候改變影響森林和所有人。」這行動傳達出一個訊息：雨林行動聯盟的目標不侷限在雨林的議題。

克里爾非常清楚「為福特緊急充電」計畫的結果。該組織每項運動，都有具體結果。她說：「問題不在於我們何時成功，而在於我們是否做得及時。」

問題也不在於金權統治集團是否冥頑如故、我行我素。美國眾議院歲計委員會（House Ways and Means Commitee）命令雨林行動聯盟，交出一九九三年以來每場抗議活動的資料。這項調查旨在撤銷該組織的免稅待遇，點出大企業和美國國會朋比為奸的關係。根據麥克・布倫所說，他的組織謹遵照辦；二〇〇五年五月三十一日，該組織交出數百份文件和影帶。「我們為此花了不少時間和金錢。」麥克難過搖著頭說道：「我們決心保護捐助我們的人，不讓他們受政治迫害；因此，交出的資料裡，我們把人名和人頭照都拿掉。真是大費周章。但我們想表明，我們相信國家體制，同時又不想受欺負。」

我問他對歲計委員會的作法有何看法。他停頓一下。「有何看法？一方面，我很火大。他們應該去追查那些濫用權力的公司，而不是像我們這樣努力想保障下一代未來的團體。另一方面，我希望這會讓美國大眾認識到自己擁有的力量，特別是我們團結起來化為組織時擁有的力量。若非重要人物覺得備受威脅，國會是不會去追查這麼小的非營利組織。」

在舊金山與該組織成員會晤之後的幾天、幾週，我漸漸了解，有許多非政府組織，正讓一些非常重要的大人物坐立難安。金權統治集團仍然擁有公權力，掌控大局，但他們漸漸理解到好日子已無多。

第五十八章　不公不義清單

許多非政府組織已經以行動證明，企業並非堅不可破，企業能改變且願意改變，而雨林行動聯盟只是這些組織其中之一而已。接下來幾章，我會說明其中某些組織的成功辦法。它們已迫使大企業清理被污染的河川，禁止使用會破壞臭氧層的噴霧劑，保護瀕危物種，接納少數民族，禁止性別歧視，實施其他多種解決社會、環境、民權、人道問題的政策。類似辦法可用於改變企業的基本宗旨，將企業改造成地球上的好公民，轉而為社會、環境的利益努力，不再為一小撮全球性的上層階級服務。

經過廣泛討論和研究，我斷定改變是可能的；改變正大張旗鼓。企業屈服於我們的意志，我們有能力大幅改變社會結構。

接下來面臨第二個問題：我們確實希望改變？在亞洲、拉丁美洲、中東、非洲，我們已見到經濟殺手、豺狼和軍方「最後手段」導致的可怕後果，一如當年北美十三州居民親眼見到英國政策帶來的不公和苦難。這些是否足夠激勵我們採取必要的行動。

在美國獨立革命前，像富蘭克林這樣的記者、帕翠克・亨利（Patrick Henry）之類的演說家、發行小冊子的潘恩這些作家，都知道要簡單扼要具體說明英國不公不義的行為，而唯一辦法就是提出無可辯駁的理由、資料與統計數據。他們的論點催生出一長串對英國王室的控訴，最後集大成於「獨立宣言」。獨立宣言讓殖民地人民的行動師出有名，也激勵他們勇往直前。如今，金權統治集團的不公不義，列出來是更長的一串，且報紙（往往在不經意間）、網路、電影、書籍，不時將這些不公不義披露在我們眼前。在此列舉其中犖犖大者：

因為金權統治集團的政策和作為……

全球過半的人口靠一天不到兩美元的收入過活，和三十年前的實質收入差不多。

二十多億人缺乏基本民生設施，包括電、乾淨的水、衛生設備、土地所有權、電話、警察保護、消防設施。

世界銀行歷來贊助的計畫，百分之五十五到六十以失敗收場（根據美國國會聯合經濟委員會的調查）。

第三世界必須支付的債務利息，比花在衛生或教育的金額還要高，而且比這些國家每年收到的外援金額多了將近一倍。目前債權國口頭上說要取消債務，第三世界國家的債務卻逐年成長，如今已經達到近三兆美元。這實在教人洩氣。一九九六年那波「取消債務」期間，七大工業國、國際貨幣基金、世界銀行宣布撤銷重債窮國高達八成的債務，但一九九六至九九年，重債窮國支付的債務利息總額卻增加了四分之一，從八百八十六億美元增為一千一百四十四億美元。

一九七〇年代開發中國家有十億美元的貿易順差。到了二十一世紀初，增為一百一十億美元，且持續增加中。

現今第三世界國家的財富集中於少數人的程度，高於一九七〇年代大舉建設基礎設施和一九九〇年代將國營企業民營化時期。如今，在許多國家，所得占前百分之一的家庭，財富占民間整體財富的九成多。

跨國企業已掌控開發中國家的生產、商業部門等不少領域。例如，全球咖啡買賣有四成操控在四家公司手中，三十家連鎖超級市場的營業額占全球食品雜貨營業額的近三分之一。少數幾家石油公司和其他資源開採公司，不只掌控市場，還掌控那些擁有資源的國家的政府。

埃克森美孚石油公司宣布二〇〇六年第二季獲利再創歷史新高，達到一〇四億美元，進一步突顯了企業的貪婪。這是歷來美國企業公布的第二大季獲利，僅次於埃克森美孚二〇〇五年第四季的一〇七億美元獲利。拜這兩年油價高漲之賜，該石油公司得以獲致如此驚人的利潤，但同時，油價高漲使全球窮人的日子更難過。透過稅額優惠、貿易協定、有利的國際環境法和勞動法，石油公司得到鉅額補助。

美國企業所繳稅收占聯邦稅的比例，從二次世界大戰期間的超過五成，降到二〇〇一年的兩成一，再降到現今的不到一成。規模、獲利名列前茅的美國企業中，有三分之一在二十一世紀頭三年裡，至少有一年完全未繳稅。二〇〇二年，美國企業的獲利有一千四百九十億美元登記在愛爾蘭、百慕達、盧森堡、新加坡這些避稅國家。

全球前一百大經濟體中，五十一個是企業，其中四十七個總部設在美國。

每天至少有三萬四千名五歲以下的小孩死於飢餓或可預防的疾病。

美國和許多被美國吹捧為民主政體的國家，出現以下不符民主的特徵：媒體由大企業和政府操控；政治人物競選倚賴有錢的大金主；「祕密」制定的政策，使選民無從了解關鍵議題。

一九九七年聯合國以一四二：〇票，通過禁埋地雷的國際條約時，美國棄權；美國不願批准一九八九年兒童權利公約、國際生物武器公約、京都議定書和國際刑事法庭的成立。

全球軍費於二〇〇六年達到一兆一千億美元的歷史新高，其中將近一半出自美國（美國每個大人、小孩平均付出一千六百美元）。

美國在二〇〇六年世界新聞自由排行榜上名列五十三（二〇〇二年排名十七），因關押、恐嚇記者，遭到「無國界記者」等非政府組織嚴厲的批評。

美國的國債（美國聯邦政府欠持有美國債務票據之債權人的錢），金額居世界之最，在二〇〇六年八月達到八兆五千億美元，也就是每個美國公民欠兩萬八千五百美元；國債每天增加十七億美元。美國國債主要持有者是日本、中國兩國的中央銀行和歐盟會員國，美國因此極易受他們擺布。

美國的外債（欠外國人而可用外幣或外國產品、服務償還的官方、民間債務總和）也居世界之冠，二〇〇五年據估計達到九兆美元（值得注意的是，華盛頓當局以其他國家的國債、外債為武器，迫使那些國家的政府乖乖照企業的要求行事，否則就得面臨破產、經濟制裁、國際貨幣基金加諸的嚴厲「限制」；但美國卻是全世界最大的債務國。

這份只列出局部的清單，清楚說明我們務必要以自己手中的武器來促成改變。因為這些不公不義的事，我們必須改變這個金權統治集團打造的可憎世界，也因為這些不公不義的刺激，我們堅決往這方向邁進。每件不公不義的事，核心關鍵都是企業。改變企業，就能改變世界。

我們務必讓企業變民主，變透明。我們再也不能容忍，讓極少數富人宰制所有決策和大部分金錢的專制資本主義，況且那些人幹這些事時都偷偷摸摸的。我們要求企業遵守我們視為天經地義、大部分神聖文獻上明載的正義、公平、慈悲原則，並實行讓後代子孫享有和平、穩定生活的經營方針。我們要有所認知，所有人都在同一條船上，因此企業必須制定反映這真實情況的新目標。企業不能只為少數人積累財富，也必須照顧員工，甚至退休後的員工生活；除了服務顧客，也必須照顧提供資源的人，替他們採礦、栽種、摘採、編織、熔煉、加工、製造、裝配的員工，這些人生活所在的聚落和環境更需要保護。

在這過程中，我們還要注重養育的層面，與女性有關的層面，並且揚棄講拳頭、比實力的「男性世界」觀念。美國暢銷書《聖杯與劍》（*The Chalice and the Blade*）作者莉安‧艾斯勒（Riane Eisler），與一些研究人員共同比較、分析了女性地位和生活品質之間的關係。他們以八十九國的統計數據為研究資料，發現女性地位比國內生產毛額更能清楚說明整體生活品質。

在她的新作《真正的國家財富》（*The Real Wealth of Nations*），艾斯勒博士寫道：「在女人地位較高、女性占內閣閣員幾乎一半的社會，例如斯堪的那維亞諸國，編列預算時更注重全民健保、周全的孩童照護、父母育兒指導、多天數有薪育兒假之類的照護政策……。一國的女人地位、權力較高時，該國的整體生活品質也較高；較低時，整體生活品質就較差。」我們必須了解，能否生存下去，取決於有沒有慈悲心。我們必須養護下一代，必須擁抱和愛。

我們共同生存的小小星球，就像「鐵達尼號」，正迅速下沉。與鐵達尼號不同的，這星球不是救生艇太少，而是根本沒有救生艇。我們最有力的組織，企業，必須負責抽水。他們把這船開到撞上冰川；現在他們必須幫忙脫困，設定新航線。

我們必須做正確的事、明智而切實可行的事；發出我們的心聲；要求企業做到民主、透明。

在探討統貫一切的原則和每個人該有的作為，以及個人或集體能採取的行動之前，有必要先解決一個讓許多人連質問前述問題都怯步的障礙。我在大西洋某島嶼參加會議時，和這障礙正面遭遇。我發現，金權統治集團為了讓反對者噤聲，使最有能力改變現狀的某些組織心生恐懼，手段實在厲害。

第五十九章 正視自己的恐懼

二〇〇六年我探索非政府組織對企業的影響那段期間，我到麻塞諸塞州海岸外的馬薩葡萄園島（Martha's Vineyard）上，和二十三名人士開了幾天的會。我發覺，會中的討論等於是美國爆發獨立革命前幾年殖民地人民激烈辯論的翻版。當時許多殖民地人民害怕英國，於是和「親英分子」都反對採取行動。「大英帝國實在太強大。」他們警告：「我們會輸，會因為反抗而遭迫害。」

話說回來，二〇〇六年那幾場會議選擇在馬薩葡萄園島舉行，我覺得正預示了改變企業這場大業很有可能成功。那座島堪稱今日世界的縮影。

馬薩葡萄園島曾是一支龐大捕鯨船隊的基地，十八世紀時就如同今日的中東、亞馬遜，成為美國企業和家庭用油的主要產地之一。那時，鯨魚族群一如今日的沙漠和雨林，遭到無情摧殘。後來，附近的賓夕凡尼亞州發現了石油，提供更便宜的替代品，鯨魚油業隨之沒落。更晚近，這座島成為著名的名人渡假區，甘迺迪家族、柯林頓家人、演員、作家、音樂家都喜歡來這裡渡假，還成為電影《大白鯊》的拍攝地點。我於二〇〇六年抵達時，這座島還反映了世界各地普遍的生態失衡現象。由於鹿隻過多，帶有可怕萊姆病（Lyme disease）的鹿蜱猖獗。從別人口中得知，當地已有許多居民染上此病。因此，我們被告誡不要在茂密的草地或迷人的森林裡行走。「最好從有空調的車內欣賞，以策安全。」

這次會議的主辦人是個有錢的慈善家，二十三位與會者大多是接受過他捐款的非政府組織的代表。他們矢志要保護環境、瀕危物種、人權，在有關性別、健康的議題上仗義直言。

有好幾次我舉雨林行動聯盟為例，呼籲與會者把一部分心力用於改變企業，得到的回應卻令我震驚。

「企業高階主管不可信任。」

「我們不跟企業界打交道，很容易跟著被腐化。」

「勢力太大，我們贏不了，還會吃苦頭。」

「太危險，最好不要冒這險。」

「哎，」我說：「各位都投身於重要的工作，但在某方面來說，各位只是在貼OK繃。我們正嚴重出血，所以要貼OK繃，但除非治癒疾病、潛在病因，否則把全世界的OK繃都拿來用，也救不了我們。各位說要跟企業保持距離，以免跟著腐化。話是沒錯，但看在老天份上，還是跟他們打交道，擬出策略。」

國際特赦組織美西地區副主任莫娜・卡德納（Mona Cadena），這時出來講話。「我們國際特赦組織同意這點。我們在全球約一百五十個國家有超過一百八十萬成員，清楚企業的力量有多大。事實上，我們買進一些犯行最嚴重的公司的股票，而且買得夠多，參加股東大會，提出解決辦法，要求企業在有業務活動的國家執行符合人權的方針。」

莫娜願意發言支持，讓我備覺鼓舞。

後來，我和她坐在窗邊，俯瞰一片大湖。略帶鹽分的湖，靠一道河口小沙洲與大西洋隔開。莫娜談到東尼・克魯斯（Tony Cruz）。克魯斯在加州擔任國際特赦組織企業行動聯盟（Corporate Action Network）的協調人，曾在股東大會上與Google的兩位創辦人謝爾蓋・布林（Sergey Brin）、萊里・佩吉（Larry Page），以及Yahoo!執行長泰瑞・塞梅爾（Terry Semel）、創辦人楊致遠正面交鋒，要求這兩家企業不要再幫中國壓制言論自由。此外，有四萬多名社運人士參與針對這兩家公司的線上活動。「我們還未能讓這兩家公司採取積極改變的立場，」莫娜嘆口氣。「但我們的確獲得《商業周刊》(*Business Week*)的一篇報導，和在美國廣播公司一些電台發聲的機會。我們知道努力不會白費。施壓總會有結果。」

「雨林行動聯盟做得有聲有色。」幾天後我聯絡上米拉．羅森塔爾(Mila Rosenthal)，國際特赦組織商業與人權計畫部門的主任，她在電話裡這麼說：「他們的工作很不簡單，得迫使企業管理階層在伐木上接受明確限制。你或許認為我們參加股東大會的辦法會比較容易，企業也會理解尊重人權將讓每個人得利，但我們碰上不少阻力。埃克森美孚就是個例子……。」

這家大石油公司是世上最大的能源公司，在許多國家犯下不少侵犯人權的惡行。國際特赦組織鎖定喀麥隆、查德、奈及利亞和印尼。「我們努力讓埃克森美孚改掉惡行，但他們死都不肯接受。」米拉繼續說：「我們的人寄明信片轟炸他們的執行長；靜坐，辦研討會、抗議活動。情人節寄賀卡，要求他們『為人權做做好事』。也和其他理念相近的股東組成聯盟。」

他們與美國勞工聯盟及產業工會聯合會(AFL-CIO)、紐約市教師退休基金

（Teachers Retirement System of New York City）、波士頓共同資產管理公司（Boston Common Asset Management）、中美聯合實業公司（Allied Industrial）、國際化學與能源工會（Chemical and Energy Workers International Union）、跨宗教企業問責中心（Interfaith Center on Corporate Responsibility）、華登資產管理公司（Walden Asset Management）聯手，呼籲埃克森美孚「在整個公司裡，採取並施行以『一九九八年國際勞動組織的工作權利基本原則宣言』為基礎的職場人權方針，並擬出執行報告，供股東取閱。」提出這項解決辦法之後，該聯盟與該公司高層會面。埃克森美孚同意在「企業公民報告」裡加一條陳述，支持工作權利基本原則宣言。在二〇〇四年的年度股東大會上，時任國際特赦組織董事會主席的奇普・皮茨（Chip Pitts）警告，該聯盟成員一定會讓埃克森美孚信守承諾。

「最後並未事事如我們的意，」米拉向我坦承：「但我們已有很好的開始。我們的組織學到不少教訓。我們會改變這些人，一次改變一家公司。」

馬薩葡萄園島的會議，最初令我沮喪，因為與會者大多已屈服於企業的恐嚇。但因為這機緣，我也更感佩國際特赦組織，和其他像當年邦克丘上的美國人一樣正視自己恐懼的組織。他們挺身對抗企業，鼓舞我們每個人。我知道，聽到莫娜的發言之後，想必有一、兩位原本覺得企業勢力太大的與會者因此信心大振。

第六十章　透過財務槓桿改變華爾街

由多個組織組成的「前進」（MoveOn）家族，使真正的美國人重新參與政治。我們的成員超過三百三十萬，遍布全美，從木匠、家庭主婦到企業領袖都有。我們同心協力，實現建國先賢的進步理念。「前進」是個服務性組織，讓忙碌但關心社會的公民，在由大企業、大媒體掌控的體制裡發出自己的政治主張（出自「前進」網站）。

有感於一九九八年九月「我們國家把注意力可笑浪費」在柯林頓彈劾案上，「前進」創辦人瓊安・布雷茲（Joan Blades）、偉斯・波伊德（Wes Boyd）在網路上發起請願活動，要求國會「公開譴責總統柯林頓（不要浪費精力在繁瑣的彈劾程序上），轉而把注意力放在急迫的問題上……。頭幾天，就得到數十萬人連署。自此之後，「前進」就利用網路作為自由發言的論壇。目前正發起多項運動，包括：

終結蘇丹達富爾地區的種族屠殺。

通過立法，要求投票機器印出書面紀錄。

由官方資助政治人物的競選資金，讓候選人不再倚賴企業金主。

禁絕美國掌控的機構中所有拷打情事。

促使公共設施委員會將太陽能屋頂納為政策一部分。

使大眾更了解美國揚言使用「核子選項」會導致的危險。

保障社會安全。

禁止媒體集中在部分企業手上。

「大眾並非冷漠，他們只是認為單靠一己之力很難改變什麼。」「前進」執行長伊萊・帕里瑟（Eli Pariser）告訴我：「那就是為什麼『前進』致力讓華盛頓聽到人民的心聲。同心協力，我們可以壓制石油、製藥大廠和他們在華盛頓的盟友的氣燄，要他們制定為所有人服務而非為部分公司圖利的政策。」

雨林行動聯盟、國際特赦組織和「前進」促成的改變，方法很多，包括：抗議、群眾大會、街頭行動劇、垂掛橫幅大標語、報紙廣告、寄明信片給企業執行長、參加股東大會表達心聲、演講、寄信給報社主編、輪番打電話給議員、大規模網路請願，讓大眾注意到他們的行動，讓金權統治集團知道自己的所作所為不受歡迎。他們的成功，在許多方面歸功於非裔美國人社群的領導。

在非暴力運動領域，非裔美國人扮演的龍頭角色，非其他族群所能及。非暴力運動在南北戰爭爆發之前許久就已展開，並透過南部基督教領袖會議（Southern Christian Leadership Conference）、全國有色人種權益促進會（National Association for the Advancement of Colored People）和其他許多民權運動組織，直到現代仍持續不絕。非裔美國人曾慘遭奴役，為獲得自由，讓子孫享有公平權利和待遇，他們挺身向既有體制抗爭。這段歷史波瀾壯闊，深入人心，既教人洩氣，又具啟發力量。大部分美國人知道這運動是如何開啟「公民不服從」的浪潮，卻較少人知道該運動領袖以華爾街的金融業為工具改造金權統治集團。非裔美國人之所以了不起，不只在於他們為抗議活動和群眾大會的運用立下榜樣，還因為他們讓世人理解財務槓桿有多好用。他們想出了一套後來廣為其他非政府組織採用的辦法。

一九九六年，有人指控德士谷（Texaco）公司員工言論帶有種族歧視。傑西・賈克遜（Jesse Jackson）牧師宣布立即抵制該公司。他打電話邀他的朋友，紐約州審計官麥考爾（H. Carl McCall），加入街頭抗議行列。麥考爾回道：「傑西，當你擁有一百萬股份，就不需要上街頭抗議。」麥考爾掌控紐約的投資業務，知道自己基於職務之便，可以施壓，於是寫了封信給德士谷董事長彼得・畢哲（Peter Bijur），關心該公司對待少數族裔員工的方式。最後，德士谷付出一億七千六百萬美元達成庭外和解，承諾提高數百名非裔員工的薪水。

這一行動的成功，促使賈克遜創立「華爾街計畫」，試圖透過金融手段，運用股份所有權維護權益，並提升非裔股東的維權意識。賈克遜和他的伙伴運用這些手法，已說服可口可樂、7-ELEVEn、喜客公司（Shoney's）、庫爾斯啤酒（Coors）和其他大公司改變方針。

「以股東身分進場開會，自然就有了發言權。」賈克遜解釋：「……我們已從佃農（sharecropper）變成股東（shareholder）。」

這一觀念已為其他投資者所採用。由具有社會責任感股東組成的團體，常施壓退休基金、共同基金機構，對不願採行維護環境或人權方針的企業，採取強硬立場。我行走美國各地，常見大學生發起抵制企業的運動；在許多大學校園，像可口可樂公司遭指控在其他國家虐待當地員工，包括在哥倫比亞雇用豺狼恐嚇、殺害工會組織人，引起相當大的憤怒。二〇〇六年七月，教師保險及年金協會—大學退休權益基金（TIAA-

CREF）總額達八十億美元的社會選擇帳戶（Social Choice Account）基金持股將可口可樂剔除。這是一家在學術、醫學、文化領域提供退休計畫的公司，執行長赫伯特・艾理森（Herbert Allison）在年度大會上宣布這項決定，等於拋掉可口可樂一百二十萬股的股票。該公司作此決定，主要是因為可口可樂在保障海外裝瓶廠員工權利、將蘇打飲料賣給孩童，及水資源運用的環境議題方面，有不少為人詬病之處。

還有一家非營利性組織，同樣運用財務槓桿，開創大不同的手法。他們的宗旨是服務亞馬遜深處的部族。

第六十一章 抵銷第三世界債務

帕恰瑪瑪聯盟的成立，緣於一九九四年我有次帶團前往亞馬遜。那趟行程的最後一天，團員捐出十一萬八千美元協助亞馬遜當地部落保護自己土地，免遭石油公司摧殘。比爾・特威斯特自告奮勇統籌這場運動，成為非常活躍的理事會主席。比爾的妻子，就是陪我去過瓜地馬拉的非營利性組織募款人琳・特威斯特。二〇〇六年，帕恰瑪瑪一年已能募到約一百五十萬美元。這組織買了收發兩用無線電和一架飛機，讓原住民部落互通聲息、定期見面；並雇請律師幫他們和侵占原住民土地的石油公司打官司。該組織開講習班、攝製影片，鼓勵美國人為改變既有體制貢獻心力。然後，該組織想到一個十足破天荒的計畫。

有天，我們走在厄瓜多的亞馬遜叢林，比爾・特威斯特問道：「如果我們利用這些森林，安然生長的森林而非砍掉的木材，來抵銷厄瓜多的外債，你想如何？」

我們在林間空地的原木上坐下，空地因陽光射進而明亮，旁邊有棵巨大的木棉樹，巨根從樹幹斜著伸出，再伸進地裡，像歐洲中世紀大教堂的飛扶壁。我們談到雨林對人類是不可或缺的。雨林吸收二氧化碳，製造氧氣，影響全球氣候，孕育淡水，提供數百萬種動植物、昆蟲、鳥、魚棲身之所，生長其中的植物可能是治療癌症、愛滋等疾病的希望所在。我們談到，厄瓜多一百八十多億美元的外債相當於厄國兩年的國家預算，是拉丁美洲外債最高的國家之一。支付外債利息，排擠了衛生、教育、住宅和其他社會與環保計畫迫切需要的經費。

我指出厄國外債大部分是經濟殺手的陰謀詭計所造成，美國石油公司等企業和一些當地腐敗官員，則從中得利、賺大錢。又是一個世界銀行和國際貨幣基金的政策為金權統治集團服務，卻犧牲厄國人民利益的例子。

比爾說道：「眼前，厄瓜多欲償還外債，唯一辦法就是賣原油給我們的石油公司。雨林則在這過程中遭到摧殘。」這時，一隻亮藍色蝴蝶，體形像薄煎餅那麼大，飛進林間空地。比爾暫時打住。蝴蝶在比爾肩膀附近徘徊，然後振翅飛往一叢深紅色的鳳梨科植物。「我的想法是把安然生長的森林當資源，讓世人了解森林比石油更有價值，等於是用自然來交換債務。讓厄瓜多保護對我們每個人都至為重要的資源，藉此換取債務減免。」

「好點子，」我說：「但那需要很大筆錢。」

「當然。」比爾給了我會意一笑。經過這段時間交往，我知道那微笑代表他不是隨便說說。史丹福大學畢業的他，有企管顧問、設備租借、金融服務業的背景，自然是不做則已，一做就要做大。

這場交談是二〇〇一年的事了。接下來幾年，比爾把精力用於落實這構想。二〇〇六年八月，帕恰瑪瑪聯盟幾位代表與厄瓜多環境部長、經濟暨財政部長簽署協議，為在亞馬遜地區展開的「綠色計畫」作可行性調查。這項協議為這地區的永續發展提供資金，包括分析石油開採的負面影響、重新界定雨林價值、就可能增加植物需求的日後科學突破評估其潛在益處。將這些價值量化，可讓厄瓜多以森林保育為談判籌碼減免債務。例如，某塊生長良好的森林估計值十億美元，厄國就可以承諾保護該區，允許醫學和其他領域研究人員以永續方式使用，藉此換取減免十億美元的外債。制衡體系會明訂債務人和監察組織的職責，避免讓石油公司或其他危及森林的活動進入。

身為帕恰瑪瑪聯盟的理事，我看著這個組織，從一九九四年那場早餐會裡發想成形，到成為大大影響厄國政府和石油大公司的機構。「綠色計畫是第一步。」比爾最近告訴我：「為擬出解決債務問題的新辦法，我們正在打造一個可讓其他國家仿效，以保護國土免遭剝削的模式。我們認為那在資助永續、公平合理的發展上，是個別出心裁的辦法。」

此外，帕恰瑪瑪聯盟已在五個國家訓練了將近三百名輔導員，負責開「喚醒作夢者」（Awakening the Dreamer）研討會，目的是激勵人民透過平日的選擇和作為來影響世界。帕恰瑪瑪聯盟希望在未來幾年培訓出數千名輔導員，透過他們影響百萬人。琳・特威斯特的構想宏大，培訓輔導員只是其中一部分。「我們希望治標，停止雨林破壞和不公平債務，但也知道必須治本，摒棄只知追求金錢、物質占有，短視近利看待世界的方式。」她告訴我。

琳、比爾和我常常討論到，要解除眼前危機，應從解除病灶做起。為此，我們必須回答我在第五部一開頭提出的第三個問題：要高舉什麼樣的原則，讓我們的行動師出有名？

北美十三州人民有一個統貫一切的最高原則。他們反對暴政，決心擺脫壓迫，獲得自由。如今，這仍是顛撲不破的指導原則，但鑑於今日世界充斥著分歧的觀念和習俗，我們似乎需要一個更能為普世接受的目標。暴政、自由之類字眼，定義因人因地而異。

誠如在本書前幾個篇章所看到，在非洲，有人視美國為專制國家；在拉丁美洲、亞洲、中東，有人認為美國支持壓迫他們自由的政權。我們要如何回答這第三個問題？我們要如何確信我們的所作所為，不是在將我們的道德、宗教或哲學價值觀強加在其他人身上，而是真的想創造可長可久的福祉？

第六十二章——五個共通特性

二〇〇六年某個晴朗的日子，我在科羅拉多大學演講後的隔天早上，莎拉・麥丘恩（Sarah McCune）和約瑟夫・佩哈（Joseph Peha）開車到我下榻的飯店接我。他們是丹佛大學的學生，安排我到他們學校演講。莎拉攻讀國際研究和政治學，在拉丁美洲、非洲、南亞待過。約瑟夫攻讀國際研究、西班牙語、藝術，在阿根廷門多薩（Mendoza）的庫尤（Cuyo）大學念過書，待了半年。

我坐上前座，約瑟夫駕駛，莎拉坐他後面。洛磯山脈在我們背後，我想往丹佛路上，可趁機好好休息一番。但他們不讓我如願，連番問我當經濟殺手的經歷和我現在是如何看待那段經歷。然後我問他們對於我這一代轉交給他們的世界有何看法。

「憂慮，」莎拉回答：「害怕。對我們而言，眼前的確是可塑性強的時代。你們那個年代的人認為，以後大半輩子會走什麼路，在二十幾歲就決定了。這類論調讓我們害怕，覺得未來難料，前途未卜。」

「不是說我們不想繼續前進、迎接人生或成長。」約瑟夫補充說：「我們只是不想進入那無休無止的激烈競爭，把接下來四十年耗在企業裡尋求升遷、轉換跑道，最後落得中年危機。」

那天晚上稍晚，我們開到丹佛一家餐廳，與其他學生和教授羅伯特・普林斯（Robert Prince）會合。普林斯是丹佛大學高級講師，和我一樣在六〇年代當過和平團義工；在學生眼中，他不只是風趣生動的老師，還是以行動實踐個人理想的典型人物、一個值得效法的榜樣。

「這些年輕人很不簡單。」普林斯教授告訴我：「他們知道世界的真實情況，並決心改變。我擔心我們的教育體制多半會打壓他們，把他們變成體制裡的小螺絲釘。你和我這樣的人必須替他們找出路，讓他們知道個人力量可化為有益的正面行動。有太多英才等著發掘，好發光發熱。」

那天晚上，我一再聽到學生談到他們承繼的破敗體制，還表示雨林行動聯盟、國際特赦組織、「前進」、帕恰瑪瑪聯盟和其他非政府組織，讓他們覺得未來大有可為。他們的決心和勇氣讓我大為欽佩。

晚餐後，莎拉、約瑟夫和他們的友人艾瑞克・科納基（Eric Kornacki）載我回飯店。艾瑞克談到他正以當地一家公司為研究對象。這家新比利時啤酒公司（New Belgium Brewing Company）位在科羅拉多州的柯林斯堡（Ft. Collins）。「我不是喜歡喝他們的啤酒。」他咯咯輕笑。「我喜歡他們對待員工的方式。他們帶頭展示企業應有的經營方式。」他瞥了一下同伴。「共通特性。」然後瞧向我。「我們已找出好組織共通的一些特性。」

「一共有五個。」莎拉補充說：「對每個參與工作者公正、透明、信賴、合作，與他們共享富足。基本上，這些正是民主的基本要素。」他們還談到他們正在研究的企業，都將這些原則納入經營計畫。他們在尋找一個模式，一個從阿根廷的瓷磚工廠到美國中西部有機食品合作社都可見到的模式。

目前，這些丹佛大學學生正在為我提出的第三個問題找答案。結果，在一個我怎麼也料想不到的地方，幾名高中生來找我，提出的真知灼見讓我震驚得不知如何回應。

第六十三章——轉機

我受「和平退伍軍人」（Veterans for Peace）之邀，到他們於西雅圖舉行的全國大會上發表演說。想到能和這些為國家冒險犯難、而今努力爭取和平的退役軍人共聚一堂，我滿心興奮。我知道他們有許多人不是斷了胳臂、斷了腿，就是受過其他嚴重傷害，包括肉體和精神上的傷害。但這時候他們心裡在想什麼？

在從美東飛往美西途中，我趁空翻讀友人林恩・羅伯茨（Llyn Roberts）著作《好記性》（*The Good Remembering*）的校樣。這部作品旨在反映全球各地原住民的智慧，其中一段教我特別難忘：

> 我們生活在充滿轉機的時代。看報紙，我們可能因為每日發生怵目驚心的危機深感無力。但我們知道，危機和動亂可能是獲致洞見和改變的關鍵，往往使我們原來見不到的選擇赫然呈現眼前。在這樣的年代裡，我們必須傾聽並留意接收到的訊

息。

這段話讓我心有戚戚焉，因為跟我對那些說服企業成為好公民的非政府組織，還有那些正面回應的高階主管的看法不謀而合。眼前的確是「充滿轉機的時代」。我覺得這樣的好消息，理應讓那些退伍軍人知道。

一抵達西雅圖，我馬上和退伍軍人打成一片，參加晚間招待會、「業餘」詩歌朗誦會、幾場研討會。我和一位婦女共飲啤酒。她在軍中待了二十一年，美國第二次入侵伊拉克時，她慨然退伍。我聽到一名斷腿男子唱輓歌，引來同袍戰友鼓掌叫好。「我犧牲了雙腿，讓小布希和錢尼得以將可愛的石油，倒在他們用金色細緻魚子醬製成的聖代冰淇淋上。」

我感受到他們的沮喪、憤怒和彌補自己為虎作倀所犯過錯的決心。我未寫演講稿，連演講大綱都沒擬。我想直抒胸臆，說出我內心的話。我知道我的演講公開，但我最希望的莫過於和這些退休軍人直接對談。

在大會堂裡，一站到他們面前，看著他們的臉孔，我深深覺得與他們心靈相契。越戰時期在波士頓大學就讀的我，曾試圖阻擋他們登上波士頓海軍船塢的船隻。但那時的憤怒，這時已消失。他們轟炸巴拿馬市時我心生的憤慨，這時也已消失。在講台上，我心裡只有同情，同情曾遭金權統治集團剝削的其他人。過去，我們或許志不同道不和，但現在，我們是兄弟姊妹。他們也看出那過去的愚蠢，如今以「和平退伍軍人」身分齊聚一堂。軍人為和平而聚會，這觀念新奇和有力，深深地打動我。

我記不得那晚演說的詳細內容，只知道我敦促他們理解林恩・羅伯茨著作中傳達的理念：危機就是轉機。我懇請他們不要只怪小布希政府，懇請他們理解金權統治集團的勢力比任何總統都大。我談到那些為促成改變、勇敢奮鬥的非政府組織，我讚賞雨林行動聯盟龐大的義工群，讚賞他們強行徵用全美各地家得寶的店內廣播系統釋放訊息。我懇求這些退休軍人相信自己和他們的組織，懇請他們理解，只要他們不以軍人出身為恥，誓言捍衛民主，就能創造他們希望開創的世界。然後，我談到我跟許多聽眾分享過的看法。

「為了讓我的下下一代在和平、永續、穩定的世界裡長大，一定得讓非洲、拉美、中東、亞洲的每個小孩，在穩定、永續、和平的世界裡長大。」這一次，我講這些話時，領悟到自己正在闡明那普世原則的另一面。

下了講台，走向簽書桌後，兩名年輕男子走過來。

一名會場人員試圖阻擋，說道：「你沒看見排了長長的隊等著他簽名？」

但兩人不死心，自我介紹。喬爾・布瑞（Joel Bray）和泰勒・湯普森（Tyler Thompson）分別就讀於華盛頓州奧林匹亞的奧林匹亞高中和西雅圖的大學預備學校。他們告訴我，讀了《經濟殺手的告白》後，他們覺得該採取行動。我們曲折穿過人群時，其中一人說，稍早我關心下下一代未來那番談話令他大為感動。「那些會是我的小孩。」他告訴我：「不是孫子。這是所有人最該了解的事。所有小孩都有未來，我們的小孩才會有未來。」

他們繞到桌子後面，站在一旁，等我簽完書招呼他們。

「我們已經創辦一個叫『全球覺悟與改變』（Global Awareness and Change）的社團。」喬爾解釋。

「我們以兩個姊妹社團的形式創立這組織，希望主辦跨越兩個學校和不同城市的大型活動，影響更多人，」泰勒插話說：「經過幾個星期的規畫，我們已聯絡上數百個與我們理念相近的個人和組織，得到校內更多學生、老師的支持。」

喬爾補充：「目前為止，跟我們談過的每個人都給予正面、熱情的回應。他們都想盡一分心力。我們原本打算涵蓋政治、生態、社會學、經濟學等領域許多不同的議題。

但讀了你的書，看了艾爾・高爾的電影《不願面對的真相》，我們覺得該鎖定經濟和環境議題，設法讓兩者產生連結。」

「我們知道你很忙，但很希望透過電子郵件讓你知道我們在做的事。」泰勒遞給我一張紙條，讓我寫下我的信箱地址。

從西雅圖返家幾天後，我收到喬爾、泰勒的信。裡面有一段如下：

【宗旨說明】

「全球覺悟與改變」（GAC）是個旨在提升覺悟、促成改變、一勞永逸解決全球問題的社團。我們居住的世界目前面臨許多社會、政治、經濟、環境方面的問題，我們有生之年將會看到這每一個問題的影響。此外，我們不只要找到解決辦法，還要付諸實行，因此必須集聚眾人之力與支持。全球覺悟與改變的目標，乃是教導人理解這些問題，同時積極致力解決。同心協力，也只有同心協力，我們才能逆轉我們已啟動的作用。若不處理好，我們可能失去生存能力。

兩位高中生急切的救世精神，讓我很感動。現行教育體制，想藉由測驗、家庭作業、分數、大學入學許可、找工作等表現焦慮來綁住學生心思，使他們無心關注國家大事，但他們兩人未被這體制或電視麻痺，未因恐懼而冷眼旁觀。這兩名年輕人深刻理解到自己「可能失去生存能力」。我這一代留下的爛攤子，不只會衝擊他們的下一代或下下一代，還會衝擊到他們自己。此外，他們深知解決辦法必須放眼全世界，否則什麼辦法都不管用。他們深信自己能成功、會成功。

讀他們的信，我理解到那統貫一切的原則，必須納入他們的想法，也就是讓社會上每個人投身其中；必須涵蓋非政府組織倡導的社會正義、環境正義、經濟正義原則；必須考慮丹佛大學學生提出的五種共通特性；必須尊重女性一心讓小孩在安穩、受呵護環境下成長的堅持。那統貫一切的原則並非道德教條或宗教教義，強調切實可行，表達一個為世間所有人、甚至所有生命共同抱持、一個不折不扣普世共有的渴望。而且還必須簡單，讓每個人謹記不忘。我在那張紙的背面草草寫下這麼一句：

那統貫一切的原則，就是堅持為地球上所有人創造穩定、永續、和平世界的信念。

我很想再加幾句話，說明世人應該體認，若非每個小孩都承繼這樣的世界，沒有哪個小孩能夠，但這道理似乎可想而知，「公平合理」也是。然後，我想到應該關照動、植物和環境，但又覺得「穩定」、「永續」這幾個字已涵括這方面。訂定原則，最好簡短不囉嗦。

我們堅信應為地球上所有人創造穩定、永續、和平的世界。

在前往丹佛、西雅圖之前，我認為當前是史上最重要的時期之一。但現在我領悟到，因為那些大學、高中生和要求停止戰爭的退伍軍人，加上與非政府組織人員的談話、將專制資本主義轉化為民主資本主義的觀念，我深信當前是史上「最」重要的時期。

我們知道我們的社會正搖搖欲墜，我們受到剝削，我們的領導人從動盪和不公之中得利，但因為主流觀念當道，我們不確定事實是否真是如此。有個提問概括說明了我們心中的猶疑。那是我們當前亟待解答的問題，而且我每場演講，幾乎都有人提出。

第六十四章——當前最重要的問題

「提問之前，我要說我同意你的看法。」站在中央走道麥克風前的女人，年紀四十歲上下。她有著披散的赤褐色頭髮、令人愉快的笑容，讓人想起梅莉・史翠普。身穿天藍色短上衣和米色寬鬆長褲，可能是老師、律師、藝術家或家庭主婦。「要改變世界，我們得說服企業改變目標；企業得揚棄為部分有錢人服務的作風，轉而為我們其他人創造更美好生活，保護我們居住的環境和社會。」她甜甜一笑。「這我完全同意。」

這時，我猜到她接下來要說的話；她就要問一個屢見不鮮、困擾每個人的問題。也就是我列出來必須解決的四個問題中最後一個。

她雙手叉腰，露出頗不以為然的表情。「但我，我個人，能做什麼，讓這樣的事發生？」

「又來了。」我說得很小聲，只有自己聽得到，然後清清喉嚨，說道：「謝謝。」

想當初我剛開始巡迴演講，就納悶為何總有人問這問題。難道那是歷經了希特勒，歷經了原子彈、越戰、水門事件、九一一事件、入侵伊拉克之後必有的反應？我們總是覺得如此渺小而無力？還是這只是暫時的現象？

思索這問題時，我常想起祖父。經濟大蕭條時期，他在新罕布夏州鄉下經營小規模家具生意。我出生前他就去世了，但在我成長過程中，一直聽到他了不起的事蹟。傳說他下重大決定前，必先徵求員工的同意。他說，鎮上最窮的人有好日子過，他自己的小孩才會有好日子過。因此，他致力幫助鎮上的人擺脫大蕭條的衝擊。他和其他生意人未趁機賤價買下窮途潦倒鎮民的房子和農場，大發災難財，反倒拿出儲蓄振興經濟，讓失業的伐木工、木匠、清道夫、水電工、編織工、家具裝飾用品商有工作做。從未有人在我面前說我祖父樂善好施；他的傳奇事蹟毋寧說明他深明事理，知道只有那些窮途潦倒的農民、工人的孫子未來衣食無虞，他尚未出生的孫子，才有未來可言。

我還想起我父親。我想他當年大可把希特勒看成與美國不相干的歐洲獨夫。「殺了幾百萬人，那又怎樣？我又不是猶太人。我住在大西洋另一頭，很安全。」他大可袖手旁觀。身為語言教師，他大可接個翻譯員培訓師這種安全的工作。但他志願加入海軍，在來往大西洋兩岸的油輪上，率領負責操作火炮的武裝船員，工作極為危險。

我想起爭取婦女參政權的女子、工會組織者、民權運動人士、反越戰抗議人士、將花插進槍管的年輕女孩、在莫斯科和北京躺在坦克面前的學生。那些似乎都是很遙遠的事，但有許多發生在我成年之後。

這讓我想起我們這個時代。男男女女躺在奧勒岡州森林裡的推土機前；哥倫比亞農民把自己綁在籬笆上，抵抗那些想把他們驅離家園的企業傭兵；運動員拒穿血汗工廠製造的制服上場比賽；還有人歌唱、爬上大樓掛橫幅大標語、寫詩，只在注重環保和社會責任的合作社或本地民營商店購物；還有像我女兒一樣的年輕人，放棄優渥的企業飯碗，投身意義大於金錢報酬的社會運動和生活形態。今天，他們都在做這些事。

「妳可知道，」我回覆那位女士：「這樣的提問我聽過好多次。我不清楚為何常常聽到。你和我住在一個以民主、以行動解決問題自豪的國家。」我講了我祖父、父親的事。「但請不要以為只有妳有這想法。」我環視會場聽眾。「各位有多人和這位女士一樣有這樣的疑問？有多少人想知道改善世界要怎麼做？」

聽眾紛紛舉手。我轉向那位女士；她向我點了個頭，神情釋懷。「我們為什麼覺得這麼無力？」我問她：「提示一下，金權統治集團奪走我們的權力時，有人和他們狼狽為奸。」

她皺起眉頭，然後露出梅莉・史翠普式的笑容。「我們。」

「沒錯。如果不是我們允許，他們怎能拿走我們的權力。」

她作勢欲回座，但考慮後又改變主意。「那麼，我再問一次。」她露出淺淺微笑，說：「我能做什麼？」

「取回原本屬於妳的權力。讓妳認識的每個人跟進。」我把視線從她身上移開，轉到其他聽眾。「如果你們很想說：『這問題太大，企業和政府太強大，我不可能成功。』那只是逃避的藉口。」我停下來，讓聽眾好好想想。「還好一七七〇年代我們的先民沒說：『啊，英格蘭國王？他那麼強大……，我怎麼對付得了他。』」

我把我在其他演講場合提過的看法告訴眼前的聽眾：今日的我們必須理解，我們的建國先賢沒有一個貪生怕死。他們挺身對抗史上最強大的帝國、統治他們的大英帝國。他們成為英國政府眼中的叛國賊、恐怖分子；他們冒著被吊死的危險。如今我們尊崇那勇氣，一如尊崇我父親那一代人對抗希特勒的勇氣。我們尊崇他們的慷慨無私、犧牲奉獻的精神。

我們也必須英勇，慷慨無私。我們願意用更高的代價購買鑽石和黃金、手提電腦和手機，堅持讓礦工得到合理工資、健康照護和保險。我們願意用較高的代價，購買善待員工的工廠而非血汗工廠製造的產品。我們願意開較小、較省油的車，減少能源消耗和整體消費，保護自然環境和各種生物。也必須覺悟，我們採取的每個行動、購買的每個產品，都會影響到其他人和他們的居所；今日的生活方式決定我們將留給下一代和下下一代什麼樣的未來。一如過去的仁人志士，我們必須犧牲，若有必要，願意犧牲性命，以確保我們留給後代的世界，至少跟上一輩留給我們的世界一樣美好。

每個人都不該妄自菲薄。我知道大家很容易忘掉這點，畢竟金權統治集團每年花數十億美元，讓我們相信除非購買某產品或某品牌，否則我們無足輕重。但每個人都知道，人會影響人。不要忘了參與雨林行動聯盟、國際特赦組織、帕恰瑪瑪聯盟、「前進」和其他類似組織的人。想想那些曾影響你的人。

我在新罕布夏鄉下長大，原本不知道美國南部有些地方規定非裔美國人坐公車只能坐在最後面，後來才知道羅莎・派克斯（Rosa Parks）這位黑人女裁縫師的事蹟。我們住家周邊長了不少有毒常春藤，我們噴灑DDT除去它們，卻不知道那也除掉了魚、鳥、松鼠和許多生物。後來瑞秋・卡森寫了《寂靜的春天》（*Silent Spring*），我們才了解這麼做的嚴重性。那本書點燃了全球性的環保運動。同時間，麥卡錫（Eugene McCarthy）則發起另一場運動，政治性的運動，拉下美國最強勢的總統之一詹森。麥卡錫從未贏得總統大選，但因為結束越戰、廣受稱頌。金恩博士和妻子柯瑞塔（Coretta）讓我們了解夢想的力量有多大；他們不只打破美國的種族藩籬，還打破南非和許多地方的種族藩籬。父親給我的教導讓我非常看重「獨立宣言」揭櫫的那些原則；母親則鼓勵我替我高中校刊寫社論，並在我為辯論隊的比賽排練時，在旁聆聽數小時。沒有雙親的鼓勵，我不會寫這本書。

我向那晚的聽眾講述過去的種種，然後我瞧向剛剛發言、現已回座的那位女士。「妳有工作嗎？」我問。她點頭。「可不可以告訴我們是什麼工作？」

「老師。」

「相當難能可貴的工作。」我說：「我國小三年級的老師施納爾女士（Mrs. Schnare），讓我有勇氣挺身對抗欺負我的學生，並教我時時保護自己的身體，捍衛自己信念。高中二年級時，我的英文老師理察・戴維斯（Richard Davis）灌輸我筆比劍更有威力的觀念；一年後，歷史老師傑克・伍德貝里（Jack Woodbury）開出的書單，讓我了解到強者也有罩門。他總是說：『君王也是人。一如你和我，會傷心，也會流血。可以被說服，或給拉下台。』」

發問的那位女士再度慢慢走向麥克風。排發言隊伍最前面的男子欠個身，先讓她發言。「我想我過去就知道這道理。」她說：「只是很容易忘掉。現在不會了。我是老師，我要善盡老師的責任、老師真正的責任。」

第六十五章——就從今天開始變

現今，我們喜歡尋求制式的解決辦法。金權統治集團教我們如此，要我們按指示照做。頭痛就服白藥丸，胃灼熱服粉紅藥丸。別質疑權威。老師講得都對；神父、政治人物、老闆、執行長、總統，講得也都對。

我們習而不察的反應，包括制式的解決辦法、對既定看法信守不渝、擔心離經叛道，已讓我們陷入大麻煩。或許我們自以為置身一個理性、講科學精神的社會；事實上，我們相信「帝王」的主張，以為只有他一人能解決問題，但那根本是謊言。

最近我有個朋友心臟病發作，非常嚴重。經過三重冠狀動脈繞道手術，他說，醫生「告訴我，雖然醫學無法證明病因跟飲食有關，但很有可能。我從此改變飲食」。放大到全球，我們也處於類似情形。眼前，我們的政府一再主張，要有鐵證證明氣候變遷是人為釋放的二氧化碳造成，才願意修改環境法。鐵證？哪來的鐵證？

綜觀歷史，我們尊崇的英雄豪傑都質疑現狀。我們稱讚伽利略、聖女貞德、獨立戰爭期間著名的隨軍護士莫利・史塔克（Molly Stark）、愛迪生、約拿斯・沙克（Jonas Salk）、海倫・凱勒、甘地、達賴喇嘛。但我們要記住，這些人也是人，和你、我一樣。他們能體會恐懼和勇氣、悲傷和欣喜。他們或許成就非凡，但他們也面對讓人覺得難以克服的難關；他們嘗試、堅持不懈，最後成功。世上沒有一定的解決辦法，但有許多激勵我們的人，充斥本書每個篇章：從一對蘇丹兄妹到成為一國元首的原住民；從和平團義工到非政府組織的創辦人；從高中學生到大學教授，從作家到製片；還包括向鄰居宣揚理念、支持地區性公共電台的人。四處看看，他們無所不在。

照照鏡子，你就是他們其中之一。

你不該妄自菲薄。每一天，你都在透過某種方式影響周邊的人。重要的是意識到這點，然後刻意以能夠改善世界的正面方式，去影響周遭的人。每一天都念茲在茲，替世上所有人打造穩定、永續、和平的世界。

我告訴聽眾：「如果希望我替你們擬出一個行動方針，你們就是在要求我做和金權統治集團一樣的事。你們不希望這樣。你們有你們的衝勁和才華，我有我的。當然，有些步驟是大家都可參考的，很簡單，每個人都知道，而且做愈多愈好；不只讓自己心情舒坦，也可以讓大家邁向安全無虞的未來。」以下舉幾個例子：

【行動清單】

- 心情煩悶，想花錢購物而非慢跑紓解時，靜下來沉思或讀書、找其他解決辦法。
- 不要盲目購物，有需要才消費；購買商品的包裝、成分、製造方法應符合環保。
- 東西盡可能用久一點，不要隨意汰舊換新。
- 到寄售商店或慈善二手店購物。
- 公開反對「自由」貿易協定和血汗工廠。
- 寫信給孟山都、德貝爾、埃克森美孚、愛迪達、福特、通用汽車、可口可樂、沃爾瑪百貨和其他剝削勞力、破壞環境的企業，說明你為何拒買他們的產品。
- 寫信稱讚家得寶、Kinko、花旗、星巴克、Whole Foods，因為這些企業和雨林行動聯盟、國際特赦組織等非政府組織合作。
- 減少石油、天然氣的消耗量。
- 車子、房子、衣服，生活上所有東西，都不講究大或氣派。
- 捐錢給非營利性組織、電台及其他推廣公平運動的組織。

- 到上述組織當義工，貢獻時間、精力。
- 支持本地商人。
- 鼓勵店家跟本地農人、生產者、供應商進貨。
- 在本地市場買菜。
- 飲用自來水（如果需要可請自來水公司改善水質，但勿買瓶裝水）。
- 投票支持明理的學校董事、委員會、法規、政治人物。
- 競選公職。
- 要求使用你的錢的機構，如銀行、退休基金、共同基金、企業，在投資時務必顧及社會責任與環境責任。
- 只要有公開討論的機會，就說出你的主張。
- 向本地學校毛遂自薦，講述你最喜歡的主題（養蜂、編織、網球等），趁機挑戰學生的觀念，喚醒他們。
- 討論外部成本、污染成本、惡劣的工作環境、官方補貼、企業免稅優惠，以及該納入商品、服務的銷售價格而未實際納入的環境、社會、政治因素（第五十四章有詳細探討）；讓大家知道，不願支付這些實際成本，就是在掠奪下一代。

• 提倡對外部成本「課稅」，例如提高石油、衣物、電等的價格，用這些多出的錢彌補社會、環境方面的不當舉措。

• 提議在本地圖書館、書店、教堂、俱樂部組成研究社團。

• 繼續增列這份清單的項目，與你認識的每個人分享。

上面清單所列的每個項目都會影響企業和政治領袖。要讓地球擺脫這帝國的掌控，必須先拿走帝國的第七個特徵——帝王／金權統治集團擁有的權力。只有改造金權統治集團賴以掌控的工具—企業，才能打造出我們想留給後代的世界。要求企業成為好公司、革除專制作風、擁抱民主法則，乃是我們的權利和義務。

透過行動，透過消費和投票，讓那些負責管理我們組織的人清楚了解，他們必須致力建造穩定、永續、和平的世界。

「你是說要我用更高的價錢買T恤？不到沃爾瑪購物？到那些因為有工會而價格較高的地方購買商品？」這是我常聽到的疑問。接下來，對方通常會說：「我工作很辛苦，有小孩，禁不起這樣的犧牲。」

這時，我會回應：「我不是要你犧牲小孩的未來。買東西務必買講究環保、社會責任的公司的產品。沃爾瑪不符這些標準，至少目前不符。可以的話，少穿T恤，要穿就穿久一點。請記住，買血汗工廠製造的產品，有時其實更貴。耐吉的產品就不便宜。務必讓『好』的公司和商店知道你為何光顧，讓『壞』的公司、商店知道你為何抵制。」最後這一點很重要。我們必須合力向全球發出清楚的訊息，讓那些受到我們行動影響的公司，聽到我們的理由，感受到我們的憤慨或熱情支持。金權統治集團靠欺騙和偷偷摸摸壯大。我們必須揭穿他們的謊言。

想想本書前頭提到那些暗殺、貪腐之事，想想那些讓你起雞皮疙瘩的勾當。你在購物、生活上不知有所揀擇，就是在讓這類事繼續發生，就是在支持經濟殺手和豺狼。

小時候在新罕布夏生活時，我曾經很遺憾自己不是生在一七七〇年代，無緣參加獨立革命。如今我慶幸自己活在這個時代，我們已加入這個國家有史以來最偉大的冒險、世界史上最令人振奮的冒險之一。

在此，我要特別呼籲五十歲以上的人。「你們有許多人已不必再擔心丟掉飯碗。」我說：「小孩已離巢，是你們該發揮影響力、不顧一切教導年輕一輩的時候了。讓那些董事會改組。採取行動，樂在其中。」

對於年輕一輩，我則要說：「你們有些人可以替企業工作，從企業內部促成改變。

其他會在過程中腐化的人，就要從外部，透過非政府組織或類似組織促成改變。你們自己知道什麼最適合自己，尤其成就高低不是由房子、車子、汽艇的大小來斷定。覺得人生怡然自得，就是成就。」

我鼓勵每個人加入維護權利的組織。綜觀歷史，像美國獨立革命期間「自由之子」（Sons of Liberty）的民間運動，一直是建構民主的根本憑藉。如今，對民間運動的需要又更甚於從前。附錄一及附錄二列出部分民間運動組織。你也可以在網路上輸入你最關注事物的關鍵字，決定哪些是最能打動你的民間組織，參與他們的網路活動、群眾大會、示威，捐個十美元、一萬美元，義務當他們的接線生，或者成為會員，公開說出自己的想法，致力擴大自己的眼界。

打造一個穩定、永續、和平的世界，所需的資源我們都有。金權統治集團已提供了這些資源。教育、通訊、金融網與運輸網、礦物和其他自然資源、科學資訊、科技進展，全可供我們運用。我們可以讓小孩在未來免於餓死、病死，提供基本民生設施，消弭貧富差距，讓企業盡責地回饋社會。但關鍵在於你我是否能挺身而出，公開說出自己的想法！

除了靠欺騙和偷偷摸摸，金權統治集團還靠人民的冷淡、懶散而壯大。他們希望我們永遠被動消極，把他們的廣告當福音接受，盲目購物，任由他們繼續摧殘地球。絕不能再這樣下去了。每個人都該搖醒自己。讓下一代和下下一代承繼一個不被仇恨與苦難撕裂、不受戰爭與恐怖主義肆虐的世界，唯一辦法就是採取行動。

每個人都握有很大的力量；只要燃起熱情，投注於可發揮所長的地方，然後行動。採取的行動方針，必須是自己真心誠意的選擇，而非來自他人的獨斷指示。這一步就是得跨出去。

我樂觀嗎？百分之百樂觀。我知道有數千個組織正在推動改變，也知道為企業服務的人都希望有正當理由做該做的事，還有數百萬無名英雄為改善世界獻出時間或金錢，我如何能不樂觀？我們擁有何等力量，我只能樂觀。

過去一百年，我們美國人汲汲於追求我們所謂的「進步」。我們建造出龐大的城市。城市裡，汽車取代馬匹，電燈照亮家家戶戶，讓龐大工廠運作不輟，即使正值隆冬，依然能享用新鮮農產品。我們每天埋首於實現這些物質理想，談著自己的夢想，製造出頌揚這些夢想的書籍、電影、電視節目，鼓勵每個人加入這行列。我們深陷其中，滿腦子都是這些事，讓一些人肆無忌憚地剝削我們，剝削全世界。他們想著建立帝國，而且利用他們的媒體網路讓我們相信，他們的帝國是個民主國家，他們在為受壓迫者發聲，在維護一個健康的地球。我們的理想，神不知鬼不覺地，變成了夢魘。

我們縱容這些事情發生，也就有能力扭轉。我們現在才知道，我們真正的理想是讓自己脫貧，過得更健康、更有尊嚴。為了擺脫街上來來往往的馬匹和欠缺衛生設施的房子造成的污染，為了過得更舒適，吃得更營養，我們相信了看似能讓我們一償所願的理想，但其實只是曇花一現。如今，我們理解到自己被金權統治集團所騙，採用自私而有害的方法。他們偷偷灌輸給我們的理想，未將數十億人的死活考慮在內；他們破壞棲地和生活其中的各類生物；我們自己、我們後代和地球的生存都受到了威脅。

本書前言定義的「帝國」七個特徵，如今我們的國家展露無遺。這並非我們的本意，也不是我們想要的；事實上，那違反了我們最根本的信念。我們希冀的，比追求物質享受的消費，和現代城市、汽車、工廠、大賣場提供的舒適生活，更為重要。我們的夢想是以生活為核心，擁有和平、穩定、永續的地球，將最寶貴的理想傳給下一代。

最近，我們的下一代有人點出人類製造的問題和解決辦法兩者的核心癥結。二〇〇六年我應邀到麻塞諸塞州哈得利（Hadley）鎮的哈茨布魯克高中（Hartsbrook High School）畢業典禮上演講，塞兒·亞林·赫里克（Sayre Allyn Herrick）是在場的畢業生之一。隔年秋天，她寫下這樣一篇文章：

我高二時第一次看到整個世界，攤開在紙製地圖上的世界。海洋是藍的，國家有黃、有綠、有粉紅。這種觀看地球的方式，已左右世人的觀念數百年。

我希望擺脫其他人的觀點，只從自己的觀點瞥一眼這個世界，只要一次就好。我想看看懸浮在漆黑太空中的地球，就像從太空梭看到的那樣。地圖上的國界和名稱都是人類創造出來的。區隔我們的人為國界是短暫的，了解這點之後，就能看清地球上的我們其實本是一家人。

我們目睹或耳聞為真的東西，可能一輩子都信之不疑。但在這個變動不居的世界，我認為正視最根本的成見，如實了解這些成見，體會這些成見對我們的影響，是我們的職責。在那之後，我們才能開始行動，讓後代子孫永續生存。

行動的時機已經降臨。實現新理想所需的條件，我們全部具備。所有資源、網絡、體系全部就定位。這些年，我們還有了決心。每個人所需的工具，一樣不缺。

改變世界，就從今天開始。

誌謝

沒有那些從事經濟殺手、豺狼工作的男男女女，大無畏地挺身而出，說出他們做過的事，這本書不可能問世；為此，他們得擔負切身危險，被迫面對自己一生中最見不得人的事。在此，我要向他們致上最深謝意。

目前有一些非政府組織致力改變金權統治集團的政策；少了這些組織中擘畫組織方向的管理階層人士的協助，這本書也不可能寫成。他們、他們的伙伴、義工，為世人點亮一條可資遵行的道路。其中有些人在這本書中以真名真姓露臉，但許多人選擇匿名，一如那些捐錢給這些重要組織的人。我要謝謝這所有人。

還有在地球各角落挺身而出對抗金權統治集團的人，有少數上了新聞而大大出名，還有許多人築起抗議人牆圍堵企業，掛出標語，大聲發表意見，寄發電子郵件，競選公職，投票支持正面的改變，拒買某些商品。他們是正在寫歷史的英雄。

沒有保羅・費多科（Paul Fedorko）的鼓勵，《經濟殺手的告白》和這本書，都不可能問世。費多科除了任勞任怨擔任我的經紀人，還是「我的保鑣」、知己、顧問。

編輯艾米莉・海恩斯（Emily Haynes）支持我不遺餘力，助我將粗糙的手稿改造成這麼一本書，讓我實現我對世界銀行官員和他們小孩的承諾，揭露《美利堅帝國陰謀》並提出解決方法。除了她，我還要感謝企鵝出版集團為此奉獻心力的所有人，特別是布萊恩・塔特（Brian Tart）、崔納・基亭（Trena Keating）、貝思・派克（Beth Parker）、莉莎・強森（Lisa Johnson）、梅蘭妮・高德（Melanie Gold）。

在此我還要特別感謝出版此書的佩格・布思（Peg Booth）、全球對話中心（Global Dialogue Center）的黛比・甘乃迪（Debbe Kennedy）、帕恰瑪瑪聯盟（Pachamama Alliance）的大衛・塔克（David Tucker）、「夢想改變」（Dream Change）的林恩・羅伯茨（Llyn Roberts）、伯瑞特—凱勒出版社（Berrett-Koehler）的史蒂夫・皮爾桑堤（Steve Piersanti）、奧米茄協會（Omega Institute）的史蒂芬・瑞赫特夏芬（Stephan Rechtschaffen）、「現在就民主！」（Democracy Now!）節目的艾米・古德曼（Amy Goodman），還有薩布莉娜・布尼（Sabrina Bologni）、揚・科爾曼（Jan Coleman）、喬許・梅爾曼（Josh Mailman）、理察・波兒（Richard Perl）、霍華德・辛恩（Howard

Zinn）、約翰・梅克（John Mack），以及其他許許多多致力改造世界、使其臻於穩定、永續、和平的人。

我最深摯的感激要獻給支持我、激勵我、愛我的家人，溫妮芙瑞（Winifred）、潔西卡（Jessica）、丹尼爾（Daniel），還有替我排遣掉部分寫作寂寞的貓兒「雪球」。

附錄一　本書提及的組織

- **國際特赦組織**（Amnesty International）

  Website www.amnesty.org

- **自由電影製片廠**（Cinema Libre Studio）

  Website www.cinemalibrestudio.com

- **現在就民主！**（Democracy Now!）

  Website www.democracynow.org

- **夢想改變**（Dream Change）

  Website www.dreamchange.org

- **透過農業發展馬利經濟和生態保護**（Ecova-mali）

  由葛瑞格・佛拉特、辛席亞・海爾曼、西瑞・狄亞洛創立，旨在推動馬利的永續發展

  Website www.ecovamalil.org

- **正義教育**（Educating for Justice）

  由吉姆・吉第、萊絲莉・克瑞楚兩位電影製片創立，他們曾在印尼過著和耐吉工人一樣的生活

  (Website) www.educatingforjustice.org（截至本書中文繁體版出版時，仍無法連結）

- **《汗水》**（*Sweat*）

  描寫耐吉工人處境的影片

  (Website) www.sweatthefilm.org

- **全球覺悟與改變**（Global Awareness and Change）

  喬爾・布瑞與泰勒・湯普森兩名高中生所創辦

  (Website) 上www.dreamchange.org網站，點入「Dream Change Projects」。

- **全球對話中心**（The Global Dialogue Center）

  (Website) www.globaldialoguecenter.com

- **「前進」**

  MoveOn

  (Website) www.moveon.org

- **帕恰瑪瑪聯盟**（The Pachamama Alliance）

  (Website) www.pachamama.org

- **雨林行動聯盟**（Rainforest Action Network）

  (Website) www.ran.org

附錄二　落實民主的切入點

撰文／法蘭西斯‧拉佩（Frances Moore Lappé）

《一座小星球的新飲食方式》（*Diet for a Small Planet*）與《民主邊緣：將民主落實於生活，拯救國家》（*Democracy's Edge*：*Choosing to Save Our Country by Bringing Democracy to Life*）兩書作者

全國數萬個由公民主動發起的組織，將民主的真諦落實於生活。當今世界正陷入不斷破壞的循環；與這些組織連結、學習，正可找到打破這循環的理想切入點。我在二〇〇六年的著作《民主邊緣》中，努力去理解這些組織帶來的啟示。約翰‧柏金斯邀我將那本書中特別著墨的組織和資源，拿出一部分和他的讀者分享。為反映《美利堅帝國陰謀》這本書的精神，以下列出的組織清單有所刪節；欲取得更多組織的資料，請參閱《民主邊緣》。

此外，《民主邊緣》一書的網站〈www.democracysedge.org〉也有更多的資訊。許多組織都會發行會訊等刊物，有的也有訓練計畫。主動跟他們接觸，接受他們激勵！也歡迎上〈www.smallplanetinstitute.org/ans.php〉，閱覽「美國新聞服務社」（American News Service，我一九九〇年代的電訊社）存在網路上的一千六百篇文章。這些文章至今仍值得一讀，報導的人物全是處理重大議題的人士，從健康照護到革新獄政，包羅廣泛。

＊以下組織的電話號碼，如未附國碼皆為美國本土號碼

◆ 全國性與國際性的環境、社會議題

Association of Community Organizations for Reform Now(ACORN)

Tel (877) 55ACORN

Website www.acorn.org

Bioneers

Tel (877) BIONEER

Website www.bioneers.org

The Gamaliel Foundation

Tel (312) 357-2639

Website www.gamaliel.org

Industrial Areas Foundation (IAF)

Tel (312) 245-9211

Website www.industrialareasfoundation.org

National People Action (NPA)

Tel (312) 243-3038

Website www.npa-us.org

National Training and Information Center (NTIC)

Tel (312) 243-3035

Website www.ntic-us.org

Pacific Institute for Community Organizations (PICO)

Tel (510) 655-2801

Website www.piconetwork.org

◆ 推動更民主的政治體制

Center for Responsive Politics

Tel (202) 857-0044

Website www.opensecrets.org

Center for Voting and Democracy

Tel (301) 270-4616

Website www.fairvote.org/irv

Clean Elections Institute, Inc.

Tel (602) 840-6633

Website www.azclean.org

Common Cause

Tel (202) 833-1200

Website www.commoncause.org

InstantRunoff.com

Tel (312) 587-7060

Website www.instantrunoff.com

League of Independent Voters/League of Pissed-Off Voters

Tel (212) 283-8879

Website www.indyvoter.org

League of Women Voters

Tel (202) 429-1965

Website www.lwv.org

Public Campaign

Tel (202) 293-0222

Website www.publicampaign.org

Public Citizen

Tel (202) 588-1000

Website www.citizen.org

Working Families Party

Tel (718) 222-3796

Website www.workingfamiliesparty.org

◆ 推動更民主的經濟

The Alliance for Democracy

Tel (781) 894-1179

Website www.thealliancefordemocracy.org

American Independent Business Alliance (AMIBA)

Tel (406) 582-1255

Website www.amiba.net

As You Sow Foundation

Tel (415) 391-3212

Website www.asyousow.org

Bi-Mart

Tel (800) 456-0681

Website www.bimart.com

Business Alliance for Local Living Economies (BALLE)

Tel (415) 348-6284

Website www.livingeconomies.org

Center for Working Capital

Tel (202) 974-8020

Website www.centerforworkingcapital.org

Citizens Trade Campaign

Tel (202) 778-3320

Website www.citizenstrade.org

Clean Clothes Connection

Tel (207) 947-4203

Website www.cleanclothesconnection.org/search.asp

Coalition for Environmentally Responsible Economies (CERES)

Tel (617) 247-0700

Website www.ceres.org

Co-Op America

Tel (800) 584-7336

Website www.coopamerica.org

Corporate Accountability International

Tel (617) 695-2525

Website www.stopcorporateabuse.org

The Corporation

Website www.thecorporation.com

Domini Social Investments

Tel (800) 762-6814

Website www.domini.com

Dow Jones Sustainability World Index (DJSI World)
Zurich, Switzerland
Tel (+41-1) 395-2828
Website www.sustainability-index.com

Ecological Footprint Quiz
Website www.myfootprint.org

E. F. Schumacher Society
Tel (413) 528-1737
Website www.schumachersociety.org

Fair Labor Association
Tel (202) 898-1000
Website www.fairlabor.org

Fair Trade Resource Network
Tel (202) 234-6797
Website www.fairtraderesource.org

GreenMoney Journal
Tel (800) 849-8751
Website www.greenmoney.com

Greenpeace, Inc.
Tel (800) 326-0959
Website www.greenpeaceusa.org

IdealsWork.com

Website www.idealswork.com

Institute for Local Self-Reliance

Tel (612) 379-3815

Website www.ilsr.org; www.newrules.org

Interfaith Worker Justice (IWJ)

Tel (773) 728-8400

Website www.iwj.org

International Labor Organization

Tel (202) 653-7652

Website www.us.ilo.org

Justice Clothing

Tel (207) 941-9912

Website www.justiceclothing.com

National Center for Employee Ownership (NCEO)

Tel (510) 208-1300

Website www.nceo.org

National Cooperative Business Association

Tel (202) 638-6222

Website www.ncba.coop

Natural Step

Tel (415) 318-8170

Website www.naturalstep.org

No Sweat Apparel

Tel (877) 992-7827

Website www.nosweatapparel.com

Program on Corporations, Law and Democracy (POCLAD)

Tel (508) 398-1145

Website www.poclad.org

ReclaimDemocracy.org

Tel (406) 582-1224

Website reclaimdemocracy.org

Redefining Progress

Tel (510) 444-3041

Website www.rprogress.org

Social Accountability International (SAI)

Tel (212) 684-1414

Website www.cepaa.org

Social Investment Forum

Tel (202) 872-5319

Website www.shareholderaction.org

Sustainable Connections

Tel (360) 647-7093

Website www.sconnect.org

TransFair USA

Tel (510) 663-5260

Website www.transfairusa.org

Trillium Asset Management

Tel (800) 548-5684

Website www.trilliuminvest.com

Unionwear

E-mail resource@unionwear.com

Website www.unionwear.com

United Nations Global Reporting Initiative (GRI)

Amsterdam, Netherlands

Tel (+31-0-20) 531 00 00

Fax (+31-0-20) 531 00 31

Website www.globalreporting.org

United Students Against Sweatshops (USAS)

Tel (202) 667-9328

Website www.studentsagainstsweatshops.org

United Students for Fair Trade

E-mail linam@gwu.edu

Website www.usft.org

Verit

Tel (413) 253-9227

Website www.verite.org

Walden Asset Management

Tel (617) 726-7250

Website www.waldenassetmgmt.com

White Dog caf

Tel (215) 386-9224

Website www.whitedog.com

Workers Rights Consortium (WRC)

Tel (202) 387-4884

Website www.workersrights.org

◆ 推動更民主、更永續的糧食生產方式

American Community Garden Association

Tel (877) 275-2242

Website www.communitygarden.org

American Corn Growers Association

Tel (202) 835-0330

Website www.acga.org

Community Food Security Coalition

Tel (310) 822-5410

Website www.foodsecurity.org

EarthSave International

Tel (800) 362-3648

Website www.earthsave.org

Food First/Institute for Food and Development Policy

Tel (510) 654-4400

Website www.foodfirst.org

Global Resource Action Center for the Environment (GRACE)

Tel (212) 726-9161

Website www.gracelinks.org

Heifer International

Tel (800) 422-0474

Website www.heifer.org

Local Harvest

Tel (831) 475-8150

Website www.localharvest.org

National Campaign for Sustainable Agriculture

Tel (845) 361-5201

Website www.sustainableagriculture.net

National Cooperative Grocers Association

Tel (251) 621-7675

Website www.ncga.coop

National Farm to School Program

Tel (323) 341-5095

Website www.farmtoschool.org

National Gardening Association

Tel (800) 538-7476

Website www.kidsgardening.com

Organic Consumers Association

Tel (218) 226-4164

Website www.organicconsumers.org

◆ 改造媒體

Alliance for Community Media

Tel (202) 393-2650

Website www.alliancecm.org

Allied Media Projects

E-mail info@alliedmediaprojects.org

Website www.clamormagazine.org/allied/about.html

Center for Digital Democracy

Tel (202) 986-2220

Website www.democraticmedia.org

Center for International Media Action

Tel (646) 249-3027

Website www.mediaactioncenter.org

Center for Media & Democracy (Publisher of PR Watch)

Tel (608) 260-9713

E-mail editor@prwatch.org

Website www.prwatch.org

Fairness and Accuracy in Reporting (FAIR)

Tel (212) 633-6700

Website www.fair.org

Media Access Project

Tel (202) 232-4300

Website www.mediaaccess.org

MediaRights

Tel (646) 230-6288

Website www.mediarights.org

Media Tenor

Tel (212) 448-0793

Website www.mediatenor.com

Microcinema International

Tel (415) 864-0660

Website www.microcinema.com

Openflows Networks, Ltd.

Tel (416) 531-5944

Website openflows.org

Reclaim the Media

E-mail universaldeclaration@reclaimthemedia.org

Website www.reclaimthemedia.org

Third World Majority

Tel (510) 682-6624

Website www.cultureisaweapon.org

◆ 互動式媒體與新聞來源

AlterNet

Website www.alternet.org

Coalition of Immokalee Workers/Radio Conciencia

Tel (239) 657-8311

Website www.ciw-online.org

Common Dreams News Center

Website www.commondreams.org

Free Press

Tel (866) 666-1533

Website www.freepress.net

Free Speech TV

Tel (303) 442-8445

Guerrilla News Network/GNN.tv

Website www.guerrillanews.com

Hometown Utilicom (public Internet utility)

Tel (610) 683-6131

Website www.hometownutilicom.org

Independent Media Center

Website www.indymedia.org/en/index.shtml

In the Mix

Tel (800) 597-9448

Website www.pbs.org/inthemix

The Meatrix

Website www.themeatrix.com

Pacifica Radio

Tel (510) 849-2590

Website www.pacifica.org

Thin Air Radio

Tel (509) 747-3807

Website www.thinairradio.org

Tompaine.com

Website www.tompaine.com

TruthOut

Website truthout.org

◆ 教育

Big Picture Schools

Tel (401) 781-1873

Website bigpicture.org

Center for Collaborative Education

Tel (617) 421-0134

Website www.ccebos.org

Coalition of Essential Schools

Tel (510) 433-1451

Website www.essentialschools.org

Educators for Social Responsibility

Tel (617) 492-1764

Website www.esrnational.org

Forum for Education and Democracy

Tel (740) 448-3402

Website www.forumforeducation.org

Institute for Student Achievement

Tel (516) 812-6700

Website www.studentachievement.org

KIDS Consortium

Tel (207) 784-0956

Website www.kidsconsortium.org

School Mediation Associates

Tel (617) 926-0994

Website www.schoolmediation.com

School Redesign Network

Tel (650) 725-0703

Website www.schoolredesign.net

YouthBuild USA

58 Day Street

Somerville, MA 02144

Tel (617) 623-9900

Website www.youthbuild.org

◆ 促進公共對話

Conversation Café

New Road Map Foundation

Tel (206) 527-0437

Website www.conversationcafe.org

Meetup, Inc.

Tel (212) 255-7327

Website www.meetup.com

National Coalition for Dialogue and Deliberation

Tel (802) 254-7341

Website www.thataway.org

September Project

E-mail info@theseptemberproject.org

Website www.theseptemberproject.org

Study Circles Resource Center

Tel (860) 928-2616

Website www.studycircles.org

◆ 司法與法律議題

Justice Policy Institute

Tel (202) 363-7847

Website www.justicepolicy.org

Men Against Destruction-Defending Against Drugs and Social Disorder

(MAD DADS)

Tel (904) 388-8171

Website www.maddads.com

National Association for Community Mediation

Tel (202) 667-9700

Website www.nafcm.org

National Youth Court Center

Tel (859) 244-8193

Website www.youthcourt.net

Sentencing Project

Tel (202) 628-0871

Website www.sentencingproject.org

Time Dollar USA

Tel (202) 686-5200

Website www.timedollar.org

附錄三　建議閱讀書單

Cohen, Ben, and Mal Warwick. Values-driven Business: *How to Change the World, Make Money, and Have Fun*. *San Francisco*: Berrett-Koehler, 2006.

Derber, Charles. *Regime Change Begins at Home*. San Francisco: Berrett-Koehler, 2004.

Eisler, Riane. *The Real Wealth of Nations: Creating a Caring Economics*. San Francisco: Berrett-Koehler, 2007.

Farmer, Paul. *Pathologies of Power: Health, Human Rights, and the New War on the Poor*. Berkeley: University of California Press, 2005.

Floyd, Esme. *1001 Little Ways to Save Our Planet: Small Changes to Create a Greener, Eco-friendly World*. London: Carlton Books, 2007.

Garrison, Jim. *America as Empire: Global Leader or Rogue Power?* San Francisco: Berrett-Koehler, 2004.

Goodman, Amy, with David Goodman. *The Exception to the Rulers:*

Exposing Oily Politicians, War Profiteers, and the Media That Love Them. New York: Hyperion, 2004.

Hammel, Laury, and Gun Denhart. *Growing Local Value: How to Build Business Partnerships That Strengthen Your Community*. San Francisco: Berrett-Koehler, 2007.

Henderson, Hazel, and Daisaku Ikeda. *Planetary Citizenship: Your Values, Beliefs and Actions Can Shape a Sustainable World*. Santa Monica, CA: Middleway Press, 2002.

Henry, James S., and Bill Bradley. *The Blood Bankers: Tales from the Global Underground Economy*. New York: Four Walls Eight Windows, 2003.

Hiatt, Steven, editor, with an introduction by John Perkins. *A Game as Old as Empire: The Secret World of Economic Hit Men and the Web of Global Corruption*. San Francisco: Berrett-Koehler, 2007.

Kabat-Zinn, John. *Coming to Our Senses: Healing Ourselves and the World Through Mindfulness*. New York: Hyperion, 2005.

Korten, David. *When Corporations Rule the World*. San Francisco: Berrett-Koehler, 2001.

Lappe, Frances Moore. *Democracy's Edge: Choosing to Save Our Country by Bringing Democracy to Life*. San Francisco: Jossey-Bass, 2006.

Mander, Jerry, and Edward Goldsmith, eds. *The Case Against the Global Economy and for a Turn Toward the Local*. San Francisco: Sierra Club Books, 1996.

Palast, Greg. *The Best Democracy Money Can Buy*. New York: Plume, 2004.

Roberts, Llyn. *The Good Remembering: A Message for Our Times*. New York: 0 Books, 2007.

Rodriguez, Felix I., and John Weisman. *Shadow Warrior: The CIA Hero of a Hundred Unknown Battles*. New York: Simon and Schuster, 1989.

Rossi, M. L. *What Every American Should Know About the Rest of the World*. New York: Plume, 2003.

Stiglitz, Joseph E. *Globalization and Its Discontents*. New York: W. W. Norton, 2003.

Twist, Lynne. *The Soul of Money: Transforming Your Relationship with Money and Life*. New York: W. W. Norton, 2003.

Zinn, Howard. *People's History of the United States: 1492 to Present*. New York: Harper Perennial Modern Classics, 2005.

Corporation, DVD, 由Mark Achbar and Jennifer Abbott (Zeitgeist Films, 2004) 導演。

2. Dr. Riane Eisler, The Real Wealth of Nations, Ch. 10, p. 9, 校樣。

3. 引自「國際特赦組織網」，網址 www.amnesty.org，欲獲得更多資訊，可上此網站查閱。

4. MoveOn, www.moveon.org, 二〇〇六年七月三十一日上網查閱。

5. 引自Thomson Gale, Black History: Jesse Jackson, www.gale.com/free_resources/bhm/bio/]ackson_j.htm（二〇〇六年八月二十七日上網查閱）; In the Issues: Rev. Jesse Jackson on Civil Rights, www.ontheissues.org/Celeb/Rev_Jesse_Jackson_Civil_Rights.htm（二〇〇六年十一月一日上網查閱）; How Jesse Jackson’ s Focus on the Financial Markets Could Make a Difference, LookSmart, www.findarticles.com/p/articles/mi_m1365/is_n3_v29/ai_2122772o（二〇〇六年十一月一日上網查閱）.

6. Cal Manjowski, TIAA-CREF Drops Coke from Social Choice Account, Reuters, July 18, 2006, reuters.com/misc/topnews&storyID=2006-0, www.indiaresource.org/news/2006/1080.html.

7. 美國中情局，The World FactBook, www.cia.gov/cia/ publications/factbook/geos/ec.html.

7. BBC News, Diego Garcia Islanders Battle to Return, Oct. 31, 2002, news.bbc.co.uk/2/hi/africa/2380013.stm（二〇〇六年八月二十八日上網查閱）.

8. Simon Robinson and Vivienne Walt, The Deadliest War in the World, TIME, June 5, 2006, pp. 40-41, www.time.com/time/magazine/article/0,9171,1198921,00.html.

9. 同註8， p. 39，括弧內的文字亦見於所引文章。

10. Cynthia McKinney, Covert Action in Africa: A Smoking Gun in Washington, D.C., April 16, 2001, www.house.gov/mckinney/news/pr010416.htm; 美國眾議院國際關係委員會，Suffering and Despair: Humanitarian Crisis in the Congo: Hearing Before the Subcommittee on International Operations and Human Rights, 107th Cong., May 17, 2001.

11. Robinson and Walt, The Deadliest War in the World, p. 39.

12. 欲獲得更多資訊，見Joan Baxter, Mali's David v. Goliath GM Struggle, BBC News, Dec. 7, 2005, news.bbc.co.uk/2/hi/africa/4445824. stm.

第五部：改變世界

1. David C. Korten, When Corporations Rule the World (San Francisco: Berrett-Koehler, 1995). 見Joel Bakan, The Corporation: The Pathological Pursuit of Profit and Power (New York: Penguin, 2004) and The

第四部：非洲

1. BBC News, The Chagos Islands: A Sordid Tale, Nov. 3, 2000, news.bbc.co.uk/2/hi/uk_news/politics/1005064.stm（二〇〇六年八月二十八日上網查閱）.

2. BBC News, Country Profile: Seychelles, news.bbc.co.uk/2/hi/africa/country_profiles/1070461.stm（二〇〇六年八月二十八日上網查閱）.

3. 欲獲得更多資訊，見Larry Rohter, Pinochett Entangled in Web of Inquiries,　The New York Times, Feb. 7, 2005, p. A7, www.nytimes.com/2005/02/07/international/07chile.html.

4. 皆引自 Nobel Peace Laureate Wangari Maathai and Son of Executed Nigerian Activist Ken Wiwa Discuss Oil and the Environment, Democracy Now!, Sept. 20, 2005,www.democracynow.org/print.pl?sid=05/09/20/1330227.

5. 關於「塞席爾任務」（The Seychelles Case）的概述，內含大多數牽涉在內傭兵的姓名（傑克以真名出現而非化名「傑克・柯賓」），可以在網址www.contrast.org/truth/html/seychelles.html中的 The Truth Commission Files找到。（截至本書中文繁體版出版時，仍無法連結）

6. BBC News, The Chagos Islands: A Sordid Tale, Nov. 3, 2000, news.bbc.co.uk/2/hi/uk_news/politics/1005064.stm（二〇〇六年八月二十八日上網查閱）.

U.S., The New York Times, Dec. 18, 2005, sect. A, p. 13.

13. Paulo Prada, Boliviann Nationalizes the Oil and Gas Sector, The New York Times, May 2, 2006, p. A9, www.nytimes.com/2006/05/02/world/Americas/02bolivia.html.

14. Evo Morales Nationalizes Gas Resources in Bolivia, Democracy Now!, May 5, 2006, www.democracynow.org/article.pl?sid=06/05/05/1432216.

15. 引自Hello President, 雨果・查維茲主持的常態性廣播與電視節目, April 10, 2005, no. 218, Radio Nacional de Venezuela, Caracas.「BBC世界觀測」（BBC World Monitoring）英譯、評述，April 13, 2005.

16. Associated Press, War Crimes Tribunal Dispute Threatens Aid, The New York Times, July 1, 2003, www.npwj.org/?q=node/1307.

17. Raul Zibechi, Brazilian Military Getting Ready for Vietnam-style U.S. Invasion, Brazzil Magazine, July 22,2005, www.brazzil.com/content / view/9344/76. 見錫貝奇（Zibechi）教授的每月專欄，登載於americas.irc-online.org/.

第三部：中東

1. James S. Henry, The Blood Bankers: Tales from the Global Underground Economy (New York: Thunder's Mouth Press, 2005), pp. 307-10; Jim Garrison, America As Empire: Global Leader or Rogue Power? (San Francisco: Berrett-Koehler, 2004), pp. 93-95.

3. 同註2。

4. Paul Richter, The U.S. Had Talks on Chez Ouster, Los Angeles Times, April 17, 2002.

5. Lucio Gutierrez: Ecuador's Populist Leader, BBC News World edition, Nov. 25, 2002, news.bbc.co.uk/2/hi/americas/2511113.stm.

6. Indigenes Achar liberan a ocho petroleros, Reuters, December 16, 2002.

7. Associated Press, lawmakers Remove Ecuador's President, April 20, 2005, www.foxnews.com/story/0,2933,154069,00.html.

8. Bechtel Abandons Water Suit Against Bolivia, Earth Justice, www.earthjustice.org/urgent/print.html?ID=107. Maude Barlow, Tony Clarke, Blue Gold: The Fight to Stop the Corporate Theft of the World's Water (New York: New Press, 2003), pp. 91, 107, 124-25, 138, 152, 154-55, 177, 186.

9. Alma Guillermoprieto, A New Bolivia? New York Review of Books, Aug. 10, 2006, p. 36, www.nybooks.com/articles/19210.

10. 引自Wikipedia, en.wikipedia.org/wiki/Evo_Morales（二○○六年六月二十八日上網查閱）。

11. Juan Forero, Ecuador's New Chief Picks Cabinet; Leftist in Economic Post, The New York Times, April 22, 2005, p. A4.

12. Juan Forero, Presidential Vote Could Alter Bolivia, and Strain Ties with

to the Military, The New York Times, Dec. 30, 2005, www.nytimes.com/2005/12/30/international/asia/30indo.html.

14. Jane Perlez,.S. Gold Mining Company Says Indonesia Detains 4 Officials, The New York Times, Sept. 23, 2004, www.nytimes.com/2004/09/23/international/asia/23CND-INDO.htm; and Jane Perlez and Evelyn Rusli, Spurred by Illness, Indonesians Lash Out at U.S. Mining Giant, The New York Times, Sept. 8, 2004, www.nytimes.com/2004 /09/08/international/asia/08indo.html.

15. Joseph E. Stiglitz, Globalization and Its Discontents (New York: W.W. Norton, 2003), p. 232.

16. Jane Perlez, China Competes with West in Aid to Its Neighbors, The New York Times, Sept. 18, 2006, p. A1, www.nytimes.com/2006/09/18/world/asia/18china.html.

第二部：拉丁美洲

1. Felix I. Rodriguez, Shadow Warrior: The CIA Warrior of a Hundred Unknown Battles (New York: Simon and Schuster, 1989).

2. 見我的著作*Confessions of an Economic Hit Man* (San Francisco: Berrett-Koehler, 2004).《經濟殺手的告白》，繁體中文版，時報文化，2007年，或《經濟殺手的告白》（全新暢銷增訂版），2021年，二版。

York Times, Sept. 22, 2004, www.nytimes.com/2004/09/22/international/asia/22indo.html.

6. Melissa Rossi, What Every American Should Know About the Rest of the World (New York: Plume, 2003), p. 32.

7. NPR, Interview: Sidney Jones on the Tsunami Easing Peace Process with Aceh Rebels, Morning Edition, Dec. 27, 2005, nl.newsbank.com/nl-search/we/Archives?p_action=doc&p_docid=10EC735E901BD（二〇〇六年八月十四日下載）.

8. 同註7。

9. Jane Perlez, S. Takes Steps to Mend Ties with Indonesian Military, The New York Times, Feb. 7, 2005, www.nytimes.com/2005/02/07/international/asia/07indo.html.

10. Democracy Now!, www.democracynow.org/article.pl?sid=05/11/23/152214.

11. Michael Sullivan, The Green Heart of Sumatra, Morning Edition, NPR, Aug. 14, 2006, www.npr.org/templates/story/story.php?storyId=5611866.

12. Steve Bailey, The Bribe Memo and Collapse of Stone and Webster, The Boston Globe, March 15, 2006, p. E1. See also www.boston.com/business/globe/articles/2006/03/15/the_bribe_memo_and_collapse_of_stone__webster/.

13. Associated Press, Indonesia Admits Support by U.S. Gold Company

註釋

第一部：亞洲

1. 根據世界銀行與國際貨幣基金會國際金融統計（IMF-IFS）的統計數據；見 Giancarlo Corsetti, Paolo Pesenti, and Nouriel Roubini, What Caused the Asian Currency and Financial Crisis, Elsevier, May 7, 1999, www.s ciencedirect.com/ science/article/B6VF1-3XJSW8X-1/2/77bdde4277268 f51bc3e813 dec579a79, 表23 (p. 335) 與表27 (p. 337).

2. Associated Press, Indonesia Admits Support by U.S. Gold Company to the Military, The New York Times, Dec. 30,2005, www.nytimes.com/2005/12/3o/international/asia/30indo.html.

3. Amy Goodman, with David Goodman. The Exception to the Rulers: Exposing Oily Politicians, War Profiteers, and the Media That Love Them (New York: Hyperion, 2004), p. 1.

4. Thirty Years After the Indonesian Invasion of East Timor, Will the U.S. Be Held Accountable for Its Role in the Slaughter? Democracy Now! December 7, 2005; www.democracynow.org/article.pl?sid=05/12/07/15 19244.

5. Jane Perlez, Cautious Reformer as Indonesia's Next President, The New

People 465

經濟殺手的告白 2：美利堅帝國的陰謀（全新暢銷修訂版）

The Secret History of the American Empire: Economic Hit Men, Jackals, and the Truth about Global Corruption

作者　約翰・柏金斯（John Perkins）
譯者　黃中憲
主編　王育涵
責任編輯　鄭莛
責任企畫　林進韋
封面設計　吳郁嫻
內頁排版　黃馨儀
總編輯　胡金倫
董事長　趙政岷
出版者　時報文化出版企業股份有限公司
108019 臺北市和平西路三段 240 號 7 樓
發行專線｜ 02-2306-6842
讀者服務專線｜ 0800-231-705 ｜ 02-2304-7103
讀者服務傳真｜ 02-2302-7844
郵撥｜ 1934-4724 時報文化出版公司
信箱｜ 10899 台北華江郵政第 99 號信箱
時報悅讀網　www.readingtimes.com.tw
人文科學線臉書　http://www.facebook.com/jinbunkagaku
法律顧問　理律法律事務所｜陳長文律師、李念祖律師
印刷　綋億印刷有限公司
二版一刷　2021 年 7 月 30 日
定價　新臺幣 580 元

時報文化出版公司成立於一九七五年，並於一九九九年股票上櫃公開發行，於二〇〇八年脫離中時集團非屬旺中，以「尊重智慧與創意的文化事業」為信念。

ISBN 978-957-13-9108-3 ｜ Printed in Taiwan

經濟殺手的告白 . 2, 美利堅帝國的陰謀／約翰・柏金斯著；黃中憲譯 .
-- 二版 . -- 臺北市：時報文化 , 2021.07 ｜ 480 面；14.8×21 公分 . -- (People ; 465)
譯自：The secret history of the American empire: economic hit men, jackals, and the truth about global corruption ｜ ISBN 978-957-13-9108-3（平裝）
1. 國際經濟關係 2. 全球化 3. 帝國主義 4. 美國 ｜ 552.1 ｜ 110008973